排球运动教程

《排球运动教程》编写组　编

北京体育大学出版社

策划编辑　佟　晖
责任编辑　佟　晖
责任校对　未　茗
版式设计　佟　晖　博文宏图

图书在版编目(CIP)数据

排球运动教程/葛春林主编. －北京:北京体育大学出版社,2015.11(2020.1 重印)
ISBN 978－7－5644－2118－2

Ⅰ.①排… Ⅱ.①葛… Ⅲ.①排球运动－教材 Ⅳ.①G842

中国版本图书馆 CIP 数据核字(2015)第 279637 号

排球运动教程　　《排球运动教程》编写组　编

出版发行:北京体育大学出版社
地　　址:北京市海淀区农大南路 1 号院 2 号楼 4 层办公 B－421
邮　　编:100084
网　　址:http://cbs.bsu.edu.cn
发 行 部:010－62989320
邮 购 部:北京体育大学出版社读者服务部 010－62989432
印　　刷:北京昌联印刷有限公司
开　　本:787mm×1092mm　1/16
成品尺寸:260mm×185mm
印　　张:20.75
字　　数:531 千字
版　　次:2018 年 11 月第 1 版
印　　次:2020 年 1 月第 3 次印刷
定　　价:80.00 元

序

人才培养是高等学校的根本任务，对处于学校工作中心地位的教学工作来说，其质量建设是高等学校的永恒主题。作为传授知识、掌握技能、提高素质的载体，教材在人才培养过程中起着非常重要的作用，是高等学校提高教学质量，促进内涵发展的有力抓手。

一本好的教材，不仅要充分体现教材应有的基础性、示范性和权威性，还要正确把握教学内容和课程体系的改革和创新方向，充分反映学科的教育思想观念、人才培养模式以及教学科研的最新成果，集中展现教材体系的创新，教材内容的更新和教学方法、手段的革新，善于处理好理论与实践、继承与创新、广度与深度、知识与技能、利学与利教的关系，成为开拓学生视野、引导学生探索、鼓励学生奋进的学业与人生兼备的“工具书”。

从中央体育学院到北京体育学院再到北京体育大学，这 60 年的办学历程，是继承发展的 60 年，是改革创新的 60 年，也是教材建设硕果累累的 60 年。学校不断探索教材建设的内在规律，引领高等体育教育教材建设的创新之路，发展了具有自身特色的教材体系，形成了特色鲜明的三个发展阶段。第一阶段是在上世纪 50 年代至 60 年代，我校教师在苏联专家的指导下，制定和编写了各专业的教育计划、大纲和主要教材。这批教师在主持和参与 1961 年国家体委组织的体育院校 18 门课程教材编著工作中发挥了重要作用；而这批教材也成为我国独立编写的、对苏联教材模式有所突破的第一批体育院校教材。第二阶段是上世纪 70 年代末至 90 年代，我校教师在大量承担第二次重编体育院校教材牵头组织工作的同时，针对学校“三结合”的办学目标和人才培养模式，开始了多学科、多专业的自编教材建设。第三阶段是进入 21 世纪以后，特别是国家体育总局于 2002 年下拨教材建设专款 480 万元之后，我校教材建设在数量和质量上都取得了重大突破。至 2010 年共立项建设了涵盖我校各专业课程的 187 项教材，其中有 4 项教材获得国家级优秀（精品）教材称号，14 项教材获得北京市精品教材称号。可以说上述三个阶段的发展，使我校教材建设水平达到了一个空前的高度，为高等体育人才的培养发挥了重要的作用。

为全面提高高等体育教育质量，深化高等体育教育教学改革，继续加强体育学精品教材建设，2012 年初，在北京体育大学教学指导与教材建设委员会的具体指导下，我们启动了高等教育体育学精品教材建设工程。学校遴选教育部新颁布的体育学类所属的体育教育、运动训练、社会体育指导与管理、武术与民族传统体育、休闲体育、运动康复、运动人体科学7个本科专业的部分基础课程和主干课程开展精品教材建设。我们整合了全校的优质资源，组织专家、教授全程参与教材的规划、编写、初审、终审等过程。按照精品教材的要求，以优秀的教学团队编写优质的教材，出精品、出人才为建设思路，编委会优选学术水平与教学水平兼备、具有创新精神的专家、教授担任教材主编，组织优秀教学团队成员参与教材编写；精确定位教材适用对象，准确把握专业知识结构、能力结构和综合素质要求，深刻领会课程内涵，简洁洗练地表达知识点、能力点和素质点；融入最新的教改成果和科研成果，吸收国外优秀教材的先进理念和成果，创新利于学生自学和教师讲授的教材体例；学校还投入专项资金，对教材进行一体规划、一体设计、一体编审，并采用多色印刷技术增加教材的可读性；为全力保证教材编写质量，北京体育大学出版社资深编辑深度介入教材编写的所有环节。当这批教材展现在读者面前时，我们充满了期待。

岁月如流，薪火相传。60年的教材建设成绩斐然，推动着体育学教材建设步入新的起点、站在新的高度。展望未来，一批批体育学精品教材将随世界一流体育大学的建设进程应运而生，不仅在学校内涵式发展的改革进程中发挥重要作用，而且在全国高等体育院校人才培养中做出积极贡献，在高等教育教材建设中留下浓墨重彩的一笔。

北京体育大学校长

校教学指导与教材建设委员会主任

2013年9月

北京体育大学高等教育体育学精品教材编委会

教材编写组

组　长：葛春林

副组长：孙　平

成　员（以姓氏笔画为序）：

尹洪满　古　松　孙　平　张　明　陈华伟

赵　凯　袁　芳　黄勇潮　梁志军　葛春林

前 言

北京体育大学的“排球”课程是国家级精品课程。本教材由北京体育大学教材精品课程的主讲教师编写。以往编写的排球教材通用性强，使用范围广阔，内容较为丰富，适用于各类人群，但缺乏针对性。本教材的读者主要定位于体育院校专项学生和排球教育工作者，教材在以往通用教材的基础上对排球运动相关知识进行了一定扩展，使读者对排球运动能够有进一步的学习和理解。

本教材包括排球运动概述、排球技术分析、排球技术教学、排球技术训练方法、排球战术及分析、排球战术教学与训练、排球专项体能训练理论与方法、排球运动员心理竞技能力与训练、教学训练文件制定、排球比赛规则及裁判方法、排球竞赛、排球运动科学研究方法等章节。全书以排球专项学生的专业发展和需求为出发点，注重对专项学生教、科、训能力的全面培养。本教材更新了一些关于排球最新的知识热点，在排球技术分析章节中加入了生物力学分析，方便读者更深刻、直观的理解排球技术原理。在排球运动员心理竞技能力与训练章节中结合排球项目特点，阐述了排球运动员的心理特征与训练方法，方便读者了解排球运动员的心理特征。在排球运动科学研究方法章节中初步介绍了排球在各方面的研究热点，并对科研的基本程序做了基本介绍，方便读者进行论文写作。

本教材参加编写的有葛春林教授（第一章、第十二章）、孙平教授、赵凯讲师（第二章）、孙平教授（第三章）、尹洪满教授（第七章）、古松教授（第六章、第八章）、袁芳副教授（第九章）、黄勇潮副教授（第五章）、张明讲师（第四章）、梁志军讲师（第十一章）、陈华伟讲师（第十章）。文中的动作图片选取国家男排队员袁志作为拍摄对象。本书由葛春林教授主编并最终审编定稿。

感谢广大师生、读者对教材中存在的不足提出宝贵意见和建议。

编者

2015 年 5 月

目录 CONTENTS

第十章　排球比赛规则及裁判方法

第十一章　排球竞赛

第十二章　排球运动科学研究方法

第一章　排球运动概述

本章概要

排球运动（volleyball）是由人数相等的两支球队，在两个被球网隔开的均等的场区内，以身体的任何部位（手和手臂为主）在空中做发球、垫球、传球、扣球和拦网等动作来组织进攻和防守，将球从网上击入对方的场区，而不使球在本方场区落地的球类运动项目。排球运动形式多种多样，依据竞赛规则、比赛形式、参与人数或运动目的不同而分为不同类别。如，以获取最佳竞赛成绩为目的的室内6人制排球、沙滩排球、坐式排球等竞技类排球运动；以健身娱乐为目的的软式排球、气排球、妈妈排球、4人制排球、9人制排球、草地排球、泥地排球、雪地排球、墙排球等娱乐健身类排球运动。一般而言，排球运动是指在国际上有统一竞赛规则的6人制排球运动。

一、排球运动的起源

排球运动起源于美国。19 世纪末的美国盛行橄榄球和篮球等项目，但运动强度比较大，为了寻求一种运动量适中、又富于趣味性、男女老少都能参加的室内娱乐性项目，1895 年，美国马萨诸塞州（旧称麻省）霍利沃克市的基督教青年会干事威廉·摩根（W. G. Morgan）在经过一段时间的摸索之后，为了避免像篮球那样的肢体接触，在网球场上把球网架在 5 英尺 6 英寸的高度上（1. 98 米），然后让人们用篮球内胆隔着网来回拍打，使其在空中飞来飞去，这就是排球运动的雏形。然而，由于篮球内胆太轻，不易控制；篮球和足球又太重，易挫伤手指、手腕（早期排球运动技术动作以传球为主，前臂垫球是 19 世纪 60 年代初由日本女排主教练大松博文创造），为此，摩根找到美国斯伯丁体育用品公司，设计并制作了与现代排球相近的外表是皮制的、内装橡皮胆的球。该球的圆周为 25 ~27 英寸（63. 5 ~68. 5 厘米），重量为 9 ~12 盎司（255 ~340 克）。经试验，该球效果非常理想，于是，就诞生了历史上的第一批排球。今天排球的大小和重量也据此演变而来。

摩根和春田市（Spring field）体育干事弗兰克·德博士及消防署长林奇共同将这项游戏命名为“Mitontte”（小网子）。1896 年，美国马萨诸塞州斯普林菲尔德基督教青年会体育指导大会在霍利奥克城举行。大会期间举行了历史上最早的“小网子”比赛，比赛采用五人对五人，当时两支队伍的队长分别是市长库兰先生和消防署署长林基先生。新项目的表演博得观众的好评，加之当时参加比赛的人们的年龄和地位的影响力，使排球运动得以迅速开展并对其在世界范围普及起到了极大的推动作用。当时观看比赛的春田大学的阿尔福德·T. 哈尔斯戴德博士发现该运动的参加者是在来回不断地“Volley”（意为“截击”），因而建议将这一运动命名为“Volleyball”，即“空中截球”之意。这个名称形象地概括了排球运动的性质，得到了摩根及表演者的一致同意。1951 年，在博览会上，“Volleyball”这个复合词第一次正式地出现在印刷物上，并被沿用至今。

1896 年，在美国马萨诸塞州春田基督教青年会体育指导大会上进行这种运动的首次公开表演赛，该校学生的示范表演博得了观众的喜爱和赞赏，这也被看做是世界上第一场排球比赛。此后，这个新的运动项目在各学校迅速普及开来。与此同时，也引起了美国军队的兴趣，并将排球运动列入军事体育项目，在军队中广泛开展，而在空军中则一度达到狂热的程度。

1896 年，摩根制定了世界上第一个排球竞赛规则，发表在当年 7 月出版的美国《体育》杂志上，该规则并没有规定排球比赛场上的人数，具体参数人数可在赛前双方临时商定，只要双方人数对等即可。第一个排球规则由美国人卡麦隆先生通过斯伯丁体育出版社出版，当时规定采用“轮转制”和“每局 15 分制”。1918 年，该规则又将上场人数改为 6 人。1922 年，该规则已趋完备，规定每方必须三次以内击球过网。

二、排球运动的特点

（一）竞赛方法和规则

排球运动比赛由主裁鸣哨允许发球开始，至裁判员鸣哨或成死球为止，据此循环往复直至一队胜出比赛。裁判员的执法是根据排球运动裁判规则（双方预先商定的规则）执行。

规则规定了比赛的条件、设备、器材、场地、球网和球的规格；规定了参赛的人数、正式上场队员和他们的场上位置、轮转次序；还规定了比赛的方法，如，发球队胜一球得一分，由该队同一名队员继续发球。接发球队胜一球得发球权同时得一分，场上队员先按顺时针的方向轮转一个位置后，由后排右边的队员发球。排球比赛有五局三胜制、三局二胜制和一局胜负制。国际6人制排球比赛采用五局三胜的每球得分制，前四局每局比分为25分，最后一局决胜局比分为15分，但每局只有在超出对方2分的情况下（比分没有封顶）才为胜一局，胜三局为胜一场。沙滩排球目前采用每球得分的三局两胜制，前两局每局比分为21分，第三局决胜局比分为15分，并每局均需领先对方2分才能获胜，比分没有封顶，可以无限制地延续下去。同时，规则中给出了大量清楚的技术定义及正确技术、不合法技术和错误技术的显著区别。规则中一切有关场地、设备、器材、技术以及行为方面的规定，对双方运动队的成员都是平等的。此外，规则还对运动员的体育道德行为作了明确规定。这说明排球运动的目的不仅仅是比赛，它还有体育道德、公平竞争的教育作用，这才是排球运动的核心。

（二）技术和战术

排球运动属于技能主导类隔网对抗性的集体项目。比赛中，任何位置的队员都要参与进攻和防守。加上位置的轮换以及各项排球技术具有的攻、防两重性，每项技术可以直接得分和失分，排球运动对运动参与者的技术要求很高，因此，每个队员都必须全面、熟练地掌握各项攻、防技术。

在排球运动中，击球是非常重要的技术手段，运动员在时间和空间感觉上得到的锻炼和提高是其他球类项目不可比拟的。由于对“持球”的限制，既提高了运动员在短暂的触球时间内对来球的力量、速度和角度因素的准确判断能力，又能使运动员加强对击球方向落点的控制能力。由于竞赛规则规定运动员全身任何部位均可触球，因此，可以充分展现运动员各种高超的击球技巧。

排球运动战术配合也有特点。充分利用规则允许的三次击球机会，各队通过精心设计和巧妙配合，在激烈的比赛中完成快速的战术组合和攻防转换。这要求运动员具有高度的战术意识、默契和准确的配合以及高度的技巧。

三、排球运动的发展

早期排球运动的场地面积、球网高度以及双方参赛人数都没有统一的规则。1897 年，美国基督教青年会出版了第一版官方排球规则汇编，但并未对排球运动规则的统一产生太大影响。1912 年，基督教青年会对早期比赛规则作了修订，排球运动开始蓬勃发展起来。1916 年，规则除了将室内排球比赛每方上场队员限定为 6 人外，还将排球网高定为 8 英尺（2.43 米），并且采用轮转发球。这些改变为 1922 年在纽约城举办的第 1 届全美男排冠军赛铺平了道路。1928 年，美国排球协会成立，不久它就取代了基督教青年会成为美国排球运动的主要组织者。同年，在女子排球比赛中采用了独立的规则，其中的一些规则（如比赛双方每队上场 8 名队员以及每次发球轮转采用双发制）一直延用到 20 世纪 50 年代。1949 年，美国举办了第 1 届女子排球冠军赛，从那时起，女子排球运动得到了迅速普及。

排球运动在海外传播和推广的过程中，由于各地传入时间和比赛规则不同，致使排球项目的开展形式及运动水平也不尽相同，并且不断地发生演化。在排球运动的普及发展过程中，最有效的宣传队是基督教青年会和美国驻外军队。由于地理位置的原因，排球最先传入美洲：1900 年首先传入加拿大，1905 年传入古巴，1912 年传入乌拉圭，1914 年传入墨西哥。传入美洲的大多是 6 人制排球形式。排球传入亚洲也比较早：1900 年首先传入印度，1905 年传入中国，1908 年传入日本，1910 年传入菲律宾。由于所采用的规则不同，亚洲排球经历了“16 人制→12 人制→9 人制→6 人制”的演变过程。第一次世界大战期间，驻扎在欧洲的美军士兵和“二战”期间驻扎在欧洲及太平洋战区的美军士兵，都享受过排球带给他们的快乐并将它传播到欧洲各国。欧洲的排球运动起步要稍晚一些，第一次世界大战期间才随美国士兵登陆。1914 年传入英国，1917 年排球出现在法国，接着传入意大利，1919 年、1921 年先后在捷克和波兰等东欧诸国开展，1922 年传入德国。虽然欧洲起步较晚，但传入的排球运动已采用运动员轮转、15 分制和 6 人制，其竞技性已渐成熟，因此，发展较快。传入非洲的时间最晚，1923 年，排球运动才传至埃及和摩洛哥等国。

随着参与排球运动的国家数量增加，需要一个国际性的管理组织来监督这项运动进一步发展的要求变得越来越紧迫。1936 年柏林奥运会期间，第一个国际排球组织——排球技术委员会成立，旨在促进国际间的排球比赛和交流。然而，由于第二次世界大战的爆发，该委员会还未正式开展工作就宣布解散。直到 1947 年，国际排球联合会在巴黎成立，共有 14 个创始国。虽然首届世界排球锦标赛在 1949 年举行，但第一次吸引两个以上大洲的参赛者参赛的却是 1956 年的世界锦标赛。从那时以后，排球运动开始在世界范围内流行起来。在美洲各国，人们起初习惯地将排球运动看作是一项消遣娱乐活动，并没有看重它的体育竞赛性质，直到第一块排球金牌在包括男、女队员在内的 1964 年东京夏季奥运会上被设立，室内排球加入了奥林匹克运动的大家庭之后，排球运动在美洲所受的冷遇才得到改善，运动水平也随之提高。

第一次世界大战后，扣球技术的“雏形”在菲律宾出现，只能击球两次的规则也在菲律宾得到认可。20 世纪 40 年代，前臂垫球技术在东欧发展起来。排球运动在奥运会的舞台上亮相后，它的技术、战术发生了飞速的变化。不断更新的排球理念创造出了许多新颖、先进的攻防体系。而随着时间的推移，这些新颖、先进的攻防体系已戏剧性地改变了排球运动的特点。在排球运动发展的初期，打排球并不是一件很费力气的事，因此，它很快就以适合缺乏运动的上流社会人群而声名大振。如今，在世界最高竞技水平的舞台上，排球已成为一项体现爆发力、力量和技巧的体育运动，它需要顽强的竞技精神和精确的团队协作。优秀的运动员、强大的竞争对手和以不屈精神塑造球队的教练员，共同写就了室内排球运动的历史。

目前，排球已经成为世界上大众参与程度最高的运动项目之一。现在国际排联的会员中已经有 217 个国家协会，超过了任何其他国际单项体育协会。男女排球职业联赛在欧洲、亚洲和南美洲吸引了成千上万的观众。国际排联发起的世界男排联赛和世界女排大奖赛，每年以巨额奖金和国际声望为号召力吸引着世界上最优秀的国家队参赛。另据保守估计，世界有超过 5 亿的人在参与参加不同水平、不同层次的排球运动。随着其运动形式的不断分化和繁衍，又相继出现了 9 人制排球、沙滩排球、软式排球、残疾人坐式排球和气排球等形式，场地条件更为灵活多样，参与人群更加广泛，使其更加迎合了终身体育理念。近年来，为吸引户外娱乐人群，国际排联设计并推出了公园排球。同时，为了提高观众兴趣和项目本身的发展，排球规则在最近几年也逐渐发生演变。毫无疑问，接下来的 100 年将见证这场正在进行的演变，但排球作为世界上最受欢迎、最令人激动的体育项目之一的地位，将不会发生变化。

四、中国的排球运动

（一）排球传入中国

1900 年，排球运动传入亚洲的印度。大约在 1905 年传入中国。最初的名称按谐音叫“华利波”，后改为“队球”，最终改为“排球”。我国的华南、华东和华北地区最早开展这项活动。1905 年，排球运动首先在广州南武中学和香港皇仁书院开展。1913 年 5 月，远东运动会参赛选手许民辉（广东籍）积极推广排球，将这项活动向郊县城乡推广。一年后，排球运动成为广东省广大青年农民和职工喜爱的活动，在该省几十个县迅速普及，发展速度惊人。在这一基础上涌现出了不少著名排球运动员和著名排球队，广东排球联合会也应运而生。从第二届远东运动会开始，中国队分别获得第二、三、五、八、九届运动会的排球比赛冠军。粤港排球运动员是历届远东运动会中国排球队的主力。

位于华东地区的上海也是开展排球运动比较早的城市之一。1908 年，北美基督教青年会派遣爱克斯纳（M. J. Exner）医生来华担任上海基督教青年会体育部主任，他在青年会体育训练班上讲授和介绍了包括排球在内的多种体育运动项目。1912 年至 1924 年间，基督教青年会通过举办体育干事训练班先后培养了 9 批体育教师和干部，其中一部分人后来成了各地推广排球运动的骨干。1917 年，福州市基督教青年会体育干事播竹孙从上海基督教青年会体育干事训练班受训结业后，将所学的排球运动的知识、技能和比赛练习的方法等带回福州。直到 1914 年第二届全国运动会时，我国才正式设立排球的竞赛项目（男子）；1921 年，广东省第八届运动会首次设立女排比赛；1924 年在武汉举行的第三届全运会将女子排球比赛列为正式比赛项目。

华北地区：华北运动会历来重视田径比赛，对于球类项目，由于人们对于它的规则还不太了解，再加上经济困难等问题，因此，人们对是否在华北举行球类比赛的问题一直争论不休。虽然早在 1910 年前就有少数教会学校开展排球活动，但尚未成为竞赛项目。直到 1914 年第二届华北运动会在北京天坛举行时，排球才正式被设立为竞赛项目。华北运动会自第二届首设排球竞赛后，一度在比赛中取消排球项目达十年之久，直到 1924 年第十一届时才恢复排球比赛，华北排球运动发展之迟缓，由此可见一斑。然而，到了 20 年代末、30 年代初，华北排球运动的开展已不再局限于几个大城市了。排球运动传到了山东半岛的烟台和青岛等地，这些地区也组织了许多比赛，为排球运动的推广普及作出了贡献。

在排球传入亚洲国家初期，由于当时各国室内运动场馆远不如美国，考虑到让多数人能参加排球运动，因此，初期上场人数不是 6 人而是 16 人。亚洲前三届远东运动会排球比赛都采用 16 人制比赛。1919 年第三届远东运动会后，比赛规则有了较大的修改，从 16 人制改为 12 人制，场地由 90 ×45 英尺缩小为 80 ×40 英尺。1927 年，又从 12 人制改为 9 人制。9 人制排球一直延续至 1949 年。在相当长的时间里，9 人制排球一直流行于包括中国在内的亚洲各国。1950 年 7 月，在中华全国体育总会举办的全国体育工作者暑期学习会上，首次介绍了 6 人制排球比赛的规则，1951 年正式采用 6 人制。此后，6 人制排球在全国逐步普及开来。

我国的 6 人制排球继承了 9 人制排球的上手传球、大力勾手发球、正面和勾手扣球、快球、拦网技术。特别是我国的快球和快攻战术，当时在世界上还没有，这成为我国排球技战术打法的主要特色。到新中国成立前，历经 30 多年的发展，尽管当时的我国的排球运动在战术技术方面和现代排球水平差距甚大，却领先于亚洲的日本和菲律宾，也领先于发明排球运动的美国。

（二） 发展与完善

1953 年，我国成立排球协会。1954 年，国际排联正式接纳我国为正式会员国。此时，我国通过对外的交流和比赛，已学习了 6 人制的正面扣球，以及“中一二”“边一二”和“二次进攻”等进攻战术，防守上主要学习了“心跟进”的防守。在学习了当时排球技战术水平最好的东欧技战术后，我国也开始考虑如何在学习的基础上，发展有自己特色的排球技战术。

1956 年，我国开始实行裁判员等级制度，将排球列为中学、高等院校和师范院校的体育教学大纲中的必修课程。在京津两地举办“全国排球教练员训练班”，邀请苏联专家讲学，以提高排球理论水平。

1956 年 8 月，新中国男女排球队首次参加在巴黎举行的男子第 3 届、女子第 2 届世界锦标赛。在 24 支男子参赛队中我国男队夺得第 9 名，在 17 支女子参赛队中我国女队获得第 6 名的成绩。中国队的后排插上、快球及快球掩护的前后交叉扣球和重叠扣球等技术在比赛的进攻中成为亮点，令参赛各队耳目一新。经过十年的努力，排球运动在我国得到了普及，而且在技战术上日益完善，形成了具有自身特点的技战术体系。然而，我们也必须看到，我国排球队的防守水平与排球强国球队相比还有较大差距。

（三）不断提高，走向世界

进入 60 年代，我国排球运动在学习的基础上，开始发展自己的特点，形成了自己的风格。1964 年，在日本女排夺得第 18 届奥运会冠军后，周恩来总理邀请大松博文教练率领日本女排再次来华访问，并执教中国女排。当时的体委主任贺龙元帅，总结了日本女排的训练方法，提出了著名的“三从一大”原则，即从难、从严、从实战出发，大运动量训练。日本女排带来的新技术、新战术，以及她们的训练作风和方法对我国排球运动起到了推动作用，有着较为深远的影响。因此，1981 年，当中国女排在东京举办的第 3 届世界杯女排比赛中首次夺得世界冠军时，袁伟民教练语重心长地对记者说，要感谢日本排球界对提高中国排球运动水平所给予的帮助。

之后，中国女排再接再厉，在 1982 年的第 9 届世界锦标赛、1984 年的洛杉矶奥运会、1985 年的世界杯和 1986 年的世界锦标赛上，克服了前进道路上的重重困难，又连续获得了 4 次世界冠军，极大振奋了中华民族精神，开创了中国现代排球运动的新纪元。

80 年代初期，正当世界排球运动迅猛发展之时，中国的男子排球运动水平却出现了滑坡。同时，中国女排也逐步走向低谷。其实，这并非偶然。80 年代，世界排球运动迅猛发展，男排的全攻全守打法已代替了高举高打风格的单一模式。新崛起的欧美各国强队普遍采用了快速进攻和集体配合的战术打法。本来在高度和力量上就占有优势的欧美等强队，普遍使用了跳发球和后排进攻等强有力的进攻技术，使网上的优势更加明显。同时在防守技战术上也有了较大的改进，防守成功率也大大提高。在此阶段，欧美强队的技战术水平提高很快。而女子排球技战术男子化的趋势也愈来愈明显，各强队普遍采用了跳发球和后排进攻的技术。而在这一时期，中国男、女排球队却没有明显的技战术创新，技战术与欧美等强队相比滞后，特别是许多观念陈旧。在世界排球运动迅猛发展的同时，我国排球运动水平不进反退，比赛体制落后，赛场萧条，技战术水平较低，技术普遍较粗糙，队员意志涣散，许多省市削减了排球队，以至造成队员衔接断层明显，后备力量严重匮乏。中国的排球运动面临自 1976 年以来最困难的时期。

1995 年，为重新振奋排球精神，以赛制改革为先导，翻开了排球改革的新一页。赛制改革使队伍充满了活力，技战术水平有了较大的进步。在全体排球教练员的带领下，球队增加了凝聚力，重新树立信心。中国女排于 1995 年重夺亚洲锦标赛冠军，世界锦标赛第 3 名，1996 年奥运会上又获得亚军，1996 年底在超霸六强赛上再夺冠军。1997 年男排夺得了阔别十年的亚洲锦标赛冠军。1997 年获得了世界锦标赛的参赛资格。然而，中国排球要在世界排坛取得更佳的成绩，并非在短时间内便可实现的，还需要全体排球界人士的不断努力，才能使我国的排球运动处于世界的前列。

（四） 再创辉煌

2001 年，陈忠和接任中国女排主教练，经历 2002 年世界锦标赛的第四名，在世界排坛群雄逐鹿的大背景和国内舆论的巨大压力下，陈忠和带领中国女排在 2003 年世界杯上以 11 连胜仅失 4 局的辉煌战绩获得了阔别 17 年的世界大赛的冠军，挥洒自如地抒写了中国排球历史的新篇章。紧接着中国女排在 2004 年雅典奥运会上力克群雄，夺取了阔别 20 年的奥运会冠军，同时也使中国女排获取两连冠。此后，中国女排新老交替几经周折，虽再未染指世界三大赛事的冠军，但仍不失为世界强队。

2001 年，邸安和接管中国男排，面对与世界强队之间的差距，年轻男排队员获得 2003 年世界杯的第 10 名。2004 奥运会落选赛失利无缘雅典奥运会，使管理层意识到中国男排若要取得突破，必须卧薪尝胆从头再来，必须进行相应的改革：摒弃急功近利的思维方式；提高运动员基础训练水平和各级教练员训练水平；潜心学习世界强队训练和管理经验；搞好国内联赛等。2005 年 12 月 27 日，周建安出任中国男排主教练，无数前辈朝思梦想的中国男排的奥运梦想历史性地落在了他的肩上。周建安认定“亮剑”精神正是中国男排需要的精神和气势，剑指 2008 年奥运会，他说：一定要实现这个梦想，力争 2008 年在家门口打几场漂亮球，保 10 争 8，让国人看到男排的变化，看到中国男儿的血性和气势，看到中国男排的亮剑精神。在 2008 年北京奥运会比赛中，尽管中国男排在所有参赛队伍中排名最后，但亮剑精神得到充分展现：在主场力克日本、委内瑞拉勇闯前八；在小组赛最后一场对老牌劲旅上届亚军意大利队时，中国队苦战 5 局，最后以 2 分之差惜败意大利，小组排名第四，24 年后再次打进八强。小组赛中，中国男排展现了遇到强队敢于亮剑的精神，国际排联主席魏纪中表示：这是中国男排多年来在世界大赛上表现最出色的一次。在八进四交叉赛时对世界排名第一、上届奥运会冠军巴西队，中国队以 0：3 不敌巴西队，止步八强。

（五） 我国的沙滩排球运动

沙滩排球起源于 20 世纪 20 年代的美国加利福尼亚州，其在美国的开展比室内排球还要广泛，是人们休闲、娱乐和健身的好方式，它具有极强的竞技性、独特的艺术性、趣味性，被誉为“21 世纪最杰出的运动”。80 年代，国际排联开始在世界范围内宣传和普及沙滩排球这一运动。90 年代开始，沙滩排球进入快速发展阶段，1993 年，沙滩排球被确定为 1996 年亚特兰大奥运会正式比赛项目。

在 80 年代末至 90 年代初，《中国排球》杂志曾举办过几次民间的国内及国际沙滩排球邀请赛，有 4 人赛制也有 2 人赛制，可谓是中国沙滩排球的初级阶段。1993 年，国际奥委会正式确认沙滩排球为奥运会正式比赛项目后，当年中国派出男女各两名运动员参加了亚洲排球联合会的沙滩排球巡回赛；中国排球协会从 1994 年开始举办正式的全国沙滩排球比赛，1997 年首次派队参加了世界沙滩排球锦标赛，1998 年沙滩排球被列为第 8 界全国运动会正式比赛项目，掀起了中国沙滩排球运动的第一个高潮。

虽然沙滩排球在我国起步较晚，但近年来却得到了快速发展。在2000年悉尼奥运会上，中国的熊姿/迟蓉获得了女子沙滩排球项目的并列第9名，另一对选手获得并列第17名。那时的中国沙排在世界上没有引起人们的注意。虽然中国女队没有取得好成绩，但她们总结经验后，在2001年世界沙滩排球锦标赛上，迟蓉/熊姿和田佳/王菲分别获得第5名和第17名。2003年，田佳/王菲获得世界沙滩排球巡回赛印尼和意大利站的冠军，这是我国沙滩排球在世界单项最高级别的比赛中取得的最好成绩。

在2006年世界巡回赛波兰站比赛中，中国男子沙排选手徐林胤/吴鹏根发挥出色，夺得中国男子沙排史上首个世界巡回赛季军，这也是中国男子沙排队选手迄今为止取得的历史最好成绩。在同年的多哈亚运会上，中国男、女沙排队共获2金、1银、1铜，这是参加三届亚运会中成绩最好的一次。釜山亚运会中国队仅有1枚金牌，曼谷亚运会上中国队收获金、银、铜各1枚。在2007年7月底结束的世界沙滩排球锦标赛上，中国组合不仅创纪录地夺得1枚银牌，而且女子两对组合闯入半决赛，男子两对组合跻身八强，北京奥运会前中国沙滩排球竞技水平迅速提高，女队田佳/王洁排名世界第二，张希/薛晨排名世界第四，男队吴鹏根/徐林胤排名世界第五。在2008年北京奥运会上，田佳/王洁和薛晨/张希分别获得女子沙滩排球亚军和季军，实现了奥运会奖牌零的突破。

五、世界主要排球比赛

（一） 世界锦标赛系列赛事

世界锦标赛是由世界排球联合会（FIVB）主办的国际排球比赛，是排球项目最早、规模最大的世界性比赛，每4年举行一届，受到各国的普遍重视。原与奥运会同年举行，1962年起改在奥运会后第2年举行（女子第5届除外）。冠军获得者可直接参加下届奥运会。1989年，国际排联将世界青年锦标赛、世界少年锦标赛统一纳入世界锦标赛系列赛事活动。

第一届世界锦标赛始于1949年的布拉格，最初只有男子比赛。1952年，在莫斯科举行了第一届世界女子锦标赛和第二届世界男子锦标赛。最开始比赛并不受洲际人数的限制，即提出参赛申请的队，都可获得参赛资格；但从1986年（男第11届，女第10届）开始，国际排联规定只允许16个队参加世锦赛，因为排球运动已逐渐成为一项世界性的热门运动，希望获得参赛资格的国家越来越多。具体参赛资格为上一届比赛获得第1名到第7名的7支球队，举办国1个队、五大洲锦标赛5个冠军队、最后资格预定赛（巡回优胜杯）的前3名共16只参赛队伍。1994年，国际排联对世锦赛的参赛资格作了修改。对国际排联举办的最后资格预选赛，从选取原来的前3名增加至前9名有资格参加比赛。取消“世锦赛上届比赛2至7名有当然参赛资格”的规定。1998年，在日本举行的世锦赛恢复了男子24个队的名额。女子依然保持16个队。

世界青年排球锦标赛始于1977年，在巴西里约热内卢举行。最初是每四年一次，后改为每两年举行一次。参赛队伍由东道国代表队、上届冠军队和各州青年锦标赛的前2~3

名都可以参加。比赛规定参赛队员年龄不得超过 20 岁。首届世界少年排球锦标赛于 1989 年在阿联酋（男子）和巴西（女子）举行，每两年举行一次。参赛队员年龄不得超过 18 岁。

表 1－1　历届世界男子排球锦标赛成绩

届次	时间	举办地	冠军	亚军	第三名	第四名
一	1949 年	布拉格	苏联	捷克斯洛伐克	保加利亚	罗马尼亚
二	1952 年	莫斯科	苏联	捷克斯洛伐克	保加利亚	罗马尼亚
三	1956 年	巴黎	捷克斯洛伐克	罗马尼亚	苏联	波兰
四	1960 年	里约热内卢	苏联	捷克斯洛伐克	罗马尼亚	波兰
五	1962 年	莫斯科	苏联	捷克斯洛伐克	罗马尼亚	保加利亚
六	1966 年	布拉格	捷克斯洛伐克	罗马尼亚	苏联	德意志民主共和国
七	1970 年	索非亚	德意志民主共和国	保加利亚	日本	捷克斯洛伐克
八	1974 年	墨西哥城	波兰	苏联	日本	德意志民主共和国
九	1978 年	罗马	苏联	意大利	古巴	韩国
十	1982 年	布宜诺斯艾利斯	苏联	巴西	阿根廷	日本
十一	1986 年	巴黎	美国	苏联	保加利亚	巴西
十二	1990 年	里约热内卢	意大利	古巴	俄罗斯	巴西
十三	1994 年	雅典	意大利	荷兰	美国	古巴
十四	1998 年	大阪	意大利	南斯拉夫	古巴	巴西
十五	2002 年	布宜诺斯艾利斯	巴西	俄罗斯	法国	南斯拉夫
十六	2006 年	东京	巴西	波兰	保加利亚	塞黑
十七	2010 年	罗马	巴西	古巴	塞尔维亚	意大利

表 1－2　历届世界女子排球锦标赛成绩

届次	时间	举办地	冠军	亚军	季军
一	1952 年	苏联	苏联	波兰	捷克斯洛伐克
二	1956 年	法国	苏联	罗马尼亚	波兰
三	1960 年	巴西	苏联	日本	捷克斯洛伐克
四	1962 年	苏联	日本	苏联	波兰
五	1967 年	日本	日本	美国	韩国
六	1970 年	保加利亚	苏联	日本	韩国
七	1974 年	墨西哥	日本	苏联	韩国

续表

届次	时间	举办地	冠军	亚军	季军
八	1978 年	苏联	古巴	日本	苏联
九	1982 年	秘鲁	中国	秘鲁	美国
十	1986 年	捷克	中国	古巴	秘鲁
十一	1990 年	中国	俄罗斯	中国	美国
十二	1994 年	巴西	古巴	巴西	俄罗斯
十三	1998 年	日本	古巴	中国	俄罗斯
十四	2002 年	德国	意大利	美国	俄罗斯
十五	2006 年	日本	俄罗斯	巴西	塞黑
十六	2010 年	日本	俄罗斯	巴西	日本

（二）世界杯赛

这项赛事的前身是亚、欧、美“三大洲”排球赛。1964 年，国际排联将其扩大为世界性比赛，并更名为“世界杯”排球赛。1965 年 9 月，在波兰华沙举行了首届世界杯男子排球赛；1973 年，在乌拉圭举办了第一届世界杯女子排球赛。世界杯是由全球高水平的男、女球队参加的国际性的排球比赛，每四年举办一次。从 1977 年起，举办地点固定在日本。1991 年开始，世界杯赛被改在奥运会的前一年举行，相当于是奥运会的资格赛，获得前三名的队伍有资格进入奥运会。世界杯的参赛的资格是：举办国、当年举行的各大洲锦标赛的冠、亚军和上届冠军队，最多不超过 12 支队伍。

表 1－3　历届排球男子世界杯赛成绩

届次	时间	举办地	冠军	亚军	季军
一	1965 年	华沙	苏联	波兰	捷克斯洛伐克
二	1969 年	东柏林	德意志民主共和国	日本	苏联
三	1977 年	东京	苏联	日本	古巴
四	1981 年	东京	苏联	古巴	巴西
五	1985 年	东京	美国	苏联	捷克斯洛伐克
六	1989 年	东京	古巴	意大利	苏联
七	1991 年	东京	俄罗斯	古巴	美国
八	1995 年	东京	意大利	荷兰	巴西
九	1999 年	东京	古巴	意大利	美国

续表

届次	时间	举办地	冠军	亚军	季军
十	2003 年	东京	巴西	意大利	塞黑
十一	2007 年	东京	巴西	俄罗斯	保加利亚
十二	2011 年	东京	俄罗斯	波兰	巴西

表 1－4　历届排球女子世界杯赛成绩

届次	时间	举办地	冠军	亚军	季军
一	1973 年	蒙得维的亚	苏联	日本	韩国
二	1977 年	东京	日本	古巴	韩国
三	1981 年	东京	中国	日本	苏联
四	1985 年	东京	中国	古巴	苏联
五	1989 年	东京	古巴	苏联	中国
六	1991 年	东京	古巴	中国	苏联
七	1995 年	东京	古巴	巴西	中国
八	1999 年	东京	俄罗斯	巴西	韩国
九	2003 年	东京	中国	巴西	美国
十	2007 年	东京	意大利	巴西	美国
十一	2011 年	东京	意大利	美国	中国

（三）奥运会排球赛、奥运会沙滩排球赛和残奥会坐式排球赛

1964 年在日本东京举行的第 18 届奥运会上，排球被正式列为奥运会比赛项目。奥运会排球比赛是世界最高水平的比赛，受到各国政府、体育组织和运动员的普遍重视，参加奥运会比赛要经过严格的选拔。通常一个洲只允许一个代表队参加比赛，加上上一届奥运会和世界锦标赛的前两名以及举办国，一般只有 8～10 个队具有参加决赛的资格。进入 80 年代，奥运会前又增加了奥运会参赛资格选拔赛，在紧张、激烈争夺的选拔赛上又有两个队获得参赛资格。

1992 年第 25 届奥运会后，国际排联对奥运会排球项目的参赛资格又作了新规定：从 1996 年第 26 届奥运会起，参赛队由原来的男子 12 支队伍，女子 8 支队伍改为男、女各 12 支队伍参赛。具体为：举办国一个队、上届奥运会冠军一个队、前一年的世界杯赛前三名三个队、五大洲奥运会预选赛第一名五个队以及国际排联直辖的两大区落选赛的第一名两个队，共 12 个队进入奥运会的决赛。

沙滩排球于 1996 年亚特兰大第 26 届奥运会上被列为正式比赛项目，男、女各 24 支队伍参加比赛，每队两名运动员，每个协会最多两个队（男、女各一个队）。1980 年，男

子坐式排球在莫斯科举行的第 6 届残奥会上第一次被列为正式比赛项目；2004 年，女子坐式排球在雅典举行的第 12 届残奥会上被列为比赛项目，中国队夺得冠军。

表 1－5　历届奥运会男子排球比赛成绩

届次	时间	举办地	冠军	亚军	季军
18	1964 年	东京	苏联	捷克斯洛伐克	日本
19	1968 年	墨西哥城	苏联	日本	捷克斯洛伐克
20	1972 年	慕尼黑	日本	德意志民主共和国	苏联
21	1976 年	蒙特利尔	波兰	苏联	古巴
22	1980 年	莫斯科	苏联	保加利亚	罗马尼亚
23	1984 年	洛杉矶	美国	巴西	意大利
24	1988 年	汉城	美国	苏联	阿根廷
25	1992 年	巴塞罗那	巴西	荷兰	美国
26	1996 年	亚特兰大	荷兰	意大利	南斯拉夫
27	2000 年	悉尼	南斯拉夫	俄罗斯	意大利
28	2004 年	雅典	巴西	意大利	俄罗斯
29	2008 年	北京	美国	巴西	俄罗斯
30	2012 年	伦敦	俄罗斯	巴西	意大利

表 1－6　历届奥运会女子排球比赛成绩

届次	时间	举办地	冠军	亚军	季军
18	1964 年	东京	日本	苏联	波兰
19	1968 年	墨西哥城	苏联	日本	波兰
20	1972 年	慕尼黑	苏联	日本	朝鲜
21	1976 年	蒙特利尔	日本	苏联	韩国
22	1980 年	莫斯科	苏联	德意志民主共和国	保加利亚
23	1984 年	洛杉矶	中国	美国	日本
24	1988 年	汉城	苏联	秘鲁	中国
25	1992 年	巴塞罗那	古巴	独联体	美国
26	1996 年	亚特兰大	古巴	中国	巴西
27	2000 年	悉尼	古巴	俄罗斯	巴西
28	2004 年	雅典	中国	俄罗斯	古巴
29	2008 年	北京	巴西	美国	中国
30	2012 年	伦敦	巴西	美国	日本

表 1-7 历届奥运会男子沙滩排球比赛成绩

奥运会	奖牌	国家/地区	运动员
2012 年伦敦	金牌	德国	乔纳斯-雷克曼/朱尼斯-布雷克
2012 年伦敦	银牌	巴西	艾曼努尔-雷戈/艾莉森-瑟鲁提
2012 年伦敦	铜牌	拉脱维亚	詹尼斯-塞姆蒂恩斯/马丁斯-帕韦恩斯
2008 年北京	金牌	美国	菲利普-达尔豪瑟/托德-罗杰斯
2008 年北京	银牌	巴西	马尔西奥-阿劳若/法比奥-马加良斯
2008 年北京	铜牌	巴西	瑞卡多-桑托斯/艾曼努尔-雷戈
2004 年雅典	金牌	巴西	里卡多/艾曼努尔
2004 年雅典	银牌	西班牙	博斯马/赫雷拉
2004 年雅典	铜牌	瑞士	科贝尔/修舍尔
2000 年悉尼	金牌	美国	戴恩-巴尔顿/艾里克-弗诺伊莫亚纳
2000 年悉尼	银牌	巴西	马尔科-何塞/里卡多-桑托斯
2000 年悉尼	铜牌	德国	尤尔格-阿哈曼/阿列克斯-哈格
1996 年亚特兰大	金牌	美国	肯-斯特弗斯/卡-斯拉利
1996 年亚特兰大	银牌	美国	迈-怀特马什/米-多德
1996 年亚特兰大	铜牌	加拿大	约-蔡尔德/马-希塞

表 1-8 历届奥运会女子沙滩排球比赛成绩

奥运会	奖牌	国家/地区	运动员
2012 年伦敦	金牌	美国	凯丽-沃尔什/梅-特雷诺
2012 年伦敦	银牌	美国	詹妮弗-凯西/艾普若-罗斯
2012 年伦敦	铜牌	巴西	拉里萨-弗兰卡/朱莉安娜-费利斯贝塔
2008 年北京	金牌	美国	凯丽-沃尔什/梅-特雷诺
2008 年北京	银牌	中国	田佳/王洁
2008 年北京	铜牌	中国	薛晨/张希
2004 年雅典	金牌	美国	凯丽-沃尔什/梅-特雷诺
2004 年雅典	银牌	巴西	巴哈尔/贝代
2004 年雅典	铜牌	美国	麦科皮克/扬斯
2000 年悉尼	金牌	澳大利亚	娜塔莉-库克/桑德拉-塔瓦雷斯
2000 年悉尼	银牌	巴西	塞尔达-贝德/安德里娅娜-贝哈

续表

奥运会	奖牌	国家/地区	运动员
2000 年悉尼	铜牌	巴西	凯莉安 - 波特哈斯特/萨缪尔 - 拉莫斯
1996 年亚特兰大	金牌	巴西	桑 - 皮尔斯/杰 - 席尔瓦
1996 年亚特兰大	银牌	巴西	莫 - 罗德里格斯/阿 - 萨穆尔
1996 年亚特兰大	铜牌	澳大利亚	娜 - 库克/科 - 安 - 波萨斯特

（四）世界男排联赛、世界女排大奖赛、大冠军杯赛

世界男排联赛（World League）是国际排联组织的具有较强商业性质的年度国际比赛，开始于 1990 年。该赛事的目的是扩大排球在全球的影响力，参赛队为五大洲的国家队，比赛一般在夏季进行，为时一至两个月。比赛先进行主客场小组赛，然后排名较高的参赛队在一个国家进行总决赛，决出冠军。世界男排联赛的规模在不断扩大，从最初的 8 支球队到后来的 12 支球队，现在已经达到 16 支球队，2013 年增至 18 支球队。中国男排从 1990 年开始参加世界男排联赛，最好成绩是 1996 年的第 6 名。

世界女排大奖赛（World Grand Prix），是国际排球联合会举行的年度大型世界排球比赛，与男子世界排球联赛不同的是，世界女排大奖赛参赛队不用缴纳高昂的参赛费。世界女排大奖赛自 1993 年举办首届赛事以来，已经进行了 20 届（2013 年为第 21 届），中国女排参加了全部的 20 届比赛，并在 2003 年击败俄罗斯首次问鼎大奖赛的冠军，这同时也是中国女排唯一的一次夺冠经历。2007 年，中国女排在分站赛表现不佳，最终仅凭借东道主身份入围总决赛，但在总决赛中她们仅负于最终夺冠的荷兰女排，位居次席，这也是中国女排历史上第四次获得大奖赛亚军。截至 2012 年，中国女排还获得过三次第 3 名、五次第 4 名和五次第 5 名。巴西女排是世界女排大奖赛的最大赢家，她们获得过 9 次冠军，2004 年至 2006 年间，更是获得了三连冠。此外，美国队五度问鼎，并且实现了 2010—2012 三连冠，俄罗斯队曾三度问鼎，古巴队两度折桂，而中国队和荷兰队则仅有一次夺冠的经历。

世界女排大奖赛的地位不及三个四年一度举行的世界大赛，但奖金远高于世界大赛，是纯粹商业性比赛。故夺得世界女排大奖赛冠军一般不被视作世界冠军。不过，大奖赛却造就了世界女排的明星化，对女排在全世界的推广作用有一定的贡献。

大冠军杯赛英文全称为 World Grand Champions Cup（WGCC），是由国际排联推出的继奥运会、世界杯和世锦赛之后第四项国际排球的最高级别赛事。大冠军杯赛于 1993 年创立，每四年举办一届。与世界杯排球赛一样，由日本永久举办，国际排联大冠军杯虽然是国际排联举办的与奥运会、世界杯和世锦赛平行的比赛，但并没有世界排名积分。有资格参加该项比赛的男、女排队伍包括：上届奥运会排名最高四大洲（非洲除外）洲际锦标赛冠军球队、东道主和一支持外卡参赛的球队，类似于足球比赛中的“联合会杯”。大冠军杯赛赛制与世界杯相同，采取单循环制。经过五轮单循环赛之后，积分最高的球队获得冠

军。大冠军杯赛的总奖金达到200万美元，冠军能够独享30万美元奖金，第6名也有5万美元进账，高额奖金使各队参与的积极性也非常高。大冠军杯赛的设立填补了奥运会年之后一年无排球国际大赛的空白，保持了排球在每一个奥运周期内年年都有大赛。至2012年为止，共举办了五届，巴西获得三次冠军，意大利和古巴分别获得一次冠军，中国男排1997年获得该项赛事的第四名，是参加该项赛事的最好成绩；中国女排分别获得一次冠军（2001年）、一次亚军、一次季军和一次第4名。

（五）世界沙滩排球重要赛事

1989年，国际排联创立了2人制男子沙滩排球巡回比赛，赛场分别设在巴西、意大利和日本，首次比赛吸引了世界众多优秀沙滩排球运动员参加，并获得巨大成功。通过此次比赛，国际排联不仅将沙滩排球列为正式竞技比赛项目，而且还确定了其最高等级的赛事为：世界沙滩排球锦标赛、世界沙滩排球大满贯赛和世界沙滩排球巡回赛三大赛事。至此，沙滩排球有了统一准确的竞赛规则，比赛采用双败淘汰赛制（从2002年起，竞赛赛制改为第一阶段分组单循环，小组前两名进入第二阶段前16名的单败淘汰赛），参赛运动员必须事先注册并通过比赛进行积分排名。

在国际排联及其212个会员协会的不懈努力下，沙滩排球运动在近十多年来得以普及和迅猛发展。据资料统计，世界沙滩排球巡回赛由最初的每年5站，现已增至男子13站、女子12站。目前，世界上已有上百个国家和地区成立了沙滩排球组织并正式开展了沙滩排球运动，从事沙滩排球运动的运动员接近6千万名。每年有80多个国家和地区电视转播或播放沙滩排球的赛事，收看电视的观众人数超过了5亿人。这些数据表明，沙滩排球不仅是体育节目报道中的一个新的热点，而且，它作为一项大众体育项目，已成为世界上最为流行的夏季运动项目之一。

本章思考题

1. 排球运动的特点都有哪些？
2. 排球运动哪年传入中国的？
3. 世界主要排球比赛都有哪些赛事？

参考文献

[1]黄汉升．普通高等教育“十五”国家级规划教材：球类运动——排球[M]．北京：高等教育出版社，2005(第1版)．

[2]乔纳森·里泽，罗尔德·巴尔．运动医学与科学手册：排球[M]．葛春林，等，译．北京：人民体育出版社，2006(第1版)．

第二章　排球技术分析

本章概要

本章主要指导学生学习排球基本技术。通过学习，使学生掌握排球基本技术，并能够在比赛中熟练地运用这些技术。分析了各项技术学习的重点和难点，动作方法和技术要领，并对关键技术环节和影响击球效果的技术环节进行了运动生物力学的分析，帮助大家深入理解并更好地掌握技术动作。根据学习和比赛的需要，将有些技术按照基本技术和运用技术的思路展开分析，把比赛中各项技术的运用放在本章中，旨在培养技术运用意识和能力，使学生能够主动选择技术或个人战术在练习和比赛中运用。本章还描述了各项技术的演变过程和发展趋势，帮助学生了解历史，培养他们思考问题的能力。

第一节　排球技术概述

一、技术概念

排球技术是指在排球规则允许的条件下，运动员采用的各种合理的击球动作和为完成击球动作所必不可少的其他配合动作的总称。合理的击球动作指各种直接触球的动作，如发球、垫球、传球、扣球、拦网，这五项基本的击球动作又称为有球技术。而各种准备姿势、移动、助跑、起跳、倒地等没有直接触球的配合动作，又称为无球技术。无球技术是排球技术中最容易被人们忽视的一项，它是完成各项击球动作的前提和基础，直接影响着击球动作的质量。

二、技术特点和分类

（一）排球技术特点

1. 完成各种击球动作的时间短促，需要果断的决策能力。
2. 完成各种击球动作的条件均是球在空中飞行时，需要良好的判断能力。
3. 每项技术都可能得分，又都可能失分，需要良好的适应球能力和控制球能力。
4. 全身各部位都能触球，需要良好的协调性和灵活性。

（二）排球技术分类

排球技术分为无球技术和有球技术两大类，共分为准备姿势、移动、发球、垫球、传球、扣球、拦网等七项基本技术（图2－1）。

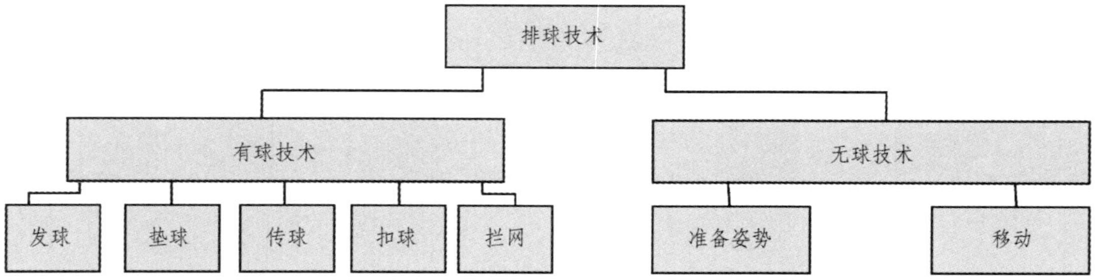

图2－1　排球技术的分类

第二节　准备姿势和移动

准备姿势是排球技术的基础，它是为了更迅速地移动、及时起跳、倒地和便于完成各种动作。准备姿势对学生来说，应该是比较容易掌握的，然而，教学结果往往并不令人满意。准备姿势动作简单，但十分重要，因为它是比赛中用得最多、最广的基本技术。如果一开始就没有学好，形成错误动作，会影响到以后各项技术的学习和掌握。

从起动到制动的过程称为移动。移动的目的主要是及时接近球，保持好人与球的位置关系，以便击球。迅速的移动可占据场上的有利位置，争取时间和空间。队员能否及时移动到位，直接影响着技战术的质量。移动由起动、移动步法和制动三个环节组成。

一、准备姿势

准备姿势可使身体和心理活动处于良好的“临战状态”，有利于起动、移动，规范的准备姿势还有利于掌握各项排球技术。

准备姿势根据身体重心的高低分为半蹲准备姿势、稍蹲准备姿势和低蹲准备姿势。

（一）半蹲准备姿势

两脚左右开立比肩略宽，两脚前后稍错开，脚跟稍提起。站在左半场时则左脚略在前，右半场侧右脚略在前，两脚保持微动。膝关节保持微曲，其垂直线应在脚尖前面，以保持身体的稳定性。上体前倾，肩的垂直线应在膝关节前面，重心靠前，含胸收腹，两眼注视来球。两臂自然放松屈肘，两手置于腹前，以便自如地完成移动和击球动作。

（二）稍蹲准备姿势

稍蹲准备姿势比半蹲准备姿势的重心稍高，比半蹲准备姿势的膝关节角度和髋关节角度都较大，动作方法与半蹲准备姿势相同。

（三）低蹲准备姿势

低蹲准备姿势的身体重心比半蹲准备姿势身体重心更低、更靠前，两脚左右、前后的距离更宽些，膝关节的弯曲程度更大些，上身前倾肩部投影过膝，双手置于胸、腹之间。

二、移　动

移动的目的是主动及时地接近球，保持好人与球的关系，便于击球。能否及时移动直接影响到技、战术的质量。移动由起动、步法交换和制动三个环节组成。起动是移动的开始，它是在准备姿势的基础上变换身体重心，打破准备姿势时的平衡，便于身体向目标方向移动。起动后要根据技战术的需要，灵活地运用各种步法进行移动。移动后为了保持稳定的击球姿势和击球质量，必须进行有效的制动。

（一）起　动

起动是指移动的开始动作。其技术要点是：在准备姿势状态下，收腹，上体前（侧）倾，使身体重心前（侧）移。重心降低，脚前（侧）移，破坏身体平衡。身体向前（侧），抬腿，身体失去平衡而前（侧）倾，达到了起动的目的。起动的主要动力来源于蹬地腿肌肉的爆发式收缩，蹬地腿预先拉长的肌肉的爆发力越大，启动就越快。

（二）移动步法

移动步法可以分为：并步与滑步移动、跨步与跨跳步移动、交叉步移动、跑步移动等。

1. 并步与滑步

并步与滑步是同一类动作。并步是指短距离脚步的并列移动，滑步是指连续的并步移动。

并步主要用于近距离的传、垫球，滑步主要用于稍远距离的传、垫球。其技术动作方法是：移动方向的脚先跨出一步，另一只脚迅速、有力地蹬地，并跟上成准备姿势。例如，向右并步时，右脚先向右迈出一步，左脚迅速并上，落在右脚的左侧，向前移动时前脚先迈出一步，后脚迅速跟上落于前脚之后。并步移动时，身体重心水平移动。使用连续并步，即滑步移动。滑步移动容易变向，也容易保持身体平衡，便于随时做好击球准备。

2. 跨步与跨跳步

跨步与跨跳步是同一类动作。跨步是指向来球方向跨出一大步的移动方法，跨跳步是指在跨步动作的基础上伴有跳跃的动作。

跨步主要用于接体侧、体前低且速度快的来球。其技术动作方法是：利用后腿蹬地力量，向来球的方向跨出一大步，膝部弯曲；上体前倾，身体重心移至前腿，后腿留在原处。跨跳步是在跨步的基础上，后脚向来球的方向蹬离地面，有一个腾空阶段。前脚落地后，迅速屈膝，后脚及时跟上，同时降低重心，上体前倾，准备击球。

3. 交叉步

交叉步是指以腿部交叉的方法进行移动的技术动作。当来球距离体侧 3 米左右时，可采用交叉步。其特点是步子大、动作快、制动强。其技术动作方法是：上体稍倾向来球方向，远侧脚从近侧脚前面，沿来球方向，交叉迈出一步。近侧脚再向来球的方向跨出一大步，同时身体转向来球方向，成准备姿势。例如，向左移动时，上体稍向左转，右脚从左脚前面向左交叉迈出一步，左脚再迅速向左跨步落于右脚的左边。

4. 跑　步

跑步是指跑动击远距离球的技术动作。当球距离身体很远时，可采用跑步。其技术动作方法是：当来球在侧方或后方，可采用侧身跑或边转身边跑；当来球是在身后的高球，可采用后退跑。跑动时，重心平稳，两臂要配合摆动，不要过早做击球动作。跑动到位后，控制身体平衡，成准备姿势。

跑步是最常用、也是最好用的移动方法，可以向各个方向跑动；可以一二步，也可以多步。运用的难点是制动，只有制动好才能稳定击球。

5. 综合步

以上各种步法的综合运用。

（三）制　动

制动是移动的结束，也是击球动作的开始。在快速移动后，为了保持稳定的击球姿势，必须经过制动，克服身体移动的惯性，以便于完成下一个击球动作。制动可分为一步制动法和两步制动法。其技术动作方法是：制动时，在移动最后跨出一大步；同时降低重心，膝部和脚尖适当内转，全脚掌横向蹬地，以抵住身体重心继续移动的惯性；以腰腹力量控制上体，使身体重心的垂直线停落在脚的支撑面以内。

三、准备姿势及移动的运动生物力学分析

不同技术需要不同高度的准备姿势，在需要重心较低的准备姿势时，有些运动员为降低重心采用躯干前屈下压或增大两脚间距的方法是不正确的，应该以屈膝、屈踝来降低重心位置。因此，加强运动员踝关节灵活性和下肢力量、速度训练十分必要。评价运动员准备姿势重心位置高低的主要指标是膝、踝关节角度。

此外，两脚前后开立的准备姿势比平行开立的准备姿势向前移动速度快，其原因是前后开立蹬伸时支撑腿膝、踝角小，有利于提高伸膝伸踝肌肉的收缩力量和速度。有研究认为，预先拉长小腿三头肌，使踝关节呈 60 度，它的收缩力可增大近 50%。动力测试结果也表明，蹬伸阶段的最大水平分力前后开立时（90.74 千克）大于平行开立时（72.00 千克）。

前后开立摆动腿的摆速（4.85 米/秒）在蹬伸阶段大于平行开立（3.88 米/秒）。摆动腿的快速摆动增加了地面支撑反作用力。这对提高人体重心移动速度有积极作用。大量实验事实已经证明，摆动腿与蹬地配合的加速摆动能增加人体对地面的作用力。前后开立不仅有以上两个优点，对解决运动员接扣球时重心容易后移的问题也是有意义的，因为重心的后移必然影响向前或两侧的移动速度。从前后开立站法的身体结构看，后腿做斜向后下方的支撑，加大了后稳定角，蹬伸时减小了后腿的后蹬角，利于使后移的重心迅速前移。

（一）影响起动速度的因素

1. 起动方向上稳定角（支撑点与重心的连线与重心投影线之间的夹角）的大小。稳定角越小，起动速度越快。减小两脚的支撑面，或移动身体重心，就能减小稳定角。

2. 蹬地力量的大小。蹬地力量越大，地面给予人体的支撑反作用力越大，起动速度越快。

3. 蹬地角的大小。作用力方向与水平面的夹角越小，起动速度越快。在支撑面不变的情况下，身体重心偏移动方向越多，蹬地角越小。

（二）制动动作原理

1. 制动方向上稳定角（支撑点与重心的连线与重心投影线之间的夹角）的大小。稳定角越大，制动速度越快。加大两脚的支撑面，或移动身体重心，就能增大稳定角。

2. 蹬地力量的大小。蹬地力量越大，地面给予人体的支撑反作用力越大，制动速度越快。

3. 蹬地角的大小。作用力方向与水平面的夹角越大，制动速度越快。在支撑面不变的情况下，身体重心偏移动方向越多，蹬地角越大。

（三）影响移动速度的因素

1. 预判好，起动快。
2. 步幅大或步频快。
3. 制动好，变向快。

四、比赛中准备姿势和移动技术的运用

（一）准备姿势的运用

稍蹲准备姿势主要用于当对方在组织进攻时，或球虽在本方但离自己较远、不需要即刻移动击球时，或接速度较慢、弧度较高的发球时，或在处理球时。半蹲准备姿势是比赛中最常用的准备姿势，主要用于接发球、二传和拦网，同时为短距离移动和防守较低来球时做准备。低蹲准备姿势主要用于后排接扣球和前排保护进攻时。

（二）移动步法的运用

1. 并步与滑步

并步与滑步主要用于近距离移动，如拦网、传球、垫球等。同时，常与跨步或倒地击球等其他动作衔接使用。

2. 跨步与跨跳步

跨步和跨跳步可以单独使用，当来球速度较快、弧度低、距离身体 1 米左右时运用较

多。也可以与滑步、交叉步、跑步的最后一步结合运用。

3. 交叉步

交叉步主要用于接在体侧 2 ~ 3 米的来球，或拦网队员和二传队员在前排移动时运用。

4. 跑　步

跑步主要用于接离身体较远且有一定高度的来球，常与跨步、倒地、起跳等动作衔接使用，并通过跨步、倒地、跳跃等动作帮其制动，使之能够完成击球动作。

第三节　发球技术

一、发球技术演变及发展趋势

发球是比赛的开始，也是进攻的开始。准确而有进攻性的发球，不仅可以直接得分或破坏对方进攻战术的组成，还可以减轻本方防守压力，为防反创造有利条件。有威力的发球，还可鼓舞全队士气，不断扩大战果，从而打乱对方阵脚，在心理上给对方造成威胁，起到破坏对方部署和挫伤对方士气的作用。反之，如果发球攻击性不强或失误较多，不但不能直接得分或破攻，相反会失分或失去主动权，也容易使对方轻松地组织进攻战术，大大增加本方防守的难度。因此，发球强调进攻性和准确性，但首先要保证稳定性。

发球技术动作的发展是一个由简单到复杂，在比赛对抗中不断改进和提高的过程。20 世纪 50 年代，正面和侧面的大力发球，对上手传球方法的接发球技术而言，行之有效，能发挥一定的作用，在国内外比赛中被广泛运用。当时我国广东男排的勾手大力发球力量大、速度快、弧度平，颇具特色。

到 60 年代初期，发球技术有所创新，出现了飘球技术。日本女排的勾手飘球，中国女排的上手飘球，使发球的攻击力大大加强，并被广泛运用。

70 年代，发球与接发球的对抗趋于平衡，发球技术没有明显的突破与创新。

80 年代，排球技术的发展达到新的高峰，欧美等国的优秀男、女排球运动员，利用其身材高大、腰腹爆发力强、臂力大以及挥臂速率快等优越条件，普遍采用了“平砍式”直臂上手飘球。发球时站位距端线 7 ~ 8 米，发球特点是力量大、速度快、平冲飘晃中突然下沉，颇具威力。在优秀男子队员中开始出现跳发球技术。大力球弧度平、速度快、力量大，来球凶狠，成功率高。

90 年代后，跳发大力球技术运用更多，并被许多女子队员采用，成功率也有很大提高。球速明显加快，世界优秀男子队员跳发大力球的速度最高可超过每秒 30 米。球的飞行弧度更加低平，常常是擦网而过，落点远近多变，攻击力倍增。

进入 21 世纪，加强发球的攻击性是世界排球技术发展的趋势之一。自“每球得分制”实施以来，拼发球已成为各队的首选作战方案。“发球是进攻的开始，是得分的重要手段，也是防守反击的开始”已成共识。跳发大力球已成为世界男排甚至女排的一种潮流，与此同时，跳发飘球也应运而生。这类找人、找空当位置的准确性发球，同样可以造成对方接发球的被动。不同性能发球的结合，灵活运用，也被许多队采用。

从以上发球技术演变过程看，发球的性能由旋转到飘晃，再到加速的旋转和飘晃。技术上的改变是为了增加速度，改变性能，从近距离到远距离，从原地到跳起。今后的发展趋势是结合不同性能的发球，同时更多地找人发球。在指导思想上由单纯拼速度力量向抑制对方的有效进攻转变。

二、发球技术特点及分类

发球技术是排球比赛中唯一不受对方和同伴的影响，不需要同伴配合的技术。掌握发球技术的动作方法不难，只要充分重视抛球，掌握正确的挥臂轨迹即可。

发球技术的分类有多种，根据击球点的高低可分为上手发球和下手发球。根据发球的性能可以分为飘球和旋转球。根据发球站位时的朝向可以分为正面发球和侧面（勾手）发球。还有原地发球和跳起发球之分。主要是根据球的性能进行分类（图 2－2）。

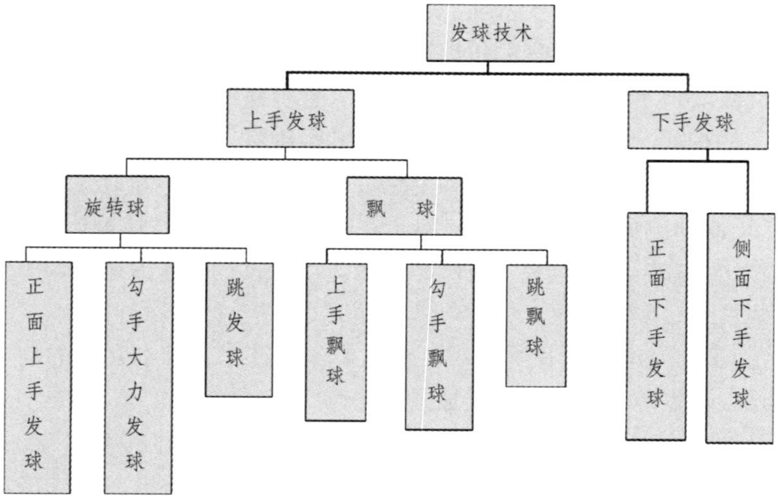

图 2－2　发球技术的分类

发球技术学习的难点在于发出高性能的球，这需要长时间的磨练。比赛中的发球还会面临一个难点，就是如何调整自己的心理状态，保证发球技术的稳定发挥。以下发球技术的分析全部以右手发球为例。

三、发球技术动作方法及要领

（一） 正、侧面下手发球

侧面下手发球可以利用转体力量带动手臂击球，不费力，适用于初学者，也适合女生。正面下手发球面对球网，便于观察，动作简单，便于掌握。

1. 准备姿势及取位

侧面下手发球时，左肩对网，两脚左右开立，与肩同宽，两膝微屈，弯腰收腹上体稍前倾，重心落在两脚间，左手持球于腹前。

正面下手发球时，正面对网，两脚前后站立，两膝微屈，弯腰收腹上体稍前倾，重心在前脚上，左手持球于腹前。

2. 抛　球

左手将球平稳抛起，离手 10 ~ 20 厘米，距离身体一臂远。

3. 挥臂击球

侧面下手发球时，右手外展引臂，同时重心移至右腿，在左手抛球时，右脚蹬地向左稍转体带动右臂向体前上方摆动，在腹前击球的后中下部。击球后，迅速进场比赛。

正面下手发球时，右手垂直地面向后引，同时重心移至后腿，在左手抛球时，后腿蹬地，同时右臂向前摆动，在腹前击球的后中下部。击球后，迅速进场比赛。

4. 击球手法

下手发球的击球手法可以是五指并拢，用掌根击球，也可以是半握拳的拳心击球，还可以用虎口击球。

（二） 正面上手大力发球

正面上手大力发球是利用转体、收腹带动手臂加速挥击，同时利用手腕的推压动作，使得发出的球向前旋转飞行的发球方法。这种发球需要较强的腰腹力量，更适合男生学习。

1. 准备姿势及取位

面对球网站立，两脚自然开立，左脚在前，左手持球于体前。

2. 抛　球

左手将球平稳地垂直抛于右肩的前上方，高度适中，抛球的同时，右臂抬起，并屈肘后引，肘与肩平行，手掌自然张开，上体稍向右侧转动，抬头、挺胸、展腹、身体重心移至右脚。

3. 挥臂击球

击球时，利用蹬地上体向左转动，迅速收腹带动手臂向前上方挥动，直至伸直手臂在右肩前上方的最高点，将力量作用在球上。发力顺序是腰带肩→肩带上臂→上臂带前臂→前臂带手腕→最后传递到手。击球后，随重心前移，迅速进场比赛。

4. 击球手法

用全手掌击球的中下部。击球时，手指自然张开吻合球，手腕迅速、主动做推压动作，使击出的球呈现上旋飞行。

（三）正面上手发飘球

这种发球不旋转，但球不规则地向前飘晃飞行，使接发球队员难以判断球的飞行路线和落点。这种发球由于队员面对球网站立，便于观察对方，控制发球方向。上手发飘球的成功率高、攻击性强，在各种水平的比赛中被普遍采用（图2－3）。

图2－3　正面上手发飘球技术动作

1. 准备姿势及取位

同正面上手大力发球。选择发球的线路及落点。线路及落点的选择是保证飘球攻击性的关键因素，效果好的飘球是发球者在观察对方站位后，能够按照其意图将高质量的球准确地发到指定区域内。

2. 抛　球

左手掌平稳而准确地将球抛在体前右肩前上方，比正面上手大力发球的抛球高度稍低、靠前，且不旋转。

3. 挥臂击球

抛球的同时，右臂抬起，屈肘后引，肘略高于肩，上体稍后展。当抛出的球到达适当的击球位置后，充分利用收腹力量带动手臂猛烈挥动来击球，挥臂的最后阶段呈直线，在右肩前上方，以掌根坚硬平面击球的后中下部，使作用力通过球体重心，使球不旋转地向前飞行。击球后，迅速入场比赛。

4. 击球手法

五指并拢，手腕稍后仰并保持一定的紧张。击球瞬间，手指、手腕固定，不加推压动作。用掌根部位击球，击球后，手臂要有突停动作。

击球时手臂做迅速下拖的动作，可能使球产生下沉的现象；手臂突停用力，可能使球产生左右飘动的现象；手臂继续向前用力，可能使球继续前行，产生追胸的现象。

（四）跳发大力球

运动员采用助跑起跳的方式，在空中将球击入对方场地的发球方法。由于是空中击球，击球点高，身体可以充分伸展，有利于充分发力，因此，球的力量大、旋转强、速度快。目前许多世界优秀排球运动员都采用跳发球技术（图2－4）。

1. 准备姿势及取位

面对球网，在端线外3～4米处。选择发球的线路及落点。在观察对方站位后，寻找接发球技术相对薄弱的队员，选择好发球的线路和落点。

2. 抛　球

将球抛稳、抛好，是保证发出高质量跳发球的重要前提。目前，国内外高水平运动员都普遍采用单手抛球。抛球的高度因个人的弹跳高度、助跑距离和冲跳能力等习惯而定，但高度和落点要固定，一般离地面的高度在4～6米。抛球的最佳弧线和落点应将球落在场内30～50厘米为佳，这样不仅能够使运动员充分合理地起跳，保证良好的起跳高度和球速，而且能缩短球与对方接球队员的距离，缩短反应时，使球的攻击性达到最佳。

3. 助跑起跳

一般采用两步或三步助跑起跳，助跑的节奏要好，一般情况下步子越来越大，重心越来越低，速度越来越快。跳发球的起跳有别于前排扣球、后排扣球的起跳角度。前排扣球起跳垂直速度最大，后排扣球起跳水平速度最大，而跳发球则取两者之间。因此，要根据跳发球起跳特点，掌握好适当的起跳角度。起跳时两臂由后向前协调摆动，摆幅要大。助跑起跳动作还必须与抛球动作协调配合，可以先抛球，再开始助跑，也可以一步助跑后抛球，然后起跳。

4. 空中击球

起跳腾空后，加大挺身展腹，使身体成反弓状。右臂屈肘上举，手掌自然张开。当身体在最高点时，以猛烈收腹、转体和提肩带动手臂向前上方挥动，在手臂伸直的最高点，用全手掌击中球的后中下部，击球点不宜靠前，注意腰腹与手臂力量的综合使用。触球瞬间手掌包满球，并主动屈腕推压，使球从最高点进入对方场区，并产生快速的向前旋转。

5. 落地动作

击球后，身体随着球的飞行落入场内，落地时要注意平衡，双脚落地，双膝缓冲，防止受伤。

图 2－4　跳发大力球技术动作

（五）跳发飘球

1. 准备姿势及取位

同跳发大力球。

2. 抛　球

左手平稳而准确地将球抛在体前右肩前上方，抛球高度一般在头上 0.5 ~1 米，抛球距离根据自己的助跑距离和冲跳能力而定。

3. 助跑起跳

助跑一般采用两步以上，起跳不必充分高跳，但节奏明快非常重要。

4. 空中击球

随着跳起后的身体腾空，右臂屈肘抬起，当身体处于空中最高点时，收腹带动手臂挥击球，挥臂动作和击球手法同正面上手发飘球。

5. 落地动作

击球后，双脚落地，双膝缓冲，迅速进场。

四、发球技术的运动生物力学分析

（一）上旋球基本原理

1. 伯努利定理

流体速度较小的地方，其压力较大；流速较大的地方，其压力较小。

2. 马格努斯效应

物体旋转时，带着与其接触的那部分流体一起旋转，这部分流体又会与相邻的流体产生同样的影响，物体就得到一个跟它一起旋转的附面层。球上的附面层中空气与气流方向相反，速度减慢，形成高气压，而球下面的空气与气流方向相同，速度不变，形成低气压。球上下两边压力不同的结果，使球获得一个向下的合理作用，很快落地。

（二）飘球基本原理

1. 当作用力通过球体中心，球将不旋转向前飞行。由于没有旋转轴，其物体的飞行轨迹是不稳定的，因此球体会摇摇晃晃的前进。

2. 不旋转的球因受到空气阻力影响，速度逐渐减慢，到 5 ~10 米/秒时，球就会遇到近两倍的强大压力，因此，球会突然失速，改变飞行路线。

3. 当不旋转的球飞行时，球体后面的空气稀薄，压力迅速降低。因此，压力大的气流就向压力小的地方压缩，在球的后面形成许多漩涡，漩涡越大，对球产生的阻力就越大。它能阻止和干扰球的飞行。造成球体在空中飞行时出现的摇晃现象。

4. 气体表面黏合线与空气的流动方向顺逆不一，引起空气对流速的变化，从而造成阻力差，改变了球的正常轨迹。

5. 经过试验，在确保球在飞行中不转动的情况下，击球的同一部位，给同样的力，向同一方向发出的球，球嘴向上，过网点高，球易出界；球嘴向下，过网点低，球不易过网；球嘴向左，球过网后向左偏；球嘴向右，求过网后向右偏。

6. 影响飘晃的因素还有气体自身的重量、球的形状、球内的气压和球的外皮质量等。从现象上看，飘球的运动轨迹类似周期摆动，或是以突然失速下掉的方式运动，而不是沿抛物线轨迹运动；从发球技术上分析，发飘球时，要使作用力通过球体的中部，使球不发生旋转。击球时手和球接触面要小，发力突然、短促，手腕击球的时间要短。

（三） 击球力量与角度

在击球角度固定的情况下，球飞行的抛物线受击球时作用力大小的影响，作用力大，球的落点远，作用力小，球的落点近。而当作用力不变时，作用力与水平线所形成的仰角大小，将影响球飞行的弧度和落点，仰角在 45 度时，球的落点最远，大于或小于 45 度时，球的落点都较近。

（四） 影响跳发大力球质量的因素

1. 抛球的高度和距离

抛球的高度要和自己的实际弹跳高度相吻合，避免抛球过低或过高。球抛得越高，球的下落速度就越快，容易击打在球体的偏后上部位，出现发球下网。抛球过低会导致没有充分的起跳和空中展体时间，相关肌群收缩力量减弱，降低发球的质量。抛球距离合适，便于利用冲跳技术缩短击球点和对方垫球队员之间的距离，增加发球效果。

2. 冲跳技术质量

大力跳发球时，发球队员从起跳到发球后落地的距离（即冲跳距离）对发球的速度有较大的影响。由生物力学动能原理可知，跳发球时手与球接触的距离越长，球所获得的速度就越快。因此，跳发球时冲跳距离越大，手与球接触的距离也越大，球击出后加速度则越大。并且，冲跳距离大说明击球前身体重心水平速度较大，即手臂击球前的初速度较大，从而能增大发球的速度。冲跳技术的好坏直接影响冲跳距离。

3. 髋角位移速度

跳发大力球时，起跳后发球手臂引至最后点到击球时的髋关节的角位移称为髋角位移。击球前，躯干与上、下肢共同构成背弓形，此时后继参与收缩的肌肉和韧带被拉长，处于适宜的初长度，以便在收缩时能产生更大的力量。击球时，发球队员腰腹肌收缩发力，使髋关节和肩关节做相向运动，且髋角位移速度越快，肩角位移的速度也就越快。运动生物力学的研究表明，人体在鞭打动作中角动量的传递是通过相邻环节的相互作用实现的。起止于相邻环节的肌肉收缩，使远程环节产生角加速度，远程环节中产生的力又通过收缩肌肉及骨作用于近端环节，使其产生制动。在制动过程中，近端环节的角动量传给了远端环节，加上肌肉主动施力过程，使远端环节获得较大的初速度。因此，运动员的核心稳定性越好，髋角位移速度越快，发球的速度也就越快。

4. 击球高度和落点范围

击球高度与球的落点也是两个相当重要的因素。大力跳发球首先应保持较高的击球高度，使球尽量做斜向下的下抛运动，这样才会有较强的攻击性。此外，发球落点也是衡量大力跳发球质量的重要因素。当强调发球速度和力量时，控制落点的难度增大。当落点优先时，发球速度会相对减慢。

（五）跳发飘球的特点

以同样的作用力发原地飘球和跳发飘球，并使球落于场内同一点，通过对比发现，跳发飘球有如下优点。

1. 由于跳发飘球提高了击球点（一般跳起高度为 50 ~ 70 厘米），这样击球部位可由下中部上移到中部，过网的弧度势必比原地飘球要平。

2. 球体在飞行时的合速度是由垂直和水平两个分速度合成。虽然两种发飘球的合速度相同，但原地飘球由于击球点相对较低，为过网必须增加垂直分速度。而跳发飘球由于提高了击球点，它的水平分速度就可大大增加，有利于增加球速。如果跳发飘球技术运用得当，那么，就可以使全身肌肉协调用力，这是提高球速的方法之一。如果再加上前冲式跳发，把击球点适当延伸到场内，这样更可以缩短球的飞行时间。

五、比赛中发球技术的运用

（一）发球找人

1. 把球发给对方接球技术较差的队员。
2. 把球发给连续失误的队员。
3. 把球发给刚换上场的队员。
4. 把球发给准备插上的队员。
5. 把球发给前排的快攻队员。

（二）发球找点

1. 把球发到对方两个队员之间的空隙。
2. 把球发到对方插上的二传队员跑动换位的路线上。
3. 把球发到对方空当区域。
4. 把球发给对方换位的队员。
5. 把球发到对方后场或后场两角。

（三）变化发球路线、距离、性能和方法

1. 在发球区的不同位置发各种路线的球。
2. 在发球区的不同位置交替向对方网前和后场发球。
3. 交替运用不同距离、不同力量、不同性能的发球。

（四）根据比赛临场情况采取不同的发球方法

1. 当对方前排进攻力量强和本方前排拦网较弱，或对方一攻效果好，本方得分困难时，应采用攻击性强的发球，以达到破坏对方一攻的目的，摆脱本方困境的局面。

2. 当对方前排处于进攻较弱的轮次，或本方前排拦网力量强，连连得分时，应注意发球的准确性，减少失误，避免失去得分的有利时机。

3. 当本方发球连续失误或比赛进行到关键时刻，应注意发球的准确性，减少失误。

4. 在决胜局比赛中，更应注意发球的准确性，避免因发球失误直接失分。

（五）其他运用

在室外比赛时，可根据不同的风向、风速和阳光照射的方向等情况，发高调球、飘球或旋转球。

第四节　垫球技术

一、垫球技术演变及发展趋势

垫球技术主要应用在第一次接球时，并侧重在接发球和接扣球时，也用于接推攻球和拦回球，可以说是接发球进攻和防守反击的核心组成部分，尤其在防守中应用得更为广泛。20 世纪 90 年代以来，排球竞赛规则针对攻守不平衡的问题不断进行革新，每球得分制的使用、自由人的出现、发球区域的扩大以及允许身体任何部位击球等等，都扩大了防守方的优势。随着每球得分制的实施，排球比赛的节奏加快，各国教练员和运动员充分认识到提高防守和增强反击能力的重要性，大大加强了防守环节的训练。意大利著名教练范拉斯科认为“排球场上没有防不起来的球”。基于这一观点，现在排球比赛的防守水平大大提高，拉锯式的比赛已经被比分的快速交替增长所替代，使比赛更加精彩。最近，双自由人的出现又在一定程度上提高了防守水平，来回球增多，使排球比赛变得更加精彩并充满竞争性。随着球速的增快和战术的多变，防守技术动作由原来“准备姿势—判断—移动取位—击球”模式，发展到“边判断边取位—反应动作—控制球”模式。判断与取位同时进行，反应动作则以身体的适当部位去拦截球，如肩、臂、手、脚等。而这些部位与球接触的瞬间，控制球的反弹方向和力量便是现代防守的技术动作要领。正面双手垫球的动作在防守中应用的分量已经逐步减少，取而代之的是多样化的垫球防守动作。

现代排球垫球技术向着动作规范化、形式多元化、运用熟练化和效果实用化的方向发展。随着比赛进攻威力的加强，各种防守应急动作层出不穷，甚至达到身体各部位触球都能控制球的境界。另外二传队员的垫击技术也有发展，甚至出现了垫传战术进攻的运用。

大大增加了一传不到位时的组攻机会，提高了一传的能攻率。

二、垫球技术特点及分类

垫球技术是排球比赛中最基本的技术之一，也是初学者必须掌握的技术之一。由于垫球用前臂击球，加之动作多样，因此，其适应球的范围广，是比赛中运用最多的技术。

垫球技术按动作方法可以分为：正面双手垫球、跨步垫球、体侧垫球、低姿垫球、背垫、单手垫球、前扑垫球、侧卧垫球、滚翻垫球、鱼跃垫球、挡球和其他部位击球等。垫球技术按运用分类可分为接发球垫球、接扣球垫球、接拦回球垫球、接其他球垫球等。

垫球技术的分类见图 2－5。

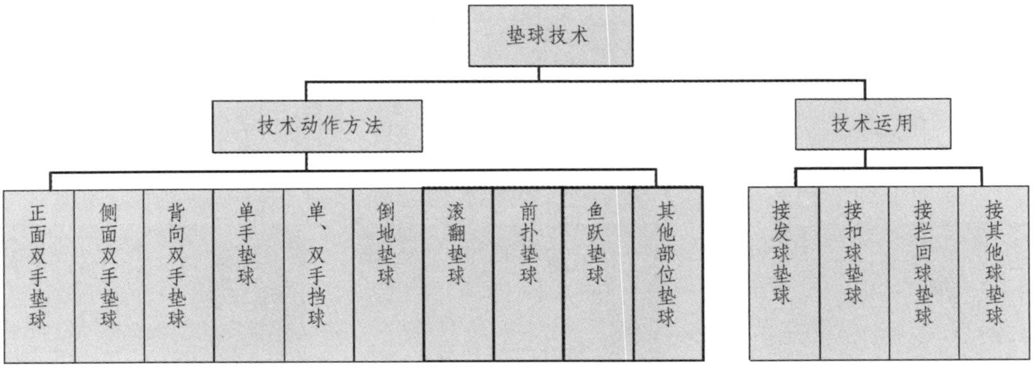

图 2－5　垫球技术的分类

对于初学者来说，垫球技术学习最困难的地方可能是垫击部位疼痛，尤其是在冬季，甚至少数生学会出现局部皮下出血的情况。练习初期，可以选择软式排球。如果没有条件的话，只要坚持 4～6 学时，也可以适应，从而不再感觉疼痛。

学习垫球技术真正的难点在于找球，用正确的垫球部位找到球。大家在学习时要有耐心，放松脚步，主动判断和找球，做球的主人，大胆去击球，不害怕球。只要不害怕击球失误，就能垫好球。

三、垫球动作方法及要领

（一）正面双手垫球

正面双手垫球是最基本的垫球方法。在能够移动到位的情况下都应采用正面双手垫球（图 2－6）。

图 2－6　正面双手垫球技术动作

1. 准备姿势

采用半蹲准备姿势。

2. 移动找球

正面双手垫球时通常采用滑步、跨步、跑步等移动步法。

3. 手　型

两手掌根靠拢，两手手指重叠合掌互握，两拇指平行，手腕稍下压，两前臂外翻形成一个平面。

4. 击球部位

手臂的触球部位在腕关节以上 10 厘米左右小臂内侧平面。击球的部位在球的后中下部。

5. 击球点

正面双手垫球时，球接触手臂瞬间的点应在腹前，距离身体一臂远处。

6. 击球动作

移动到位，主动迎球，插到球下；两臂前伸，压腕；含胸收腹，双脚蹬地，重心跟随，用全身的协调动作迎击来球。

（二） 侧面双手垫球

来球到身体两侧，球速较快，来不及移动正面垫球时，可采用体侧垫球（图 2 -7）。

1. 准备姿势

同正面双手垫球。

2. 移动找球

需要侧面垫球时，主要用侧跨步、滑步和交叉步等移动步法。

3. 击球部位

手臂的触球部位同正面垫球。

4. 击球动作

用跨步或交叉步移动后，重心落在垫球侧腿上，双手向垫球侧伸出，且同侧肩高于另侧肩。用转腰收腹动作，带动两前臂截击来球，向前垫出。

图2-7 侧面双手垫球技术动作

（三） 背面双手垫球

背垫球用于接应同伴垫飞的球或第三次将球击到对方半场（图2-8）。

1. 准备姿势

同正面垫球。

2. 移动找球

背垫球主要以转身跑步作为移动步法。要准确判断、迅速移动到球的落点处，注意边看球边转身边移动。

3. 击球部位

手臂的触球部位同正面垫球。

4. 击球点

高于肩，离身体一臂远处。

5. 击球动作

移动到球下后，两臂夹紧伸直，插到球下。击球时蹬地、抬头、挺胸、展腹，向后上方垫球。

图2－8　背面双手垫球技术动作

（四）低姿垫球

当来球低且落点在身体附近时，用低姿垫球

1. 准备姿势

采用低蹲准备姿势。

2. 移动找球

主要采用跨步接近球。

3. 击球部位

用前臂、虎口上部对准球的下部。

4. **击球动作**

当来球在身体附近较低时，迅速移动到球的落点，快速降低重心，上体前倾，跨出腿膝关节充分弯曲并稍外展，蹬地腿自然弯曲，脚弓内侧着地，两臂贴近地面插到球下，主要依靠球的反弹力将球垫起。也可以用屈肘、翘腕动作将球垫起。

（五） 跪垫球

用于来球速度快、弧度低、落点又正对体前稍远的球。

1. **准备姿势**

采用低蹲准备姿势。

2. **移动找球**

同低姿垫球技术的移动找球。

3. **击球部位**

同低姿垫球技术一样，用前臂、虎口上部对准球的下部。

4. **击球动作**

两脚间距离自然拉大，降低重心，上体前倾，腰肩低压。后腿以膝关节内侧和脚弓内侧着地支撑，前腿大小腿贴近，手臂贴近地面置于球下，用前臂或手腕的翘腕动作将球垫起。

（六） 单手垫球

当来球较远，来不及双手垫球时，可采用单手垫球。这种垫球动作快，手臂伸得远，可扩大防守范围。但击球面积较小，控制球较难。

1. **准备姿势**

基本同正面双手垫球。

2. **移动步法**

单手垫球时可用各种移动步法接近球。

3. **击球手法**

单手垫球比较适宜的手法是五指并拢呈勺形的手掌；也可用半握拳的拳心、半握拳的虎口、手背以及手臂内侧击球。

4. **击球动作**

移动后向来球方向跨出一大步，重心向跨出腿倾斜，同侧手臂伸出。用自己习惯的、合适的手法去垫击来球的后中下部。

（七） 侧倒垫球

当来球低时，倒地垫球可以降低重心，便于手臂插到球下。当来球距离身体较远，来不及多步移动时，可用跨步接侧倒垫球技术（图 2 –9）。

图2－9 侧倒垫球技术动作

1. 准备姿势

采用低蹲准备姿势。除膝关节和髋关节角度更小外，加大两脚距离，帮助降低身体重心。

2. 移动找球

主要采用跨步和交叉步接近球。

3. 击球部位

可用双手或单手击球。垫击来球的后中下部。

4. 击球动作

移动跨步后，跨出脚脚尖内扣并成深弓箭步，重心下降并移到跨出腿上。然后跨出腿蹬地，使上体向球的落点处伸展腾出。击球手臂伸出，插到球下将球垫起。手臂不收回，同时身体转动，以大腿外侧、臀部、背部依次着地。

（八）前扑垫球

对前方低而远的球，来不及移动接时可以用前扑救球。

1. 准备姿势

同样采用低蹲准备姿势，上体前倾，重心偏前。两脚先后距离稍大，便于向前移动。

2. 移动找球

主要采用向前跨步移动或原地直接向前蹬出。

3. **击球部位**

用正面垫球的手法和击球部位，或单手手背将球垫起。击球的底部。

4. **击球动作**

身体从低处水平向前方伸展扑出，同时双臂或单臂插入球下，击球后两手迅速撑地，两肘顺势弯曲缓冲，胸腹部着地。

（九）鱼跃垫球

当来球低而远时，可用控制范围更大的鱼跃动作去救球（图2－10）。

图2－10　鱼跃垫球技术动作

1. **准备姿势**

取半蹲准备姿势，上体前倾。

2. **移动找球**

向来球方向做一两步助跑，前脚掌用力蹬地，使身体向远处腾空跃出。

3. **击球部位**

以双手手臂或单手手背从下向上击球的后下部。

4. **击球动作**

手臂向前伸展，击球后，双手在体前着地支撑。两肘缓慢弯曲，以缓冲身体下落力量。同时抬头、挺胸、展腹，向后自然屈腿，身体成反弓形，胸、腹、大腿依次着地产生滑行。

（十）上手挡球

挡球是来球在胸部以上，球速较快，不便做垫球动作时采用。有单手和双手之分。

1. 准备姿势

采用稍蹲准备姿势，上身直立，两手放胸前。

2. 移动找球

挡球时可能用上后退步，向左、右的跨步等。还可能跳起挡球，但移动距离不会很远。

3. 击球手型

双手挡球可采用并掌式和抱拳式。并掌式为两肘屈，两虎口交叉，两手张开合并成勺型；抱拳式为两肘屈，一手半握拳，另一手外包。也可采用单手挡球。

4. 击球部位

以掌外侧和掌根组成的尽可能大的平面，或拳心挡击球的后中下部。

5. 击球点

在额前、头上或两侧肩上。

6. 击球动作

挡球时，小臂放松，两肘朝前，手腕后仰。击球瞬间手腕固定，适度控制用力。

（十一）脚击球

脚击球技术可以救起离身体较远且较低的、用手击球来不及或够不着的来球。常用的脚击球技术有正脚背击球和内脚弓击球两种。脚击球技术可用于击打入网球和离网很近的球，以及跑动去救本方击打后飞得较远的球，还可用倒勾技术将球第三次击过球网。

但是，脚控制球的能力远不如手，加之手击球时身体重心在前，脚击球时身体重心在后，两者正好相反。因此，在一般情况下，尽量用手击球并做好用手击球的准备姿势。把脚击球技术作为防守困难球时的一种补充。

四、垫球技术的运动生物力学分析

（一）垫球准备姿势

有研究表明，原地正面垫球采取两臂置于胸前的准备姿势要比两臂置于体侧的准备姿势所需时间多。实验数据显示，两臂置于体侧的准备姿势双臂垫球为 0.399 秒，两臂置于体侧的准备姿势单臂垫球为 0.401 秒，两臂置于胸前的准备姿势双臂垫球为 0.481 秒。

（二）移动动作选择

排球比赛中所有的移动都是为了更快地靠近来球，以便更好地处理来球。研究发现，滑步移动垫球最慢，交叉步移动垫球比滑步移动垫球要快，快跑接鱼跃单手垫球时间最短。

（三） 击球动作

垫球时下肢屈膝身体重心下降的动作幅度太大或太小都不能产生最佳的蹬伸效果，不利于整个垫球动作的完成。如果膝关节屈曲幅度过大，就会造成膝关节伸肌群过大的对抗负荷，进而影响膝关节的伸展速度及躯干和上肢各环节的整体配合。反之，如果膝关节屈曲幅度过小，就又不能充分拉长伸膝肌群，势必会影响主动收缩前弹性势能的储备，进而影响蹬伸效果。适当的高度也因个人身体素质（主要是腿部力量）而定。此外，重心起伏过大可造成身体稳定性降低，也不利于运动员的移动与垫球。

另有研究表明，垫球通过下肢的蹬伸带动手臂向上摆动，可以提高击球时动作的稳定性。排球垫球合理的动作节奏应该是身体自下位关节至上位关节的速度依次递增。击球时身体主要环节的活动顺序为膝、髋、肩、肘和手腕。合理的技术动作能充分发挥躯干肌肉和下肢肌肉的爆发加速作用，不要过多地单纯依靠上肢运动环节加速，这样才能使上肢肌肉有较大的能量储备，同时保证动作的稳定。

（四） 手臂与躯干夹角

希望垫出弧度平的球时，则手臂与躯干夹角相对较小，希望垫出弧度高的球时，则夹角稍大；垫球距球网近时，则夹角应该大些；垫球距球网远时，则夹角应该小些。

当来球俯角小时，手臂和躯干的夹角应该小，来球俯角大时，手臂和躯干的夹角也应该大，也就是说相对而言，接发球时的夹角应该小，接扣球时的夹角应该大（图 2－11）。

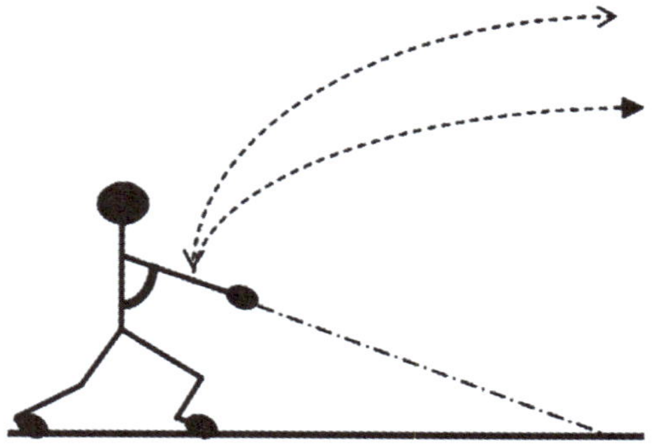

图 2－11 垫球时手臂与躯干的夹角

（五） 垫球的缓冲动作

垫球时，如果手臂迎击球的动作速度快、力量大，则缩短了球与手臂的接触时间，球体的变形大、速度快，反弹力也就大；若手臂迎击球的动作慢、速度均匀、力量小，并伴随一定的缓冲动作，则会延长球与手臂接触的时间，球体的变形小、速度慢，反弹力就小。因此，在垫速度快、力量大的来球时，或要垫出近距离的球时，需要运用含胸、收腹、微屈肘的缓冲动作，尽可能延长手臂与球的接触时间。只有这样才能掌握好击球的力量，将球准确地垫向目标。

五、比赛中垫球技术的运用

（一） 接发球时

在对方发球的时候，应提前做好充足的准备，及时地做好预判，选择正确的接发球技术，脚步移动要迅速，尽量正面去击球。另外，站位的时候，不要站在你负责接球范围的正中间，可以往防守劣势侧方向偏一点，最大限度地发挥你接一传的控制范围。

1. 接大力发球

大力发球虽然速度快、力量大、旋转速度快，但球的飞行轨迹相对规律。因此，接球时，站位适当靠近中场，降低重心，大胆向前迎球。对准来球后手臂不动，让球自己弹起或运用缓冲动作。

2. 接飘球

接一般轻飘球时，应适当降低重心，当球开始下落时，将手臂插入球下垫击。接下沉球飘球时，站位应适当靠前，判断落点后，重心下降前倾，用低姿垫球的动作将球垫起。接平冲飘球时，应提踵伸膝、升高重心，有时甚至需要轻轻跳起以提高身体位置，保持在腹前击球。击球前，两臂放松，主要靠充分提肩、顶肘和压腕的动作将球垫出，来球较高时，可以用传球技术或挡球技术。

3. 控制接发球的节奏和落点

根据一攻战术节奏的需要，改变接发球垫球的速度和弧度；根据一攻战术组成的需要，改变接发球垫球的落点。接发球时，可直接将球垫入对方空当，或垫到未及时进场地的发球人位置等偷袭对方，或接发球将球垫高，给本方前排二传直接进攻的机会。

（二） 接扣球时

垫球技术主要用于防守，良好的防守是组织有效进攻的基础和保证。

1. 合理选择防守位置

根据对方二传球与网的距离选择前后取位，二传球远网时偏后取位、近网时偏前取位。根据对方扣球队员的助跑路线和起跳后人与球的关系选择左右取位。根据对方扣球队员的特点取位。本方有拦网时，避开拦网，向着能看见球的地方取位。判断对方用吊球技术时，迅速跟进防守。

2. 合理选择垫球技术

接重扣球时，不论运用何种垫球技术，都要注意运用好缓冲动作。接轻扣球或吊球时，在做好准备接重扣球的情况下，要迅速改变身体重心，运用各种倒地技术接球。接打拦网手的球时，无论球落在场内或场外，都要尽力去抢救，并迅速改变身体重心，灵活运用各种倒地、挡球和单手垫球等技术，把不规律的变向球垫好。

（三） 保护进攻时

在前场区保护进攻时，一定要降低重心，上身直立，双手置于胸前，随时准备使用上手挡球、双手垫球和单手垫球等技术。在后场区保护时，重心可以高些，两脚放松站立，随时准备用各种技术接改变方向的球。

（四）垫入网球时

要垫好入网球，首先要判断准确球的入网部位，掌握其反弹的方向、角度和落点，再采用正确的方法垫击。

当球飞入球网的上部或从上部下落时，都为顺网下落，反弹角度小，速度快，落点靠近中线，比较难接，需要侧身对网，降低重心，手臂插入球下，以屈肘翘腕动作将球垫球，或用脚将球击起。

当球飞入球网中部时，则稍有反弹，下落速度比上部的入网球稍慢，落点仍靠近中线，接球难度也很大，击球方法同接上部入网的球。

当球飞入球网下部时，反弹现象明显，且有一定的高度和距离，接这种球时身体重心不宜太低，待判断球的落点后将球垫起。

第五节　传球技术

一、传球技术演变及发展趋势

自从排球运动开展以来，传球一直是运用最广泛的一项重要技术，其技术动作方法至今没有多大变化。传球技术主要用于第二次击球，用于组织进攻，是比赛中由防守转入进攻的关键点。

在我国的9人排球时代，传球称为托球，有上手传和下手传两种动作。我国开展6人排球后，沿用9人排球的上手传球技术。20世纪50年代，我国主要学习前苏联的后倒和侧倒传球方法。一些优秀选手能用鱼跃传球动作救起险球。当时的接发球和防守都用传球技术，包括使用上手传球方法接上手大力发球、勾手大力发球，甚至扣过来的球，并有较高的成功率。

60年代由于出现了飘球，扣球力量也增大，垫球技术产生并被广泛应用，传球技术主要由二传队员用于组织进攻。与此同时，随着专位分工的出现，攻手的传球能力被忽略，调整二传的水平有所下降。

70年代，队员身材趋于大型化，网上对抗激烈，战术变化多端，使二传更加专门化，二传技术也趋于成熟。凡能取得优异成绩的队一般都会拥有一名优秀的二传队员。例如，20世纪60~70年代，多次夺取世界冠军的日本女排的优秀二传手松田纪子；1972年奥运会男排冠军日本队的二传手猫田胜敏；多次获世界男排冠军的前苏联男排的二传手扎依采夫；20世纪80年代中国女排五连冠时期的孙晋芳、杨锡兰，近年来中国女排获得世界冠军时的二传手冯坤等。

到了90年代中期，世界各队逐渐采用了高快结合的打法，以二传为启动点，利用网长并结合后排进攻，采用高快结合、纵深一体的立体化进攻，以摆脱对方拦网球员，二传队员的作用尤显重要。

进入21世纪，优秀二传手的身高普遍增加，加之跳传技术的普遍使用，加快了进攻节奏，二传手的拦网及进攻能力也有了明显提高。二传队员运用传球技术的隐蔽性以及传球出手速度的变化，在实现战术变化和调控比赛进攻节奏等方面起着举足轻重的作用。

二、传球技术特点及分类

传球技术也是排球比赛的基本技术之一，是用手指、手腕完成的击球技术。其特点是准确、柔和、善于变化，是组织进攻的重要技术。初学时比赛可以不需要传球技术，但随着比赛水平提高，组织进攻的需要，就必须掌握传球技术。

传球的基本动作可分为正传、背传、侧传，这些传球方法可站在原地传，可在移动中传、跳起传，也可倒地传。主要用于二传组织进攻，也可用于吊球和处理球到对方。正面传球还可用于接发球和接较轻的进攻性击球。

传球技术的分类见图2-12。

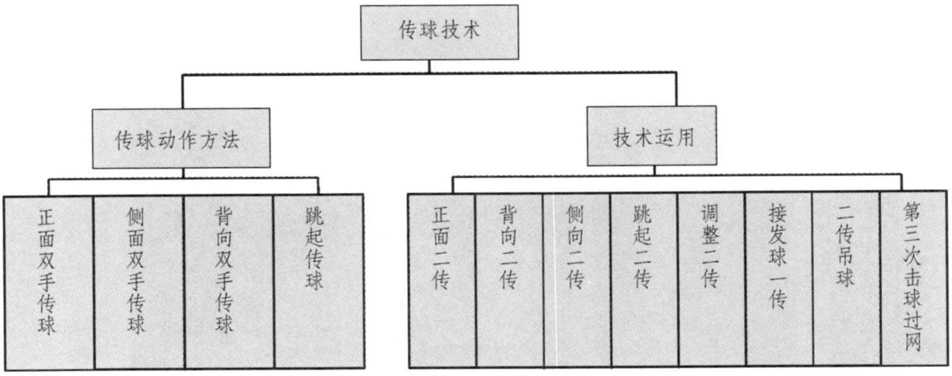

图2-12　传球技术的分类

最常用和最基本的传球技术是正面双手传球。也是需要重点掌握的传球技术。其学习的重点是传球的手型、击球点和手指手腕的发力。学习的难点是找球和全身协调发力。

三、传球动作方法及要领

（一） 正面双手传球

正面双手传球的连续动作（图 2－13）。

图 2－13　正面双手传球技术动作

1. 准备姿势

采用稍蹲准备姿势，便于随时移动，上身稍前倾，双手自然放松置于胸前。

2. 移动找球

传球主要用跑步移动找球，步法灵活。

3. 击球手型和部位

当手触球时，两手自然张开成半球型吻合球，手腕稍后仰，两拇指相对成“一字”或“八字”，拇指指向自己的额头。用拇指内侧、食指全部、中指的第一、二指节，无名指和小指的第一指节触球的后中下部。两肘自然分开。

4. 击球点

在额前上方约一球距离处。

5. 击球动作

当球来到额前时，主动迎球，通过蹬地、伸膝、伸臂和手指、手腕的协调用力将球传出。

（二）背面双手传球

背面双手传球的连续动作（图 2－14）。

图 2－14　背面双手传球技术动作

1. 准备姿势

采用稍蹲准备姿势，上身直立。

2. 移动找球

主要运用跑步找球。

3. 传球手型

手腕比正面传球更后仰，但要根据传球的距离调整手腕的后仰程度。

4. 击球点

在头上方，比正面传球稍偏后。击球点非常重要，不同的击球点会影响传球的弧度和距离。

5. 击球部位

击球的下部，拇指更多发力。

6. 击球动作

移动插到球下后，抬头、挺胸、展腹，向后上方发力传球。

（三） 单手传球

1. 准备姿势

采用稍蹲准备姿势。

2. 移动找球

跑步找球或者原地起跳、一步助跑后踏跳起。

3. 击球点

多数在右上方的单手传球最高点。

4. 击球动作

右臂抬起，肘部弯曲，手腕后仰，肘关节朝前。手型比双手传球时略小，手指触球位置要准确。击球时伴随肘部和手腕伸直，利用手腕和手指的力量将球传出。

5. 落　地

双脚落地缓冲，准备下一个动作。

（四） 跳传球

1. 准备姿势

采用稍蹲准备姿势。

2. 移动找球

多用一两步助跑后踏跳起，要选择好正确的起跳时间。

3. 击球点

跳起身体在空中最高点时击球。传近距离球时，可在额前上方或头上击球；传远距离球时，需要降低击球点，在脸前传球时，应增加手臂伸展幅度。

4. 击球动作

空中动作可以运用正面双手传球、背面双手传球或单手传球技术，击球点稍低，空中主要用伸臂的力量。远距离传球时，应增加手臂伸展幅度。

5. 落　地

双脚落地缓冲，准备下一个动作。

（五） 网前一般二传

由于接发球和防守的球大多来自后场，二传手要改变来球的方向，才能使球与球网平行飞行便于扣球。网前一般二传主要运用的是正面双手传球技术，但需要将球让至传球人和传球落点的连线上。传球时身体尽量朝向传出球方向。判断移动对完成网前一般二传动作非常重要，同时要根据来球和需要传球的位置，合理调整传球的力量和弧度。

（六） 调整传球

调整传球主要运用的也是正面双手传球技术。当来球远离球网时，需要组织进攻就形成调整传球。调整传球时要合理选择传球方向，一般情况下，传球路线与网的夹角越小，越便于扣球队员找球。调整传球时注意全身协调发力，充分蹬腿和伸臂，传球高度合适，给扣球队员以足够的助跑时间。对跑动接应不到位的球进行调整传球时，关键是找好击球点，并保持上体稳定及手型正确。

四、传球技术的运动生物力学分析

有研究表明，传球技术也是由下至上的动量传递过程，符合人体生物力学结构原理。先由下肢和肩、肘、腕的运动产生动量向上传递，然后由双手接受来自下肢和肩、肘、腕的动量，并最后合成为手的动量作用于球体将球传出。可以看出，传球是全身各环节的协调配合运动。要传好球，必须各环节有机配合，相互间在用力顺序和用力时间等方面要高度协调自如，才能传出质量高的球。

传球者在触球前手指、手腕肌肉要适当放松，这样在触球时才能迅速以较大的幅度缓冲球速，这是需要长期训练和比赛才能逐渐形成的高级技巧。适当的缓冲能充分体现传球技术的经济性和时间、空间的准确性。通过增大缓冲幅度，还能提高手部屈肌退让性工作的弹性势能及张力，从而更好地发挥手指、手腕的力量，控制好传球的方向、速度，以适应不同进攻节奏的需要，使传出的球柔和、稳定。传球时手指、手腕的缓冲技术是二传手传球的高级技巧，而缓冲幅度是否适当，则是衡量优秀二传手传球技术水平的重要标志。

滞空是指运动员跳起腾空接近最高点时，改变身体某部位与重心的相对位置，使身体重心在体内对应于躯干的位置发生变化，使身体这些部位在空中能够相对停留一段时间。如，二传队员跳传时，在空中收腿再伸展的动作。运动员的滞空能力主要决于三个因素：弹跳高度、在空中完成动作的能力、腰腹力量。良好的滞空能使运动员在空中适应变化的能力大大增强，能使身体相对稳定，从而保证了二传队员跳传球出手的稳定性和准确性。

五、比赛中传球技术的运用

（一）二传队员的运用

1. 掌握并使用各种传球技术

满足不同进攻战术的需要，二传队员需要运用各种传球技术。包括原地的、移动后的、跳起的、倒地的、双手的、单手的传球技术，还要能够垫传球到位。二传队员不仅要移动快、取位好，能够接应各种困难来球，二传技术还要能够调整节奏，主动“喂球”给攻手。

2. 二传隐蔽传球动作，掩护攻手

例如，做背传假动作，突然往前传；或一个传球动作传出不同方向、不同高度或不同节奏的战术球等。

3. 增加跳传技术使用

跳传技术的运用既可以加快进攻节奏，同时可以起到吸引对方拦网的掩护作用，还可

以与二次进攻或二次吊球结合起来使用，增加进攻的突然性。

（二）传球技术的其他运用

1. 接第一次来球

当各种来球较高时、速度较慢时，或来球追胸时，可以运用传球技术击球，注意接速度较快的来球时，手指手腕要适度紧张，主动迎球，双手同时触球。

2. 吊球和处理球时

扣球时主动变扣为吊，用双手或单手传球技术吊入对方场地的空当，击球时要有加速动作，弧度要低。或者在第三次击球无法组织进攻时，用双手传球技术推入对方空当，此时的传球注意手指手腕紧张，加速伸臂，以增加过网的球速，给对方接球造成困难。

第六节 扣球技术

一、扣球技术演变及发展趋势

扣球是排球重要的基本技术之一，是排球比赛中最主要的得分技术，是最积极、最有效的进攻手段之一。扣球居高临下，进攻点离对方场地最近，可以运用个人战术、集体战术来突破对方的拦防阵线，使对方难以防守和组织反击。在激烈的网上扣拦的对抗中，扣球是矛盾的主要方面，是决定胜负的关键技术。扣球成功可以保持主动，扣球失误就直接失分，甚至丧失主动权。

20 世纪 50 年代，直臂扣球、屈臂扣球、勾手扣球、近体快球等技术曾风靡一时。

60 年代，平拉开扣球、夹塞扣球以及各种战术配合，突破了拦网封锁。

70 年代，勾手扣球已渐绝迹。小抡臂扣球技术在亚洲国家流行。不断创新的平拉开、短平快、背溜、时间差、前飞、背飞、拉三、拉四等扣球技术使人眼花缭乱。

80 年代，中国女排首先运用单脚起跳扣 2 号位短平球（单脚背飞扣球），更加丰富了进攻技术和方法，使扣球技术向点多、面宽的方向发展。

90 年代，扣球点高、力量大，前排掩护、后排进攻扣球的立体进攻成为世界强队重要的得分手段。一些欧美运动员还运用了后排快球等进攻打法，使进攻向纵深方向发展。这些扣球技术和战术的出现加快了进攻节奏，丰富了进攻战术内容，对排球运动的发展起到了促进作用。

进入 21 世纪，扣球技术特点是：步法灵活，适应球能力强，前后排、远近网兼顾，击球动作简捷实效，挥臂速率快，手法娴熟多变，击球点高、力量大，成功率高。战术配合趋于简单实效，运动员个人突破能力不断提高。

二、扣球技术特点及分类

扣球是身体在空中完成的击球动作，每一次扣球需要经过助跑、起跳、空中击球和落地四个相互衔接的过程，要求扣球者必须具有弹跳高度、腰腹力量、手臂挥击速度、手腕控球能力、正确的人球关系以及在空中的时空感和滞空能力。此外，扣球的效果很大程度上又依赖于二传的密切配合以及扣球手的个人技巧和战术运用水平。随着排球比赛网上争夺激烈程度加剧，扣球技术也向着高、快、全、变方向发展。

扣球是排球比赛中最常用和最有利的得分手段，也是大家最愿意欣赏和学习的技术之一。然而，扣球技术在排球各项技术中相对比较复杂，需要一定的身体素质作保证。正面扣球技术是所有扣球技术的基础，其他各种扣球实际上是正面扣球技术的运用。

扣球技术学习的重点是熟练的助跑起跳和正确的挥臂鞭打动作。

扣球技术学习的难点是找好扣球的起跳时机和起跳点以及上旋球手法。以下扣球技术的分析全部以右手扣球为例。

三、扣球动作方法及要领

（一）正面一般扣球

完整的扣球技术（图2－15）。

1. 准备姿势

采用稍蹲准备姿势，两臂自然下垂，站在距网3米左右的位置观察来球，做好向各个方向助跑起跳的准备。

2. 助跑起跳

左脚放松自然地向起跳方向迈出第一步，紧接着右脚跨出一大步，支撑点落在身体重心之前，并以脚跟先落地，过渡到全脚掌着地，两臂从体侧摆至体后。同时左脚及时踏在右脚的前方，脚尖稍向内扣，身体重心下降，两膝弯曲，上体前倾。双脚蹬地时，双臂由体后协调、积极地向上摆动，使身体向上跳起。

助跑起跳的其他作用是：跳起传球到对方，增加攻击性；跳起处理球，增加隐蔽性。

3. 空中击球

跳起后，挺胸展腹，上体稍向右转，右臂向后上方屈臂抬起，右手自然张开置右耳边，身体稍右转并成反弓形。挥臂时，以迅速转体、收腹动作发力，依次带动肩、肘、腕各关节成鞭打动作向前上方弧形挥动，在右肩前上方最高点击球。

4. 击球手型

击球时，五指自然张开呈勺形，并保持适度紧张，以全手掌包满球，击球的后中下部，同时主动用力屈腕向前推压，使扣出的球呈上旋飞行（同上手发球的旋转）。

挥臂鞭打扣球动作的其他作用：原地挥臂扣球是有效的进攻手段，可以用于在任何位置原地将球扣至对方场地。

5. 落　地

击球后，双脚同时落地，以前脚掌先着地，同时屈膝、收腹，缓冲下落力量，保持身体平衡，并准备下一动作。

图 2－15　正面一般扣球技术动作

（二）单脚起跳扣球

单脚起跳扣球的特点是起跳快，空中飞行距离远。单脚起跳背飞是我国女排的“杀手锏”。可以在二传身后扣球，也可以飞到 2 号位的标志杆附近扣球。一个起跳动作，不同的进攻点，使对方拦网非常难以判断。

1. 助跑起跳

右脚跨出一步，左脚紧跟着跨出一大步，同时双臂后摆。踏跳时，左脚蹬伸，双臂向前上方摆动，右腿也随之屈膝上摆。单脚起跳扣球适合于与网夹角较小的助跑路线。

2. 空中击球

与正面扣球动作基本相同。应注意腰腹用力的力度，控制好身体重心。

3. 落 地

尽可能双脚落地。

四、扣球技术的运动生物力学分析

扣球技术按照动作结构，可以分为助跑、起跳、空中击球、落地四个动作环节。根据球离球网的距离，可以分为前排扣球、后排扣球以及跳发球三种扣球动作。

（一）助 跑

助跑的目的是为了获得更高的起跳高度，因此，助跑步幅、速度和人体重心的轨迹是影响起跳效果的重要因素。助跑阶段最后两步步幅要逐渐增大，一方面是助跑速度加快的原因，另一方面，也有利于最大限度地利用助跑速度所进行的制动。较大步幅还可以降低重心。在助跑的步数上，有学者比较了多步助跑、一步助跑和无助跑起跳扣球动作，发现起跳高度并非与助跑距离成正比。

（二）起 跳

起跳过程中，重心垂直速度的获得与水平速度的损失是影响起跳效果的对立统一的两个因素。重心腾起角是指起跳瞬间重心的运动方向与水平面之间的夹角，其大小可反映重心是侧重于水平前冲，还是垂直向上起跳，并决定起跳高度和起跳过程中的重心位移大小。在起跳速度一定的情况下，重心腾起角越小，水平速度就越大，有利于获得适宜的远度；重心腾起角越大，垂直速度就越大，有利于获得适宜的高度。从生物力学分析，下肢从缓冲阶段进行退让性收缩过渡到蹬伸阶段的主动收缩并开始发挥最大的收缩肌力，重心腾起角度越大，其下肢肌肉作用力臂越长，膝关节产生的肌力矩越大，起跳时垂直方向的受力就越大，垂直起跳高度也相应增加。但是，重心腾起角的大小也要在一定的范围内，过度追求最大重心腾起角，往往会导致失去水平速度。

有研究表明，前排扣球、后排扣球以及跳发球的起跳，明显存在缓冲和加速蹬伸的阶段，其中，前排扣球起跳缓冲阶段的时间所占其起跳总时间的比例较大，缓冲最为明显，前排扣球起跳缓冲的时间段在 0. 165 ~0. 285 秒，后排扣球起跳缓冲的时间段在 0. 085 ~0. 125 秒，跳发球起跳缓冲的时间段在 0. 145 ~0. 165 秒。

由于前排扣球起跳身体重心的水平速度损失大，上升的速度也较大，因此，其最后的腾起角要大于后排扣球和跳发球起跳的腾起角。前排扣球起跳的腾起角度在 58. 5 ~68. 5 度，后排扣球起跳的腾起角度在 40. 7 ~46. 2 度，跳发球起跳的腾起角度在 45. 6 ~52. 8 度。

前排扣球、后排扣球和跳发球起跳刚离开地面时的后倾角度是不同的，身体后倾最大的是后排扣球，其次是跳发球，后倾程度最小的是前排扣球。以此反映出三种技术击球点的位置，后排扣球击球点最靠后，需要展腹最大，使球有一定的抛物线，保证必须过网，其次是跳发球，前排扣球的击球点最靠前。

（三） 挥臂击球的鞭打动作

鞭打是指手臂挥击时以上臂带动前臂、前臂带动手腕的抽打动作。从生物力学的观点看，一个链状物体，在其质量大的一端先微加速运动，在制动过程中，其动量向游离端传递，使其末梢部分产生极大的运动速度，这就是鞭打动作的力学原理。

从生物力学角度分析，在整个挥臂动作的引臂阶段，屈肘动作是必要的，这样能缩短半径，增加大臂转动的角速度，然后大臂制动，肱三头肌及时收缩引起小臂在肘关节处迅速伸直，以增加线速度，向前上方猛力摆动，最后小臂突然制动，小臂的力量经手腕传递给手掌，最后以全手掌击中球体，整个动作像一根鞭子。鞭打的各环节依次连续摆动，速度叠加，使手部获得最大的运动速度。

五、比赛中扣球技术的运用

（一） 4 号位扣球

在 4 号位扣球时，助跑时要往边线外绕，整个移动线路呈弧线，这样既便于观察来球尤其是从中后场调整传来的球，又接近于迎着球扣，能始终把来球保持在右肩的前上方。起跳时身体斜对球网，将球扣向场地对角线位置，更易扣好球，不易出界。

（二） 2 号位扣球

在 2 号位扣球时，由于二传球是从左侧来，将球保持在右肩前上方是关键。因此，助跑起跳宜采用直线助跑。起跳时身体面对球网，空中依然做出身体稍右转动作，可以增加扣球的力量和线路的变化。

（三） 3 号位扣球

在 3 号位扣球时，由于离二传队员比较近，因此，扣球动作比较小，挥臂以小臂为主，通过增加挥击的速度来增加扣球的力量。

（四） 近网扣球

来球距离球网 50 厘米以内为近网扣球。来球近网时，起跳点也要近网，做垂直向上的起跳。因害怕碰网而远离球网起跳，将导致前冲起跳，更容易碰网。注意腰腹与肩的制动，以小臂挥击为主，击球的中上部，主动向上挂肘屈腕。

（五） 远网扣球

来球距离球网 2 米以上为远网扣球。远网扣球时，起跳可以适当前冲，增加扣球的力量。身体反弓动作比较大，主要靠腰腹发力带动手臂向前弧线鞭打。击球点在头上方，击球的中下部。手腕主动推压，使球加速上旋。

在 3 米线以后起跳扣球就是后排扣球，后排扣球也是远网扣球，扣球落地时可以进入 3 米线内。目前，弹跳能力强的男子排球运动员在 3 米线外起跳后能飞行到距网 1 米左右扣球。

（六） 扣调整球

当一传和防守起球不到网前时，主攻手往往需要扣调整球。扣调整球的关键是找到合适的起跳点和起跳时机，然后根据来球是近网还是远网的不同情况，有针对地运用近网扣球技术或远网扣球技术。

（七） 转体扣球

转体扣球的动作方法与正面扣球的动作基本相似，主要区别在于将球保持在左肩前上方，运动员跳起后，在空中利用向左转体的动作带动手臂向左挥击，使扣球路线与助跑路线不一致，从而突破拦网。

（八） 转腕扣球

转腕扣球是运动员在击球瞬间，利用肩、前臂和手腕的转动动作来改变扣球的线路。基本动作与正面扣球一致。

向右转腕扣球时，将球保持在右肩前上方，击球时右肩上提并稍向右转，同时头和上体稍向左偏，前臂内旋，手腕向右甩动，以全手掌击球的左侧上方，击球时肘关节伸直以加快挥臂速度。

向左转腕扣球时，击球点应保持在头的左上方，手腕向左甩动，以全手掌击球的右侧上方。

（九） 扣平快球

1. 扣近体快球

（1）前快球：二传体前扣球，随着一传来球开始助跑，二传出手时起跳，空中用近网扣球手法。

（2）背快球：在二传身后扣球，上步时机和起跳时机同前快球，用近网扣球手法。从 3 号位助跑时在二传身边起跳；从 2 号位助跑时，贴近二传起跳。

2. 扣低平球

（1）短平快球：在二传身前 2 ~ 3 米处起跳扣球，用近网扣球手法。随一传球上步，二传出手时起跳，起跳时身体右转，面对二传，截住二传球，快速挥臂击球。

（2）背平快球：在二传身后 2 ~ 3 米处起跳扣球，用 2 号位近网扣球手法。上步时机和起跳时机同短平快扣球。

（3）平拉开球：在 4 号位扣低平球。二传出手时开始助跑上步，迅速起跳扣球。用近网扣球的手法完成扣球。

（十）自我掩护扣球

1. 时间差扣球

扣前快球上步，但不起跳，待对方拦网下落时，再跳起扣半高球。亦可佯扣背快球，实扣二传背后半高球。

2. 位置差扣球

佯扣短平快球，实际向右跨步起跳扣前快球；亦可佯扣前快球，实际在二传身边起跳后到二传背后扣背快球。

3. 空间差扣球

在短平快的位置起跳，起跳后身体继续飞行到二传身前扣球。前快球点上起跳，身体向左飞行至3、4号位之间扣球。单脚起跳背飞扣球也是一种空间差扣球。

（十一）吊　球

助跑起跳和空中的挥臂动作与正面扣球均相同。

当挥臂到最高点时，突然减速，用单手手指击球的中下部，吊入对方的空当。击球时，五指伸开稍收拢，自上而下屈腕用力。

（十二）扣球技术运用的变化

1. 扣球线路的变化

斜线助跑，扣直线球；直线助跑，扣斜线球；用转体扣球或转腕扣球的技术，改变扣球线路。

2. 打吊结合

变重扣为轻扣，或轻吊，打入对方空当。重扣与轻扣结合。

3. 打拦网手出界

2、4号位扣球时，打对方拦网人外侧手出界；或平击扣球，从对方拦网人手指上方打手出界。

4. 从拦网手中间通过

看准拦网手缝隙，从拦网人两手中间扣过；或加快扣球下手速度，在对方形成双人拦网前，从两人中间通过拦网。

5. 超手扣球

利用身高和弹跳优势，将球从拦网手上击入对方场地。击球时，肩应该尽量上提，手臂尽量向上充分伸直，击球点稍靠后，并利用小臂加速挥动和甩腕动作，以全手掌击球的后中部，使球呈上旋长线飞出。

第七节 拦网技术

一、拦网技术的演变及发展趋势

排球是一项空中对抗的隔网运动项目，网上争夺十分激烈，随着现代排球的发展，拦网变得越发重要。拦网是排球比赛中的第一道防线，也是反攻的前沿。现代排球比赛网上精彩激烈的争夺，就是围绕扣球和拦网这一对矛盾展开。如果没有强有力的拦网，那么，后排防守的难度将非常大。拦网不仅可以将对方的扣球拦回、拦起以减轻后排防守压力，而且可以直接将球拦死，使之成为得分的重要手段。此外，拦网还能干扰和破坏对方进攻战术的组织，削弱对方进攻的锐气，动摇对方的信心，给对方造成心理上的威胁。

20 世纪 50 年代，由于规则不允许手过网拦网，人们采用手后仰拦网技术，拦网仅是一项防御技术。其指导思想是拦起、拦高，为调整反攻创造条件。

1965 年规则允许拦网手过网击球后，中国男排发明了“盖冒拦网”，伸手过网先罩住球，待对方扣球击球后，主动屈腕用力盖帽捂球，使拦回的球反弹角度小，速度快。这种“盖帽式”拦网，使拦网从单纯防御的被动技术变为攻防兼备的技术。

70 年代以后，随着排球运动员身高和弹跳力的增强，队员可以把肘关节以上的手臂伸到对方场地上空进行拦击，被形容为“屋檐式”拦网。

80～90 年代，拦网的威力进一步增加。拦网移动、起跳速度快，拦击高度高，队员的连续跳跃能力强、手型变化灵活多样，大大提高了拦网的成功率，成为重要的得分手段之一。个人与集体配合密切，出现盯人连续跳、多种步法移动和助跑起跳拦网。

进入 21 世纪，为了跟上进攻的变化，要求拦网人移动快、起跳快，能连续跳跃，空中拦击手形能根据扣球情况灵活变化。更加注重个人技术、技巧的运用以及集体的协作配合，同时，目的性更强，讲究实效。技术特点表现为：准备姿势手臂高位，步法简单，稍蹲起跳，动作简捷实效，并可连续起跳拦战术变化。现代排球的拦网技术随着进攻节奏的不断加快，拦网也在不断变化着，拦网技术从以往的以高度为主，已经发展到了现代的以移动速度和高度并顾的状况，现在的拦网练习重点已经逐渐落在判断和移动速度这两点上。

二、拦网技术特点及分类

拦网在网上近距离的攻防对抗中首先是一项被动技术，因此，拦网技术较难掌握。同时，拦网又是整个拦防体系的第一道防线，是后排防守取位的重要依据，因此，拦网要有每次进攻都力争去拦的意识，应不遗余力。

拦网根据参与的人数分为单人拦网，双人拦网和三人拦网。

拦网技术本身不难，难的是对对方进攻的判断以及集体的配合。对于排球爱好者和我们的学生，进攻水平也将是影响拦网技术学习和掌握的因素之一。

三、拦网动作方法及要领

（一）单人拦网

单人拦网是拦网技术中最基本的动作（图2－16）。

图2－16　单人拦网技术动作

1. 准备姿势

面对球网，密切注视对方动向。采用稍蹲准备姿势，两脚平行开立，约同肩宽，两膝微屈，两手自然弯曲置于胸前。离网的距离大约为自己小臂和手的长度。

2. 移动找球

根据对方扣球点的距离，可灵活运用并步、滑步、交叉步等移动步法，快速接近起跳位置。

3. 起　跳

移动后，两膝弯屈，重心下降，起跳时两脚迅速用力蹬地，两臂在体侧划小弧用力向体前上方摆动，带动身体垂直向上起跳。起跳后，含胸收腹，以便控制身体平衡和延长腾空时间。

4. 空中拦击

随着起跳，两手贴近球网向网上沿伸出，两肩尽量上提，两臂尽力伸直并过网接近球，两手张开，增大拦截面积。当对方扣球后，拦网手触球瞬间突然抖腕，将球捂下。当身高和弹跳高度有限时，起跳后尽量提肩，手臂向上伸，手腕稍后仰，以拦到球，降低扣球的速度为目的。

5. 落　地

拦网后自然落下，双脚落地，屈膝缓冲，并迅速准备下一个动作。

（二）集体拦网

集体拦网除了上述个人拦网技术的要求外，应着重注意互相协作配合。集体拦网可分为双人拦网和三人拦网两种。

1. 双人拦网

双人拦网是比赛中运用最多的。以单人拦网为基础，关键是两人间的配合。

对方 2、4 号位扣球，本方双人拦网时，两边的队员是主拦队员，他们的任务是判断取位，中间的 3 号位队员配合拦网，他的任务是保证两人间不出现空当。对方 3 号位扣球时，本方 3 号位队员是主要拦网队员，2 号位或 4 号位队员是配合队员。

双人拦网时，4 只手要同时出现在网上，并保持在一个平面上。

移动配合拦网的队员注意制动，避免冲撞两边的同伴。

2. 三人拦网

三人拦网，多在对方进行高点攻击的情况下运用。在组成三人拦网时，无论对方从哪个位置进攻，都应以本方 3 号位队员为主拦者，两侧队员主动配合，集体起跳拦网。

四、拦网技术的运动生物力学分析

有研究表明，拦网运动员在做交叉步移动拦网的启动瞬间，适当的低重心移动有利于提高启动速度，但重心过低反而会降低移动速度。适当的角度是髋关节在 140 ~ 150 度之间为佳，膝关节角度为 110 ~ 130 度之间为佳，踝关节在 80 ~ 85 度之间为佳。适度的低重心移动能够充分拉伸背部、臀部和大腿群肌，使这些肌肉的初长度变长，使肌肉积累了较多弹性势能，这种弹性势能在后继的向心工作中转化成较大的动能，能够增加移动的初速度；同时也使各关节处于蹬伸发力的合理位置，有利于大肌群的发力。

有研究采用运动学、解剖学与动力学手段进行同步测试，对影响交叉步移动拦网速度的因素作了综合性评价，主要得出以下结论。

1. 在拦网移动启动阶段，由准备姿势的身体重心高度过高所导致的二次降低重心是影响交叉步移动栏网速度的重要因素之一。

2. 在做交叉步移动拦网时，第一步跨步不宜过大，抬腿不宜过高。加快大腿的摆动速度能够提高交叉步移动栏网的整体速度。

3. 在向右侧移动拦网时，左踝角的角速度及角加速度是影响交叉步移动栏网速度的重要因素之一。(相反方向同理)

4. 在向右侧移动拦网时，左腿在 FY 方向的力（侧向力）是影响交叉步移动拦网速度的重要因素之一。(相反方向同理)。

5. 动作的熟练性、规范性和合理性是影响交叉步移动栏网速度的重要因素之一。

有研究发现，在拦击球瞬间的空中姿势应以肩关节为中心而不是以髋关节为中心形成的“ < ”型。起跳点应与球在 X 轴、Y 轴、Z 轴的三个方向都尽量对齐，手尽量贴近球，使对方的扣球过网面减至最小。

在拦网时机上，拦网运动员晚于扣球运动员 0. 13 ~ 0. 255 秒起跳较为适宜，这样能提高拦网的成功率。

五、比赛中拦网技术的运用

（一） 拦强攻

强攻扣球的特点是击球点高、力量大、线路变化多。比赛中一般采用双人或三人拦网对付强攻扣球。拦强攻时要慢起、高跳，充分发挥高度，手尽量伸到对方上空，扩大有效的拦击面。

（二） 拦快攻

1. 拦快球

快球的特点是速度快、弧度低、击球点靠近球网。由于速度快，一般采用单人拦网。

拦网队员应该与扣球队员同时起跳或稍早些起跳。起跳后双手伸过球网接近球，使其无法改变扣球路线。

2. 拦平快球

拦平快扣球时要人球兼顾，重点是根据扣球人的助跑路线和起跳点进行取位并掌握起跳时间。一般应正对扣球人的起跳点，同时或稍早于扣球人起跳，起跳后迅速向对方场区上空伸臂并接近球，封堵其主要扣球路线。

（三）拦远网扣球和后排扣球

远网扣球和后排扣球的击球点远离球网，扣球的过网区更宽，加上拦网手无法接近球，因此，难度比较大，一般应尽量采用三人拦网或双人拦网。关键是选择正确的起跳时机和正确的起跳位置，一般可以在攻手击球瞬间起跳，拦网时，手臂尽量高伸，堵住其主要扣球路线。

（四）拦打手出界球

拦打手出界扣球时，靠近标志杆拦网队员的外侧手在拦击球的瞬间，手掌应主动向对方场地内转，避免打手出界。若判断出对方有明显的打手出界意图，拦网人应该及时撤手，让其扣球出界。

（五）拦网技术运用时的变化

在对方扣球击球的瞬间再伸手拦网，不让对方看到拦网手而变线躲手。有意伸手拦直线，放出斜线区，诱敌深入，当对方扣斜线时，改拦斜线；或佯拦斜线，实拦直线。

本章思考题

1. 请论述上手发飘球、垫球、传球、扣球技术的击球点和身体的触球部位。
2. 试分析发球技术学习的重点和难点。
3. 比赛中扣球技术的运用可以有哪些变化？
4. 比赛中二传队员的核心作用如何体现？
5. 接发球技术运用与接扣球技术运用有哪些区别？
6. 双人拦网配合的要点有哪些？

参考文献

[1]排球精品课程团队．排球(国家级精品课程教材)[M]．北京:北京体育大学出版社,2009(第1版).

[2]黄汉升．球类运动——排球[M]．北京:高等教育出版社,2005.

[3]黄埔周,吕乾正,等．排球[M]．北京:北京体育大学出版社,1991.

[4]排球精品课程团队．排球[EB/OL]．http://121.194.17.18/eol/jpk/course/welcome.jsp? courseId=1041.

[5]石玉琴,戴毅华．四川女排防守准备姿势的生物力学初步研究[J]．成都体育学院学报,1984,(02).

[6]仇军,赵青,刘铁一．对排球垫球、拦网技术动作的时效性研究[J]．哈尔滨体育学院学报,2004,(01).

[7]石松源．影响大力跳发球质量的诸因素分析[J]．竞技·论坛．体育科技文献通报,2008,16(1).

[8]李毅钧．我国优秀二传手传球技术的生物力学分析[J]．西安体育学院学报,1985,(12).

[9]赵凯．男子排球副攻队员右侧交叉步拦网快速移动的动作分析[D]．北京:北京体育大学,2012.

[10]张岳．排球前排强攻、后排进攻、跳发球动作的运动学对比分析[D]．北京:北京体育大学,2007.

第三章　排球技术教学

本章概要

本章介绍排球技术的教学。教学是一个由不会到会的过程，是一个掌握正确动作，纠正错误动作的过程。如何加速这一过程，并在这一过程中尽可能少地出现错误动作，需要有合理的教学步骤，选择合适的教学方法，并及时发现和纠正错误动作。我们将在分析排球技术教学的基本原理和方法的基础上，分别介绍发球、垫球、传球、扣球和拦网技术的教学步骤和方法，并列举各项技术的主要错误动作和纠正方法，帮助大家提高排球技术教学能力。

第一节　排球技术教学的基本理论与方法

一、影响排球技术学习的因素

在排球技术教学实践中我们发现，采用同样的方法，花费同样的时间，施教于基本条件相当的学生，却会产生不同的学习效果。学生掌握的技术动作各有千秋，甚至出现五花八门的错误动作。究竟哪些因素影响了学生学习排球技术动作，我们来作简单分析。

（一）学生的学习动机

动机是推动一个人进行活动的心理动因或内部动力。动机可以引起或发动一个人的活动，指引活动向某一目标进行，并保持或增强活动的力量。一个人参与一项活动的动机受内部需要和外部条件的影响。

在教学中满足学生的兴趣需求、归属需求和展示自我价值的需求，采用积极的强化手段，可以调动学生学习的动机。如，选择练习多样化并注意趣味性，给学生自主掌握练习的空间并培养其责任心，建立明确的练习目的和要求，让学生及时了解学习和练习结果等。

（二）学生的先天素质

学生的先天素质包括性别、年龄、身体条件、运动素质、生理机能、感知能力、智力水平、认知特点和人格特征等方面。这些先天素质对排球技术的学习都会造成一定的影响。

因此，要求教师在教学实践中，尽可能地了解每个学生的特点，因材施教。从而激发学生先天素质对排球技术学习的积极影响，减小其不利影响。

（三）学生已习得的运动技能

学生已经获得的基本运动技能越多，越有利于排球技术的学习。一个经常参加体育运动的学生，比从不参加体育运动的学生更容易习得排球技术。

迁移理论告诉我们，先前掌握的技能对后续学习技能具有影响作用。但是，这种迁移作用既有积极的、正迁移作用，也有消极的、负迁移作用。

教师应在教学实践中主动运用迁移理论，实施区别化教学。一方面，合理选择诱导性练习，促进学生已掌握技能对排球技术学习的正迁移；另一方面，教师通过强调所学排球技术与学生已有技能之间的区别，将潜在的负迁移减至最低程度。

（四） 建立正确的动作概念

在体育教学中，运动技能的形成首先必须使学生对所完成的动作有一个初步的概念，概念的形成首先是感受器感觉传入信息，再经大脑皮质分析综合作出决策，最后通过肌肉收缩产生动作。如果学生接受的信息是错误的，那么，经大脑加工后，通过效应器输出的动作就会是错误的。

形成运动技能的信息来自体外和体内两个方面。视觉和听觉是学生接受信息的主要渠道。动觉是判断身体空间位置和身体与外界环境相互关系的感觉，来自肌肉本体感觉器，是形成运动技能和熟练掌握运动技能的主要物质基础。“球感”就是以动觉能力为主的综合性知觉。

实验证明，当技能动作涉及位置和空间结构时，视觉信息比听觉信息更重要。而涉及时间性的动作技能时，听觉便是一个重要的感觉系统。而且，视、听相结合的演示比单纯视或听的演示能产生更好的学习效果。

研究成果提示我们，在排球技术教学中，示范是学生接受信息的最主要、更重要的渠道，因此，教师应该多示范。除了示范动作正确优美之外，示范位置、示范面的选择是否恰当，能否让每个学生都看到同样的示范，也显得非常重要。而动作的细节需要靠讲解传授给学生。只有准确、清晰、精炼和可操作的讲解，方能使学生正确理解技术并将其转化为正确的动作输出。

（五） 当前所处的学习阶段

动作技能的形成有其基本过程和规律，即学习技术→掌握技术→巩固技术→比赛中运用 →比赛中灵活运用。为了有效地帮助学生学习并掌握排球技术，教师应了解并遵循这个过程和规律。学生处在不同的学习阶段，教师应注意不同的环节，选择不同的练习方法。

运动技能的形成可分为以下四个阶段。

第一阶段，对所学动作产生印象，初步建立动作概念。学生通过视、听、语言和运动器官的感知对整个动作过程形成初步印象。教师可以采用示范、讲解、图片展示和录像演示等方式方法帮助学生建立动作概念，多渠道的信息来源可以激发学生的学习兴趣。

第二阶段，所学动作处于泛化阶段。动作过程不稳定、不准确、不省力。此时，学生对动作的理解较差，教师应多采用完整教学法，对动作过程的细节不要过多注意；可以降低练习难度，多利用示范或直观教具，启发诱导学生。

第三阶段：所学动作处于分化阶段。学生已掌握动作要领，动作趋于协调，质量逐步提高。此时，教师要对动作细节进行纠正，要求动作正确、准确。通过反复分析动作，使学生从理论上、动作感知上深刻理解技术。练习难度逐步加大，练习内容可增加战术意识和串联，为适应实战比赛打好基础，帮助学生在简单情况下协调、熟练地运用技术。

第四阶段：所学动作处于自动化阶段。学生的动作非常熟练，能够灵活运用技术，注意力可以分配到技术以外的其他观察方面。此时，教师可以多选择结合实战的练习方法，使学生在不断变化的环境中或对抗条件下完成技术动作，或采用多次快速变换动作的练习，使学生不断地转换和衔接动作，从而达到完成动作自动化和灵活自如的程度。

（六）教学环境

教学环境分为有形的和无形的。有形的教学环境包括场地条件、教学设备、气候与温度等，无形的教学环境包括师生之间、学生之间的关系，课堂气氛等。

教师有责任在教学活动中，尽可能地创造并控制教学环境，使其有利于学生技术动作的学习，减小或避免教学环境对技术学习的不利影响。

二、错误动作产生原因及纠正方法

运动技术是运动员通过运动实践建立起来的运动条件反射。正确合理的技术动作有利于充分发挥人体的机能潜力，是提高运动成绩的一个重要因素。为加速掌握并巩固正确合理的技术动作和防止错误动作的产生，教师必须根据排球运动规律和技术特点以及学生的个体差异，运用科学的方法进行指导，才能收到良好的教学效果。

为了防止和纠正错误动作，首先要对合理正确的技术动作有一个科学完整的理解。正确动作应当符合人体的解剖结构和运动生物力学原理，中枢神经系统控制准确，动作省力，使技术动作协调、连贯、准确、有节奏而完美。

（一）错误动作产生的原因

1. 运动生理学原因

错误动作一般在学习新动作的过程中容易出现，有时在特殊情况（如紧张激烈的比赛或疲劳、受伤）下也会出现。

（1）运动技能间的负迁移

运动技能间的负迁移是指曾经学习过的、已经掌握的或看到过的其他技术动作，对现在学习的技术动作的不良影响造成错误动作的出现。如，篮球运动专项的学生，在学习排球扣球挥臂时容易将投篮时肘关节朝前的动作与其混淆，排球上手发飘球动作容易同扣球挥臂动作混淆，而产生错误动作或不佳效果。

（2）大脑皮层兴奋性过高

在学习技术动作时，大脑皮层神经细胞兴奋过强，扩散到其他运动神经中枢，造成与正确动作无关的肌肉产生收缩，肌肉之间的协调关系受到破坏，出现技术不协调、不到位或方向相反等现象。或初学技术时兴奋过度等原因，造成大脑皮层兴奋和抑制过程的转换失衡，引起兴奋过高，出现超限抑制，使抑制扩散，即出现多余动作或错误动作。

（3）神经系统的交互支配作用不强

神经中枢的“交互抑制”、相互诱导和互相协调是神经中枢交互支配的一种现象。人体的各种动作都是神经中枢交互支配主动肌、被动肌和协同肌的结果。学习新动作时，这种交互抑制的能力差，不能保持神经系统反射活动的协调性，未建立正确的神经支配通路，往往会出现错误动作。例如，初学挥臂动作时，由于肌肉动员顺序不正确，或主动肌、协同肌和对抗肌的动员不协调，容易造成动作僵硬。

2. 运动心理学原因

（1）心理过程特点

各种击球动作的学习依赖大脑皮层与感知过程的协调活动，大脑皮层的各种条件性反射尚未建立和巩固时，肌肉本体感觉、时空知觉的灵敏度低，容易产生错误动作。对人、球、网、场地、空间、时间以及自身动作的感知能力，在个体间存在差异，掌握动作或控制球的能力就有差异。

学生的注意分配和注意转移能力不强，因此，他们在观察示范动作时，往往没能全面观察到动作，或不知道应对哪些动作细节进行观察，或无法观察到动作细节。学生在听讲解时，也可能注意力不集中，没有听清，或教师的讲解重点不突出，讲解有误等，都会使学生对动作理解有误。

（2）个性心理特征

神经类型差异，个人的爱好与学习兴趣不同；担心受伤；自信心不足；过于自负；自尊心过强等都可能影响技术动作的学习，甚至出现错误动作。

3. 体能方面原因

（1）身体结构：身高、体重，四肢长度及各关节结构等个人特征。

（2）运动素质：力量、速度、协调性和柔软性等运动素质水平。

（3）生理机能：健康水平、代谢水平、判断能力和反应速度等。

（二）错误动作的观察与分析

1. 技术动作规范

无论哪项排球技术，正确、合理的动作规格和动作结构是技术的实质问题。教师要熟悉排球各项技术的要领和关键环节，以此对学生进行评价与考核。

2. 技术达标效果

排球比赛的目的是：参赛队遵照规则，赢得比分。排球技术动作的击球效果就是要体现比赛目的，使球的飞行质量高、落点准确和效果好。例如，垫球和传球的飞行弧度、落点；扣球的高度、速度、旋转程度、方向和落点等。

3. 动作与效果之间关系的几种情况

（1）动作不好，效果也不好：根源在于动作不规范。

（2）动作不好，效果还可以："球感"比较好，代偿调节能力比较强；或练习时间长，比较熟练，已形成个人特点。若要进一步提高比赛水平，仍然需要改进动作。

（3）动作尚好，效果差：注意观察其击球点是否合适；发力顺序和时机、用力大小是否恰当；是否个人本体感觉欠佳，肢体控制球能力差。

（4）动作与效果都好：动作规范，控制球能力强，理想状态。

（三）错误动作纠正方法

1. 错误动作纠正的方式

（1）根据错误动作的不同性质和范围

集体纠正，用于解决全体或多数学生具有共性的错误动作。个别纠正，用于解决个别人错误动作或动作细节问题。

（2）根据错误动作出现的时机

一种是出现错误动作及时提醒，立即纠正。在完成一个动作并出现错误时马上提出并在重新练习前，用精练的正面语言强化。不断反馈，反复练习，加以巩固。

一种是事后纠正。根据错误动作的特征进行正误示范。可由学生或教师示范正确的动作，或通过录像、图片，观摩优秀运动员的动作。可以选择出错的学生示范，或由教师示范错误动作。将正确、优秀的动作示范与错误动作示范进行对比。如有条件，通过录像分析学生动作，对改进技术效果最佳。

2. 纠正错误动作的措施与手段

纠正错误动作应从主要问题抓起，并逐个解决。若不分主次、同时纠正，将分散学生的注意力，使其顾此失彼，得不偿失。

（1）示范讲解，徒手练习

重新建立正确的动作概念。

（2）降低练习难度

学生由于体能、接受能力、控制能力较差，对复杂技术学习比较困难，可降低练习难度或进行分解练习。

（3）诱导练习

采用教法、教具做有利或模拟技术动作掌握的练习。如，用甩球皮的方法，帮助学生掌握扣球的挥臂动作。

（4）辅助练习

通过发展相关技术或身体素质促进技术动作的掌握和提高。如，传小足球提高上手传球的指腕力量。

（5）外力帮助

教师在学生做动作时，对主要动作部位给予一定外力，帮助其体会肌肉感觉，强化对动作过程的认识。

（6）限制性练习

采用教法、教具对可能产生的错误动作进行限制。如限制距离，设立限制线等。

（7）矫枉过正

有些错误动作用正常的规格要领要求不见成效，采用超过正常规格（过正）的方式去完成动作，可能收到效果。

（8）遗忘法

当学习某项技术出现错误动作时，即进行其他技术的练习，过一段时间后再重新学习该技术，并反复强化正确动作，使其“遗忘”错误动作。

（9）启发思维

启发学生独立思考、开动脑筋，提高分辨正确与错误动作的能力。一个善于动脑筋的运动员，不但学技术快，改正错误动作也快。

（10）采用心理训练方法

教师要掌握学生的心理特点，用心理训练方法纠正错误动作。如采用想象训练，自我暗示等方法，帮助学生纠正错误动作。

三、排球技术教学基本方法

排球教学方法是实现排球教学任务和目标的方式、途径和手段。包括教师教的方法和学生学的方法，示范和讲解是其中最主要的方法。

（一）语言法

语言法主要是通过听觉信号的传输，帮助学生学习并形成动作技能。包括讲解、提出要求、反馈评价和动作节奏帮助等。语言法还可以运用在学法中，如复述、讨论和评价等。

1. 讲　解

教师向学生说明教学任务，讲解技术动作名称、在比赛中的作用、动作方法、技术要领，练习方法等。讲解可以完整讲解，适用于简单技术；可以分解讲解，适合于复杂技术；可以运用口诀概要讲解。讲解要有明确的目的，内容要正确并符合学生的理解程度，要简明扼要、形象深动、通俗易懂。讲解的时机要恰当。

2. 提出要求

教师对每个练习都应提出适当的要求，才能保证教学任务的完成。这些要求包括：动作幅度、击球效果、练习数量和质量、心理感受、相互帮助、集体目标等。教师提出的要求应难易程度适当、区别对待，有针对学生个人的，也针对合作小组的，还针对集体的不同要求。

3. 节奏与口令

排球运动是一项节奏感很强的项目，培养良好的节奏感，可以帮助学生更快地掌握技术动作，提高击球质量。培养学生节奏感的主要方法是运用听觉信号刺激，如口令、击掌和哨声等。节奏与口令设置的节奏要符合排球比赛实际，并根据学生掌握技术的熟练程度，应由慢到快，逐步接近比赛节奏。

4. 评价反馈

评价反馈可以来自于教师，也可以来自于学生之间。包括对动作质量、练习效果、学习态度和互助合作方法等的评价和反馈。评价反馈时要有明确的评价标准，以便教师和学生统一掌握。评价要客观，反馈要及时。教师要多鼓励，少批评。

5. 复　述

教师请学生口头复述技术动作的名称、方法和要领，复述练习的要求等。复述的过程是学生由动作表象形成动作概念的过程。复述的内容要明确，且最好是关键技术或技术的重点和难点，通过复述可以帮助学生加深对技术动作的理解。教师对学生的复述要给予评价，这种评价可以由学生给出或教师给出。

6. 讨　论

教师组织学生讨论是一种启发式的教学方法。通过分析、比较和归纳，帮助学生更好地掌握并运用排球技术、战术。讨论一定要有主题，也可以分组分别设立主题。自由发言不利于达到启发式教学的目的。要鼓励学生充分发言，鼓励学生有争议。讨论结束后，教师应该进行归纳总结。

（二） 直观法

直观法主要是通过视觉信号的传输，帮助学生学习并形成动作技能。人体接受信息的80%来自视觉，教学中合理运用视觉信号传输方法是非常重要的。这些方法主要包括动作示范、正误对比、多媒体演示等。

1. 动作示范

动作示范可以是完整动作示范，也可以是分解动作示范；可以教师示范，也可以学生示范，还可以多媒体演示；可以正常速度示范或演示，也可以慢速度示范或演示。示范的位置要合适，便于全体学生观察，并符合比赛实际。示范面要正确，便于学生观察技术的动作轨迹和关键环节。选择媒体资料时也要注意示范面合适。示范动作要正确、优美，选择媒体资料时应选择规范动作，并能使学生清楚观察。示范不仅在技术教学开始时，在练习过程中也要有足够的示范。

2. 正误对比

正误对比是预防和纠正错误动作常用的方法。在技术教学开始时，示范常出现的错误动作可以起到预防的作用。比较错误动作时，可以由教师模仿，也可以让有错误动作的学生展示。正误对比还可以针对击球的效果。正误对比时要明确比较的目的，针对错误动作而不是针对出错误动作的学生。抓典型动作，及时进行正误对比。

3. 视频反馈

排球教学中，如何让学生知道自己的动作是一个难点，借助录像和视频反馈方法可以帮助解决此难点。视频反馈既可以是学生的动作过程，也可以是学生的击球效果；既可以是错误的动作反馈，也可以是正确的动作反馈。用作反馈的视频应该清晰、针对性强。要对反馈的视频进行恰当的评价，视频反馈后要给出解决问题的方法。

（三） 助力法

助力法主要是借助学生的肌肉本体感觉，帮助学生形成和掌握运动技能。教师根据正确的动作轨迹、方向、速度和幅度等，给学生辅以外力，帮助其完成动作。如，垫球时重心跟随球的动作过程，上肢鞭打动作的过程等。给予助力前要告知学生，避免因没有思想准备而受伤，给力的大小要适当，要求学生放松做动作，并认真体会教师给予的帮助。

（四）条件限制法

条件限制法是通过视觉和本体感觉等信号传输，帮助学生学习并掌握动作技能。根据教学的需要及学生的情况，通过改变练习距离、设置限制线或高度、区域等，从而控制学生的动作幅度、动作速度和击球方向等，促使学生掌握正确的动作，避免错误动作产生。如，为了帮助学生明确正面传球的发力方向，限制学生远距离平推传球，将传球距离限制在 3 米以内；为了限制学生扣球时起跳前冲，规定落地时的限制线等。采用条件限制法要与分析技术动作和技术目标相结合，使学生既知其然也能知其所以然，并最终成为学生的自控动作。

（五）游戏和竞赛方法

游戏和竞赛方法是排球课教学常用的方法，是多种信号通道参与的方法。运用游戏和竞赛方法可以激发学生对排球运动的兴趣，调动学生的学习积极性，提高技术运用能力和理解程度，培养学生观察、判断、决策等思维能力，锻炼学生的身体和心理素质。

1. 游戏方法

游戏方法很多，在排球教学中游戏的选择要有明确的目的，游戏要有规则，并认真、公正、准确地执行规则，得出客观的游戏结果。要精心组织游戏，注意安全。

2. 竞赛方法

比赛是技术教学的最终目的，也是学生最感兴趣之处。学习排球比赛还应是排球课的主要内容之一。竞赛可以帮助学生理解排球运动，真正体会排球运动的乐趣。竞赛的方法应贯穿在排球课程教学的始终，规则可简单，可复杂；人数可多，可少；可单项技术比赛，可技术串联比赛，可完整比赛；可不同分组的比赛，可不同内容的比赛等。教师必须认真指导比赛，通过教师的不断引导，逐步达到比赛目的。

除了以上介绍的几种常用教学法外，还有不少学者从提高教学质量的目的出发，为了解决不同的教学问题，从不同的角度进行了许多教学法的实验尝试，并获得了成功。如程序教学法、发现教学法、掌握式教学法、领会式教学法、范例教学法和组集诱导法等等。

第二节　准备姿势及移动教学

准备姿势与移动是排球基本技术之一，属于无球技术，是完成发球、垫球、传球、扣球、拦网等击球技术的前提和保障，并对各项击球技术的运用起到串联和纽带作用。准备姿势和移动是相辅相成的，准备姿势目的是为了迅速起动，以便快速移动接近球，或击球，而移动是准备姿势的继续，要想快速移动，又必须先做好准备姿势。

一、准备姿势与移动的教学顺序

准备姿势教学顺序：应以半蹲准备姿势为重点内容，稍蹲为次之。在初步掌握传球、垫球和扣球技术后再结合后排防守技术学习低蹲准备姿势。否则，容易使学生双脚的移动步法因下肢负担重而失去灵活性。

移动的教学顺序：应以并步、滑步、跨步、跑步、交叉步的顺序进行。在移动的方向上，应先学习向前、向左和向右的移动，最后学习向后的移动和转体向后跑步移动。

二、准备姿势与移动的教学重点和难点

对初学者来说，准备姿势和移动教学的重点是：身体重心的位置，正确合理性的移动步法、起动方法、制动方法以及结合技术运用时步法的选择等。

准备姿势和移动教学的难点是：对准备姿势和移动重要性的认识及习惯养成，下肢及腰腹力量，对球的判断以及制动变向的灵活性。

三、准备姿势与移动的教学步骤及练习方法

（一）准备姿势教学步骤

1. 示　范

教师对教学动作先进行完整示范，然后边讲解边进行分解示范，脚的取位；身体姿势及重心位置，手臂的姿势及位置等。

示范位置可采用队前或队中（学生人数多时）的正面和侧面示范。正面示范时，让学生观察两脚的位置和两手的位置等，侧面示范时，让学生观察重心的位置及变化。

2. 讲解内容

讲解准备姿势的目的、作用；准备姿势的分类；半蹲准备姿势的动作要点；半蹲、稍蹲、低蹲准备姿势的相同点与区别。

3. 组织练习过程

先进行模仿练习，然后根据信号做好击球前的准备姿势。

4. 纠正错误动作

（二）准备姿势主要练习方法

1. 原地模仿练习

学生呈一排时，教师在队前；呈两排或圆圈时，教师可以在队中示范并指挥练习。学生听教师哨声集体模仿准备姿势。

2. 两人观摩练习

两人一前一后（或面对面）站立，后面的学生模仿前面的学生，做准备姿势动作。两

人相互观察、学习并纠正错误动作。

3. 击球前准备姿势练习

原地跑步或连续轻跳，听到教师哨声信号后，学生立即做好准备姿势。

4. 听觉信号围圈练习

学生围成圆圈慢跑，听教师哨声，做准备姿势动作。

5. 视觉信号围圈练习

学生围成圆圈，面向圆心，教师以抛球为信号，如，球抛起时做准备姿势动作，球落地时站起。学生根据信号做好准备姿势。

（三） 移动步法教学步骤

1. 示 范

各种移动步法的讲解与示范方法基本相同。先进行完整示范，给学生完整的动作表象，然后边讲解，边示范动作细节。

向左、右移动时采用正面的镜面示范，向前、后移动时采用侧面示范。

2. 讲 解

移动的作用、目的；移动与准备姿势的关系；移动的三要素（起动、步法、制动）；移动的分类；如何选择移动步法；移动步法在比赛中的运用。

3. 练习组织过程

先模仿移动步法，然后判断信号进行移动练习，结合场地的移动步法练习，结合起动和变向的移动练习，结合球的移动练习，结合技术的移动练习。

4. 纠正错误动作

（四） 移动步法主要练习方法

1. 原地模仿练习

学生呈一排或两排，教师在队前，背面或镜面示范。看教师手势做前、后、左、右的移动动作，可以是各种移动步法的模仿练习。注意练习间距，提示学生注意观察教师的手势，然后按照正确的方向移动。

2. 两人模仿练习

两人一前一后，后面学生模仿前面学生做移动动作。进一步熟练移动步法。注意练习间距。

3. 两人跟动练习

两人一组，面对面，一人主动用各种步法向不同方向移动，另一人紧跟其做变方向移动。保持适当的练习距离。

4. 结合场地练习

将学生分成若干组，站在排球场端线外。每组 3 ~ 4 人进场练习，教师在网前给予手势。学生根据教师的手势做不同方向的移动练习。移动步法可由教师规定，也可由学生自选。每组练习 30 秒 ~1 分钟。

5. 移动接抛球

两人一组，一人抛球，另一人移动接球后将球抛回给同伴。为了增加难度和练习密度，可用两个球进行练习。

6. 起动练习

学生分成若干组，在场地端线或边线准备练习。每组 4 ~ 5 人，小碎步、高抬腿、坐姿或卧姿等，面向或背向等，根据教师的手势和口令迅速起动。

（五）准备姿势、移动教学的注意事项

1. 移动时要注意重心的稳定性，避免在击球时不能控制身体而影响质量。
2. 多利用视觉信号，结合球反复进行反应判断及起动练习。
3. 可采用对抗性、游戏性练习增加学生学习简单动作的兴趣，提高学习效果。
4. 移动动作节奏与球的飞行方向、速度、弧度要相适应，预判要准确。过早、过晚地接近球都会破坏动作的连贯性，影响击球效果。

四、准备姿势和移动常犯错误与纠正方法

表 3 – 1　准备姿势及移动常犯错误及纠正方法

类别	常犯错误	纠正方法
准备姿势	1. 两脚前后左右距离不当 2. 两脚方向不当（外八字）	1. 用可量化语言强调。如，同肩宽，比肩稍宽 2. 语言强化：脚尖向前；矫枉过正，脚尖内扣
移动	起动慢，起动步法不正确	1. 强调身体重心保持稍前 2. 专门练习向不同方向的起动步法
	1. 移动步法运用不正确 2. 步法变换不准确	1. 分别熟练几种常用步法（滑步、交叉步、跑步） 2. 专门练习组合步法（并步 – 交叉步；交叉步 – 并步；交叉步 – 跑步；跑步 – 交叉步等）
	1. 移动后制动不好 2. 取位不准确	1. 从慢速移动到制动开始练习 2. 明确制动的重要性，进行专门练习 3. 加强结合视觉判断、场地位置概念的移动练习

第三节　发球技术教学

一、发球技术的教学顺序

初学应先进行正面或侧面下手发球的教学。女生可以侧面下手发球教学为主，便于掌握发力环节。在下手发球技术掌握后，可以学习勾手发飘球。而男生，下手发球技术比较容易掌握，在教学初期作为介绍技术进行教学，为尽快进入比赛作准备。男生以学习上手发球为主。先学正面上手发球（上旋球）。由于其与扣球击球手法接近，有助于掌握动作。在正面上手发球掌握后，再学习正面上手发飘球。对一般学校的学生进行以上发球技术的教学即可，如有学生基础较好，且有良好的身体素质，可介绍跳发球和跳发飘球，而且应在熟练掌握原地发球后再进行教学训练。

二、发球技术的教学重点和难点

不论采用哪种发球，其技术动作过程都是相同的，因此，发球技术教学的重点也基本相同，它们是抛球、挥臂轨迹、击球手法以及抛球、引臂、挥臂击球动作的协调连贯。

发球技术教学的难点是：对抛球的重视程度，抛球能否到位；腰腹力量；发力顺序的掌握及协调发力。

三、发球技术的教学步骤及练习方法

（一）教学步骤

1. 示　范

教师以规范的完整动作进行示范。分解示范时突出抛球、引臂动作、挥臂轨迹、抛球与引臂动作的配合、击球手法和击球部位，使学生理解技术关键。

教师站在发球区内进行示范讲解，学生站在教师的挥臂击球手一侧观察示范并听讲解。正面发球以侧面示范为主，侧面发球以正面示范为主。背面示范击球手法和击球部位。

2. 讲　解

发球在比赛中的作用；基本取位；不同发球两脚的站位方法；抛球的重要性、动作方法及方位、高度、性能等；抛球与引臂动作的配合；挥臂轨迹、发力顺序、击球手法、击球部位等动作方法；旋转球和飘球的原理等。

3. 组织练习过程

先徒手练习挥臂动作，然后用球练习；先近距离发球，逐步增加发球距离；先不隔网发球，然后隔网近距离发球，隔网远距离发球，最后端线发球。在掌握技术动作的基础上，逐步提高发球的稳定性和攻击性。学习跳发球时，还要专门练习助跑起跳以及抛球与助跑起跳的配合，根据自己的起跳能力掌握抛球高度和距离。

4. 纠正错误动作

（二）主要练习方法

1. 徒手挥臂

学生呈体操队形站位，教师用口令指挥练习，按照动作方法要领，做徒手模仿练习。教师的口令要符合动作的顺序和节奏。

学习跳发球时，需要进行固定距离的助跑起跳徒手练习，强调在助跑第一步迈出后的抛球动作。此外，还应进行跳起在空中的挥击动作徒手练习。动作的连贯协调非常重要。

2. 抛　球

学生呈体操队形站位，每人一球，或两人用一球，交替练习。抛球手持球向上垂直抛起，并落在抛球手上。教师对抛球的高度和位置提出明确要求，或寻找并设置合适的标志物，控制学生抛球的高度和位置。

学习跳发球时，需强调手腕和手指张开的发力动作。

3. 击打固定球

学生呈体操队形站位，同列两人一组。一人双手持球置于击球高度，另一人练习挥臂击球。亦可单人练习。抛球手持球于击球高度，击球手挥臂击球，体会并掌握引臂—挥臂—击球的完整动作以及手部的触球部位。

4. 发固定球

将学生分成四至五组，“一字”排开，距挡网或墙 3 米左右。学生自己用抛球手持球于击球点处，听教师哨声挥臂将球击出。下一组学生拣球练习，如此循环。教师应规定发球的高度，给学生留有足够的练习空间。

5. 对挡网（墙）发球

将学生分成若干组，“一字”排开，距离挡网（墙）4 米左右。学生听教师哨声，各组轮流练习发球。教师应规定发球的高度。根据学生掌握动作的情况，可将其与挡网（墙）距离逐步增至 6 米左右。

6. 隔网发球

将学生分成六组，每半场三组，先在中场发球，然后距网 7 米左右发球，再增加距离至端线发球。学生听教师鸣哨进行练习，半场三组练习完后，另半场的学生练习。每个距离、每组学生发球若干次。

学习跳发球时，可以采用适当降低球网的方式进行隔网发球练习。

7. 端线发球

两边端线处练习，学生自主练习。教师巡视纠正动作。重点指导发球有困难的学生。

8. 连续3或5次发球

场地两边端线处，学生自己练习。连续发3次或5次好球为一组，完成3组，比谁先完成任务。先完成任务的学生可以进场地练习接发球。

9. 规定落点发球

把两边场地分别划分为2个、3个或6个区域，学生在两边端线处练习发球，把球发到规定的区域内。

10. 分组发球比赛

将学生分成两组，各组在半场端线处发球。每边发一次，每个学生轮流发球。比哪边先完成规定的连续发球次数。若有学生发球失误，则归零并从头开始计数。

（三）发球技术教学中应注意的问题

1. 发球技术动作多种，教学过程相同，但击球手法不一。教每一种发球都要抓准挥臂及击球动作，这是发球的关键。

2. 发球是排球技术中唯一一项自己完成的击球技术。抛好球是发球的重要环节，否则会伴随产生许多错误动作。因此，要强调抛球动作、高度、性能固定，要抛稳抛准。

3. 初学发球时，首先要注意动作的准确、连贯、协调，手法正确，击球准确。逐步增加力量和速度的要求，提高发球攻击性。

4. 发球教学要打好基础，做到站位固定、抛球固定、挥臂轨迹固定、手法固定、击球部位固定和助跑距离固定。

四、发球技术常犯错误与纠正方法

表3-2　发球技术常犯错误与纠正方法

类别	常犯错误	纠正方法
发飘球	1. 抛球不稳，高度不当 2. 挥臂太慢，不呈直线 3. 抛击配合不协调 4. 球转而不飘	1. 在篮筐下练习平稳向上抛球 2. 徒手快速挥臂，合适高度击固定球促使直线挥臂 3. 听口令按节奏练习抛击配合动作 4. 用手掌坚硬部位反复挥臂击固定球，击准球的重心
大力发球	1. 抛球不准不稳 2. 击球用不上全身力量 3. 手掌未包满球 4. 击球不呈上旋	1. 对篮筐抛球，在墙边或挡网边抛球 2. 做远距离掷球动作，体会全身用力 3. 对墙反复练习动作，体会包满球，打旋转 4. 首先抛出上旋球，然后再用包球手法击球

续表

类别	常犯错误	纠正方法
跳发球	1. 抛、击动作配合不好 2. 击球不准 3. 速度力量不够	固定距离助跑起跳练习，固定高度抛球练习 原地大力发球（飘球）练习，巩固挥臂和击球动作 纠正发力顺序，增加核心区力量

第四节　垫球技术教学

一、垫球技术的教学顺序

首先学习正面双手垫一般球技术。掌握垫球手型、手臂触球部位、击球点和用力等技术环节，建立正确的动作概念，防止错误动作的出现。

移动垫球教学应早些进行，主要是一两步的移动。先进行向前移动垫球教学，再向左右移动垫球教学。然后学习变方向垫球（左来球向右垫；右来球向左垫），为过渡到技术间的串联（发—接、垫—传、防—调）打基础。

基本掌握变方向垫球的技术后，即可进行接发球垫球的教学。

在练习和比赛中出现需要体侧垫球或背垫球时，即进行体侧垫球或背垫球的教学。

最后进行低姿势接扣球垫球的教学，包括跨步垫球、缓冲垫球、跪垫球等技术。还可介绍一些其他垫球技术，如单手垫球、挡球和倒地垫球等。

二、垫球技术的教学重点和难点

垫球是排球比赛中应用最多的技术之一。动作看似简单，但变化多样，运用复杂。初学者要掌握垫一般球的技术，其教学重点首先是垫球的身体姿势，包括脚、下肢、躯干、上肢和身体重心等。只有掌握了正确的垫球身体姿势，才能保证手臂角度合适，发力协调。垫球的教学重点还有判断和移动找球的能力，手臂的触球部位，全身的协调发力，尤其是下肢和腰腹在垫球时的动作。

垫球技术的教学难点是：对来球的判断，前臂触球，手臂对球的感知，选择手臂的角度。另外如何克服垫球时手臂疼痛也是垫球教学的一个难点。

三、垫球技术的教学步骤及练习方法

（一）教学步骤

1. 示　范

教师先以规范的完整动作进行示范，然后分解示范手臂动作。包括手型、以肩为轴动作、压腕、手臂触球部位等；身体动作，包括蹬腿、跟腰、提肩等。

侧面示范让学生观察全身动作，包括垫球前的判断移动动作，垫球的身体姿势，各关节角度，重点是手臂同上体的角度以及击球点、蹬腿跟重心动作等。正面示范让学生观察脚的位置、手型和手臂垫击部位等。

2. 讲　解

各种垫球技术在比赛中的作用；反射角原理在调整手臂反弹面时的应用；垫球技术动作多样，方位多变的特点等。结合示范，重点讲解垫球动作方法：垫球前的判断和移动、垫球的准备姿势、手臂动作、击球点、触球部位、垫球时全身协调用力及手臂用力的配合方法。

3. 组织练习过程

先进行徒手练习，然后垫固定球，垫同伴抛球，垫降低难度的来球，对垫球，结合其他技术练习垫球，在比赛中运用垫球技术。

4. 纠正错误动作

（二）主要练习方法

1. 徒手模仿

学生呈体操队形站位，按照动作方法要领，让学生原地做徒手模仿练习。教师领做，然后进行巡视。一定次数后，可分组练习，相互观摩，教师讲评。然后，学生看教师手势，移动后做徒手垫球动作。

2. 被动垫固定球

学生呈体操队形站位，两人一组，一人原地用垫球动作准备，一人双手持球下落，触击练习者手臂，使其体会垫球时的手臂触球部位。若干次后两人交换。

3. 主动垫固定球

同上队形，同上分组。一人双手持球于练习者腹前，另一人上步后做垫球动作击球。主动找准手臂触球部位和正确的手臂垫球角度。若干次后两人交换。

4. 一抛一垫

两人一组，一人抛球，一人垫球。先距离 3 米左右进行练习，体会迎球，找准垫球的手臂触球部位和击球点。然后加长距离到 5 米左右，体会全身协调发力。练习若干次后两人交换，并练习若干组。

5. 向前移动垫抛球

将学生分成两人一组的若干小组。几组学生同时从一边线出发开始练习，一人边后退边抛球，一人边向前移动边找球垫球，两人相距4米左右。到另一边线后，用同样方法返回。一个来回后两人交换练习。学生人数多时，一个来回后，换另几组学生练习，然后再交换角色练习。

6. 移动垫抛球

将学生分成四组，分别在两半场的1、5号区练习。每组一人在网前抛球，其他人距网7米处准备轮流垫球。先抛球到中场，练习向前移动垫球；再抛球到左右两侧，练习左右移动垫球。每人抛若干次球交换。

7. 两人对垫球

两人相距4~5米，连续对垫球。先不要求连续次数，然后逐步增加连续次数。

8. 连续自垫球

1人一球，或2~3人一球轮流练习。全场散开练习。原地向上连续垫球，高度可规定为1米、2米、3米，或一高一低垫球。为了增加练习的兴趣，可定时练习，比谁的球落地次数少。

9. 对墙连续垫球

1人一球，或2~3人一球，轮流练习。距墙2米左右，连续对墙垫球。30~50次为一组，由不限定落点到逐步固定垫球落点。

10. “V”字垫球

3~5人一组成等腰三角形，用一个球进行练习。两人间距2米左右抛球、接球，其他人在距离4米左右的位置变方向垫球，将A的抛球垫给B。10~15次后换两人练习抛球。

11. 3人三角垫球

3人一组成等边三角形，用一球连续垫球。顺时针方向垫球若干次，逆时针方向垫球若干次，最后不定路线，由学生自行决定垫球给谁。

12. 移动背垫球

两人一组，在场地的一侧边线处，并肩同一个朝向站立，1人向远处抛球，另1人判断抛球后，迅速移动将球背垫回来。若干次后两人交换。

13. 转身背垫球

3~5人一组，一人在网前抛球，其他人轮流练习。面对球网在3米线前后，待球抛出后，转身找球将球垫到网前或垫过网。两边场地可同时练习。

14. 一发一垫

两人一组，在两边线间相距9米，一发一垫。先用下手发球，视学生接发球水平，可变为上手发球，以增加接发球的难度。10次发接后，两人交换角色。

15. 不隔网接发球

3~5人一组，一人在网前发球，其他人在端线外轮流接发球，将球垫到中场。中场有一人接住球后抛给发球人，垫球后到中场接球。每人发8次球后交换。

16. 隔网接发球

将学生分成两组，在两个半场练习。各组一名学生到另半场的3米线附近发球，发6~8次球交换。另有一人在网前接住垫球抛给发球人。其他人轮流接发球。教师可轮流带组练习，并讲评接发球动作和效果。

17. 发球、接发球对抗

将学生分成两大组，各在半场。场上 3 人接发球，其他人在端线外轮流发球。听教师鸣哨，两边各发一球，发球有失误时补发一球。每发 8～10 次球，两边各换 3 人进场接发球。比哪边接发球到位的次数多。每边网前 3 号位一名学生接球并计数。

18. 一扣一接球

两人一组，一人自抛原地扣球，另一人在腹前将扣球接住。体会缓冲动作。10 次后两人变换角色。教师可轮流带几组学生练习。

19. 一扣一垫

两人相距 6～7 米，一人轻扣长线球，一人垫球。教师可轮流带扣球有困难的学生练习，保证扣球的质量。要求学生控制扣球力量。

20. 分组接扣球

将学生分成 4 组，分别在两边场地的 1、5 号位处练习。每组一名学生在球网附近原地自抛扣球，其他学生在后场 5～6 米处垫扣球。可以选择各组扣球较好的学生率先扣球。每人扣 5～8 次球后交换扣球人。教师可以扣球轮流带各组练习。

（三） 垫球技术教学中应注意的问题

1. 由于垫球时手臂疼痛，造成学生垫球手臂过于紧张，影响控制垫球的方向和落点。教师要教会学生克服恐惧心理，垫球时手臂放松，垫击果断，尽量用正确的动作垫球。

2. 由于平时生活中用手臂做动作的机会很少，因此，前臂垫击是教学的难点，学生初学时很难准确垫球部位。可以采用向前移动垫球的练习，帮助学生用正确的部位垫球。

3. “反射面”的垫球原理是提高垫球准确性的关键，教师要向学生讲清这一原理。教师要不断提示学生形成正确的垫击平面，并用提肩、蹬腿和跟腰的动作保证手臂的平动。

4. 垫球主要用于接发球、接扣球。教学时，要让学生了解不同技术运用时的区别，建立相应的正确动作定型。

四、垫球技术常犯错误与纠正方法

表 3－3　垫球技术常犯错误与纠正方法

常犯错误	纠正方法
两臂与身体夹角太小	1. 连续自垫练习，手臂抬起与地面平行 2. 近距离对垫或对墙垫
用力不协调	1. 反复强调膝关节屈伸的发力动作，并给予示范 2. 远距离对墙垫高球，教师给予助力，体会蹬送动作 3. 垫不同力量的来球，体会发力和缓冲动作

续表

常犯错误	纠正方法
垫击部位不准	1. 不同距离移动后垫球练习，体会小臂垫击部位 2. 连续向上自垫或对墙垫不同高度的球
屈肘垫球或手臂上撩	1. 强调降低重心、插到球下、以肩为轴的垫球动作 2. 垫远距离、低弧度球 3. 选择辅助设备，固定肘关节
两臂反射角度不佳	交叉垫近距离和远距离的球，学会调整手臂角度
对球判断不准确，人球关系保持不佳	1. 接不同距离尤其是远距离来球，提高判断能力 2. 接不同弧度和不同性能的来球

第五节　传球技术教学

一、传球技术的教学顺序

首先，学习原地正面双手上手传球。解决击球点、手型和用力问题，以建立正确的动作定型。专门学习移动传球，解决好移动后对准来球和停稳后将球传出的问题。

然后，学习变方向传球。注意移动迎球，把握转向出球方向的动作。

在此基础上学习网前二传技术。重点学习正面的二传技术，包括向左（2 号位）和向右（4 号位）转方向的传球。在学习了背传球技术后，可结合球网学习向前（4 号位）的正传和向后（2 号位）的背传。调整传球是在初级比赛中经常需要的，因此，在学习二传技术时可以结合学习调整传球技术，学会处理好人、球、网的位置关系，控制好传球的弧度和距离。

作为学校排球的教学，在完成以上内容的教学后若有时间还可介绍跳起传球或单手传球技术，并作为网上处理球技术加以运用。

二、传球技术的教学重点与难点

上手传球是排球中最早出现的基本技术之一，又是要求最细致准确且容易犯规的技术。

传球技术教学的重点是正确的传球手型、击球点和准确协调的用力方法，只有经常反复地练习，才能达到准确、熟练的程度。

传球技术教学的难点是“半球型”的手型，手指手腕的发力以及全身的协调发力。传球手型是一个独特的动作，手心不可触球。初学不易掌握，掌握不好又容易戳手指，尤其是拇指，可能造成学生害怕传球的心理。传球时，手指手腕的弹击发力是其他体育项目中没有的，生活中也很少出现，学生较难找到这种感觉，容易出现持球或拍球的动作。由于以上两个难点，学生往往顾此失彼，又可能造成全身协调发力的掌握难点。

二传是传球技术的主要用途，它是在第一次接球的基础上进行的，传球技术的运用取决于接发球和防守垫球的效果。为了有效地组织进攻，又要求传球技术有高度的准确性和针对性。因此，传球技术的运用是教学的又一难点。

三、传球技术的教学步骤与练习方法

（一） 教学步骤

1. 示　范

无论是学习正面双手传球，变方向传球或是网前二传技术，还是背传技术都要先进行完整动作示范。

分解示范：传球手型，手型的示范动作要慢；击球点；传球时伸臂和指腕的动作；传远球时下肢伸展的协调配合动作；如何迎球（尤其是在进行二传技术示范时）；如何移动找球；如何转向传球方向等。

示范位置：一般正面传球和背传球可以在两排队员的中间示范，也可在两排队员前面示范。网前二传技术的示范应在网前进行。

侧面示范：观察传球的基本身体姿势，传球时的击球点，手腕的缓冲动作，身体各部位的伸展动作和用力的方法；球飞行弧度、落点等。

正面示范：观察传球时肘关节及手臂的位置，击球时的手型，手指的触球部位等。

背面示范：观察传球手型、手与球的吻合和击球点等。

2. 讲　解

各种传球技术在比赛中的作用；传球动作的分类和技术特点；各项传球技术动作的主要环节：迎球、手型、击球点、用力（伸臂和手指手腕的弹力；传远球需蹬腿等身体动作的协调配合），二传球的飞行方向、弧度、落点等。讲解技术规格要领时应简明扼要，合乎动作结构，按手型、击球点和用力这一顺序逐一阐述清楚。

3. 组织练习过程

徒手练习，传固定球，自抛传球，传同伴抛来的球，移动传抛球，两人对传球，结合球网练习，结合其他技术练习，结合比赛练习。

4. 纠正错误动作

（二） 主要练习方法

1. 徒手模仿传球

体操队形，全体学生做好准备姿势，摆好传球手型，模仿传球手型。蹬地、伸臂，模仿传球动作，领悟动作过程。然后，两两学生相对，一人练习，一人观摩纠正。

2. 持球练习

两人一组，一人持球按照传球的击球点与手型，摆在额前，然后另一人将球拿掉，看手型是否正确，击球点位置是否合适。两人一组轮流练习。

3. 传固定球

组织形式：两人一组，一人用单手压住球，练习者用传球动作向上传送球，体会十指的触部位和全身协调用力。一定次数后两人交换。

4. 对墙近距离传球

每人一球，或两人一球轮流练习，距墙 20 ~ 50 厘米处连续传球。50 次一组，练习 2 ~3 组。

5. 自抛传球

两人一组，相距 3 米，自抛后将球传给同伴，同伴接住球后进行同样的练习（也可一人一球，对墙自抛传球）。近距离体会手指手腕的发力，中远距离体会全身的协调发力。根据不同的练习的目，可以选择不同的距离。

6. 传抛球

两人一组，相距 3 米左右。一人抛球，一人传球。8 ~ 10 次后交换练习。

7. 移动后传抛球

两人一组，相距 4 米左右，一人向练习者前、后、左、右 1 米左右的地方抛球，另一人移动后传球。先练习前后移动，再练习左右移动。8 次左右两人交换。

8. 两人连续对传球

两人相距 3 米左右，连续对传。不计连续的次数，球不合适时将球接住重新开始。待学生动作熟练后逐步过渡到要求连续次数，从少到多。

9. 原地自传高、低球

全场散开，每人一球。连续自传 30 厘米高的球一组；连续自传 1 米高的球一组；连续自传一高（2 米）一低（0.5 米）的球一组。每组 30 次。三组轮换进行。做 2 ~ 3 个循环。

10. 行进间自传球

3 ~ 4 人一组，将学生分成若干组，教师鸣哨后端线出发，自传行进到网前，然后持球从边线外返回到端线。各组听哨轮流练习。

也可将学生分成两组，从两边场地的 1 号位端线处开始，轮流沿边线自传行进，到网前转身顺网行进，到另一边线再转身行进自传（或后退自传）。前一人走出半场后，下一人开始练习。

11. 前后移动传球

两人一组，一人固定传一次长球、一次短球；另一人前后移动传球。移动距离在 1 米左右。10 次后两人交换。

12. 左右移动传球

一人固定向两侧传球，一人左右移动传球。移动距离在 2 米左右。10 次后两人交换。

13. "8"字跑动传球

根据学生的水平分成 3～8 人一组，水平越高人数可越少。成纵队直线跑动传球。从不计连续数到计数，再到组间进行比赛。

14. 隔网对传球

将学生分为三大组，各组学生分半在网的两侧，成纵队站 3 米线附近。在网的左、中、右各一组学生练习隔网对传球。先不计数，然后比赛各组的连续次数。

15. 行进间对传球

两人一组，自愿组合。每半场各若干组轮流练习。两个学生从端线出发，对传并行进到网前后持球从边线外返回。前组学生行进到中场后，下一组学生开始练习。练习 3～5 组后两人交换位置，再练习 3～5 组。

16. 3 人抛传球

3 人一组，站成等边三角形，距离 3 米左右。抛、传；接住球再抛、传；3 人轮流练习。顺时针、逆时针方向轮换做。

17. 3 人连续三角传球

同上分组形式，3 人连续传球。顺时针、逆时针方向轮流练习。从不计连续次数到计数，再到组间比赛连续次数。

18. 传垫起的球

3～5 人一组，站成三角形。一人抛球，一（两）人垫球，一（两）人传球。抛 10 次球后变换角色，轮流练习。

（1）网前自抛传球

将学生分成 4 组，网两侧各两组。网前 3 号位站位，自抛传球，一组传向 4 号位，一组传向 2 号位。每人传 8～10 次后，两组的传球位置交换。

（2）网前传抛球

将学生分为两大组，分别在球网两侧的 3 号位准备传球。一组由教师抛球，另一组由学生轮流抛球，在 3 米线附近抛球。每个学生轮流做二传，将球传向 4 号位。传完球后跑到 4 号位接住下一位同学的传球。一定时间后，教师换到另一组抛球。

也可将学生分成 4 组，在网两侧分别向 2 号位和 4 号位传球。一定次数后，两个方向交换。教师 4 组轮流抛球，观察并评价每个学生的传球效果。

（3）网前二传垫起的球

将学生分成 3 组，一组学生在中后场垫球，一组在网前准备传球，另一组接球或拣球。教师隔网抛球给垫球的学生，每人垫 6～8 次球后，3 组轮换。

（4）两人调整传球

组织形式：学生自愿组合为两人一组，自选在半场练习。两人分站 1、5 号位两腰附近，一人抛球，一人将球顺势传向 4 号位或 2 号位。5～8 次后两人交换位置继续练习。各组学生轮流练习。

（5）向4、2号位调整传球

将学生分成两大组，分别在两半场练习。教师（学生）在网前3号位抛球，学生在6号位判断移动后向2、4号位调整传球。

（6）调整传垫起的球

将学生分为4组，每两组在半场练习，其中一组在5号位附近，一组在1号位附近，教师（学生）在同半场网前抛球，抛给1号位学生垫球，5号位学生传球至2号位网前；或抛球给5号位学生垫球，1号位学生传球至4号位网前。垫（传）完球跑到另一组队尾。教师两半场交换抛球。网前的抛球也可增加难度为扣球。

（7）自抛对挡网（墙）背传

一人一球，或两人一球轮流练习。背对挡网或墙自抛背传球。

（8）背传抛球

学生自愿组合成3人一组，呈纵队。中间人背传，传球后转身传另一同伴抛来的球。两边人抛球、接球。10次后交换一人练习。

（9）连续正背传

3人一组，呈纵队。一人短传给中间人，中间人背传，接背传的学生长传给短传的学生，如此循环练习。若干次后，3人轮换位置，每个位置均练习一次。

（10）网前背传抛球

将学生分成两组，在网两侧3号位准备练习。教师或学生轮流在中场抛球，一个学生在2号位接球。轮流尝试练习背向二传。

（三）传球技术教学中应注意的问题

1. 传球技术动作要求比较细腻，其运用又处在中间环节，比垫球技术的运用难度大。因此，传球技术教学时应采用多样的练习方法，提高学生的练习兴趣和传球的适应能力。

2. 由于传球技术运用的难度大，教师在平时练习时要多鼓励学生，发现学生好的传球技术和好的传球效果要及时进行表扬，充分利用榜样的作用，增强大家学好传球技术的信心。

3. 教师在教学中要及时发现传球较好的学生，提前进行培养，为后面的扣球教学和比赛做准备。在扣球练习、串联练习以及比赛中，多对垫球和扣球环节提要求，多鼓励二传环节。教师对有意担任二传的学生一定要给予机会，并给予鼓励。

四、传球技术常犯错误与纠正方法

表 3－4　传球技术常犯错误与纠正方法

常犯错误	纠正方法
取位不及时，击球点不正确	1. 移动后用前额顶球 2. 移动后用正确的击球点接球 3. 传固定球，体会正确击球点，解决击球点高或低的错误
手型不正确	1. 用传球手型接球，并检查手型 2. 近距离对墙传球，或传固定球，检查手型并体会手指触球 3. 用小篮球传球，强迫将手张开
用力不正确、不协调	1. 一抛一传，传球后身体重心移向前脚 2. 自抛自传远距离球，强调蹬地伸臂力量 3. 自传一高一低球，解决手指手腕发力问题并体会协调发力

第六节　扣球技术教学

一、扣球技术教学顺序

由于目前勾手扣球已很少出现和运用，扣球技术就主要是正面扣球一种，其他在各个位置的扣球是一般正面扣球技术的运用。根据位置不同、离网远近的不同，扣球技术也有一定的区别。作为学校的排球教学，主要学习一般正面扣球技术，然后重点学习在 4 号位扣一般高球。根据教学大纲的内容和教学时数的多少再选择进行 2 号位扣一般球和 3 号位扣半高球，甚至 3 号位扣快球。

二、扣球技术的教学重点和难点

扣球是身体腾空后在空中完成的技术，动作结构复杂。因此，扣球技术教学要采用分解教学法，步法和手法分开教学，待两者有一定基础后再进行完整的扣球教学。

扣球助跑起跳教学的重点是：最后的踏跳步和协调的摆臂动作。

扣球挥臂动作教学的重点是：连贯的上肢鞭打动作和上旋球手法。

扣球空中击球动作教学的重点是：起跳时机和起跳点的选择；空中保持良好的人球关系；连贯的起跳和挥臂动作。

扣球技术教学的难点：第一，空中须保持良好的人球关系。除了掌握正确的助跑起跳动作外，还涉及学生的时空感、节奏感以及对来球的速度和弧度的判断。

第二，必备一定的体能条件。学生的身高或弹跳力、爆发力、挥臂速度等都会影响扣球技术的掌握和运用。

第三，须保证定点、定高度、定弧度的二传球。在完整扣球技术教学初期，稳定的传球对帮助学生保持良好的人球关系至关重要。若没有一个好的学生二传手，仅有教师传球，很难保证每个学生都能很快找好上步的时机。

第四，扣球技术是学生最愿意学习、最有兴趣的一项技术。在教学过程中，尤其是在挥臂动作的教学中，学生往往急于发力，导致动作僵硬，甚至出现错误动作。

三、扣球技术的教学步骤及练习方法

（一）教学步骤

1. 示　范

由于扣球技术需要采用分解教学的方法，因此，在教学的某一阶段就示范和讲解某一部分的动作。

示范位置以侧面示范为主，使学生看清助跑路线、起跳和空中击球动作。

（1）助跑起跳的示范

先完整示范 2 ~ 3 步的助跑起跳，然后分解示范踏跳步、摆臂动作和方向步等。示范位置可取网前，也可不结合网。示范脚间距时可取正面示范。

（2）扣球挥臂动作的示范

先完整示范动作方法，然后分解示范引臂动作、鞭打动作、包满球的手法动作等。扣球挥臂动作的示范可取教师对墙或挡网扣球，扣球手一侧对学生。完整示范时可用球，分解示范时以徒手为宜。手法示范时还可取背面示范。

（3）完整的空中扣球动作示范

先完整示范助跑起跳扣一般高球，然后分解示范扣球准备姿势、助跑起跳空中击球动作、落地动作。完整示范用球，分解示范可徒手。若没有合适的二传学生配合示范，可进行徒手的完整动作示范。

2. 讲　解

扣球在比赛中的作用；扣球技术动作的运用分类；扣球动作方法包括助跑起跳方法、挥臂击球动作方法及手法、空中击球动作方法、落地方法等；配合分解示范的讲解还要提醒学生注意观察的部位或动作环节，避免学生眼睛跟随球走而未观察到动作。

3. 组织练习过程

先进行助跑起跳和挥臂动作的分解练习，然后练习完整的空中扣球动作，最后结合位置扣球。助跑起跳的练习从技术重点的踏跳步开始，然后再练习两步、多步的助跑起跳。挥臂动作练习从徒手模仿开始，然后击打固定球、自抛扣球等。完整的空中扣球练习也是从徒手练习开始，然后是扣固定球，再扣抛球，最后扣二传球。

4. 纠正错误动作

（二）主要练习方法

以下的所有扣球练习均以右手扣球为例。

1. 助跑起跳练习方法

（1）原地起跳

学生呈体操队形站位。按教师口令：屈膝下蹲，蹬地起跳，同时两臂划弧摆动至胸前。体会协调的蹬地摆臂动作。

（2）一步踏跳

学生排成4排，与球网垂直站立，两臂间隔。按教师口令做踏跳步练习，从一侧边线练习到另一侧边线，再返回练习。先集体练习一个来回，然后分排进行练习。

（3）两步助跑起跳

同上的组织形式和练习方法。将一步起跳练习改为两步助跑起跳练习。教师可以用口令，帮助学生掌握助跑起跳节奏及两步之间的衔接。

（4）网前助跑起跳

将学生分成4人一组，在两半场的3米线附近准备练习。听教师哨声，两边各一组助跑起跳。组间轮换练习。练习节奏由慢到快，次数由少到多，开始进行一次练习，然后过渡到连续2次或3次练习，使学生不断熟练步法。

（5）网前不同位置助跑起跳

学生呈一路纵队站位，轮流从4号位附近的进攻线开始上网做助跑起跳，然后后撤到3号位附近的进攻线处，再上网助跑起跳，之后撤到2号位附近的进攻线，再上网助跑起跳。然后到另一边场地的4号位练习。如此做几个循环。

2. 挥臂击球练习方法

（1）徒手模仿练习

学生呈体操队形站位，教师先在队前、队中带做，然后学生自己练习，分组相互观摩、评比动作和纠正动作。教师可采用助力的方法帮助学生体会鞭打动作。

（2）体前击打固定球

学生呈体操队形站位，每人一球或两人一球轮流练习。学生左手托球于腹前，右手挥臂击打球，然后托球于胸前再进行击打练习。还可以举球在头上进行击打练习。

（3）对地击打球

每人一球或两人一球轮流练习，全场散开。学生左手持球并将球轻拍在地上，右手挥甩前臂和手腕击打反弹球，一次一次练习。练习一定时间后，可以进行看谁击打的球反弹最高的比赛。体会连贯的鞭打动作；甩腕主动，全手掌击球饱满。

（4）扣固定球

组织形式：两人一组，一人双手持球高举，另一人原地用中小力量挥臂扣球。5～8次后两人交换。要求学生认真持球，高度合适。

（5）扣撤手球

依据学生的身高分成5人一组的若干组，每组三球或每人一球，距墙（挡网）4米左右练习。各组一人右手高举球，其他人轮流扣球。击球的瞬间，举球的学生撤手让球扣出。每人举球5～8次后交换。教师轮流到各组举球组织练习，并评价每个学生的动作，纠正学生的错误动作，然后指导有困难的学生进行专门练习。

（6）原地自抛扣球

每人一球或两人一球轮流对墙（挡网）自抛扣球；或学生两人一组相距7米左右，自抛对扣球。

（7）原地一抛（一传）一扣

两人一组，相距7～8米，面对面站立。一人抛球或自抛球后传给同伴，另一人原地扣抛过来的球或传过来的球。扣6～8次后两人交换。应注意抛球（传球）的高度要合适。

（8）隔网原地扣抛球

将学生分成三组，分别在4、3、2号位附近练习。网高2米左右，放松网纲，身高较矮的学生在3号位练习。每组一名学生在距网1米处抛球，其他人轮流扣球，扣完球后拣球并继续练习。每人抛5～8次球后交换。

3. 完整扣球动作练习方法

（1）网前徒手助跑起跳扣球

学生分成4人一组的若干组，网两侧各几组轮流练习。教师鸣哨两边各一组助跑起跳扣球。熟练掌握助跑起跳与挥臂动作的衔接，体会人与球网的关系。

（2）网前助跑起跳扣固定球

将学生分为两组，一组由学生轮流站在凳上持球，持球距离球网50厘米以上，其他学生轮流扣撤手的固定球。另一组学生扣教师的低抛球，教师在学生做好助跑起跳、准备挥臂击球的瞬间，将球准确“喂”到学生手上，让学生扣球。一定时间后，教师换到另一组抛球。

（3）网前助跑起跳接抛球

将学生分为两组，在球网同侧练习。根据学生的身高安排分组和练习位置。一组由教师抛球，另一组由学生轮流抛球，尽量控制抛球的高度和落点。学生轮流助跑起跳，在空中最高点用双手将球接住，然后把球返回给抛球的学生或教师。教师在各组间轮流抛球，观察学生的动作，并纠正他们的动作。教师可以用口令帮助学生找好上步的节奏和起跳的时间。

（4）网前助跑起跳扣抛球

将学生分成两大组，在球网同侧练习。一组由教师抛球，另一组由学生轮流抛球，每人抛5次球后交换，抛球的弧度适中，并尽量固定。教师在两组间交换抛球，并继续用口令帮助学生找球。

（5）4 号位扣二传球

在 4 号位 3 米线附近，扣球人自传或抛球给教师，然后助跑起跳扣球。教师先做二传，学生轮流扣球，然后教师挑选出掌握动作较好的学生到另半场 4 号位，指定传球较好的学生先传球组织扣球，再过渡到由愿意尝试二传的学生轮流传球。

（6）专位扣球

安排相同位置扣球时，在球网两侧练习；安排两个位置练习时，在球网同侧进行。3 号位扣球适合在球网同侧练习。可以由攻手自己给二传抛球或传球，也可以由专人给二传抛球，还可以由下一个准备扣球的人抛球。

（三） 扣球技术教学中应注意的问题

1. 扣球教学中，学生更重视扣球挥臂动作的学习，容易忽略助跑起跳动作，但助跑起跳是解决好人与球关系的关键点，因此，教师要提醒学生重视并认真学好助跑起跳动作，力争达到娴熟的程度。

2. 扣球教学的开始阶段，最好由教师或传球技术水平较好的学生担任二传，这对学生掌握起跳时机和选择起跳点、学会空中扣球技术有较大帮助。

3. 上旋的扣球手法比较难掌握，教学中不必过分强调上旋球手法，而应要求学生完整地做好弧形挥臂动作的每一个环节，直至最后的手腕动作。

4. 扣球教学中，一般不要比较学生的扣球力量，而应比较学生扣球技术的掌握情况，比谁扣球包得满、打得脆、扣球时机好及击球点好等。

四、扣球技术常犯错误与纠正方法

表 3－5　扣球技术常犯错误与纠正方法

常犯错误	纠正方法
助跑起跳前冲，起跳点选择不好	1. 在地上划出起跳点和落地点的限制线进行练习 2. 助跑起跳接不同网距和不同拉开程度的抛球，提高找球能力
助跑起动时机不当	1. 以口令、信号帮助学生找好助跑时间和起动时机 2. 助跑起跳接不同高度的抛球，提高找球能力
击球点保持不好	1. 改进助跑起跳，把握起跳时机和起跳点 2. 固定二传球，帮助学生找好正确的击球点
挥臂没有鞭甩动作	1. 反复徒手挥臂，强调发力顺序和手臂放松 2. 挥臂甩球皮或网球或羽毛球
击球手包不满球，球不旋转	1. 扣固定球，要求每次都全手掌包满球 2. 对墙自抛扣高球，提高挥臂击球速度 3. 3 米线附近隔低网原地自抛扣球，改进上旋球手法

第七节　拦网技术教学

一、拦网技术的教学顺序

首先学习单人拦网，掌握单人拦网的全过程，包括移动拦网。

然后学习双人拦网。学习配合的原则，培养配合的意识，掌握各个位置的配合方法。在一般学校进行排球教学，能够掌握双人拦网的配合就足够了。

二、拦网技术教学的重点和难点

拦网动作是在空中扣拦对抗的情况下完成的，基本动作虽然比较容易学会，但要拦好各种扣球很困难。

拦网技术教学的重点是正确的伸臂拦网动作以及如何选择拦网起跳的点和时机。

拦网技术运用的难点是正确地判断对方进攻的过网点和过网时间。在网上的扣拦对抗矛盾中，拦网处在被动的方面，因此，判断就显得非常重要。

拦网教学的一个难点是其对立面——扣球的水平。扣球质量对学习拦网技术的效果有很大影响。

拦网教学的另一难点是形成拦网判断的意识。意识含有一定经验的因素，没有许多成功或失败的拦网经历是很难形成良好的判断意识的。这一难点又与前一难点有关。

三、拦网技术的教学步骤及练习方法

（一）教学步骤

1. 示　范

以完整示范为主，然后分解示范拦网的准备姿势、摆臂起跳方法、空中击球手法、移动步法和落地动作等。

示范位置：在网前进行示范。

正面示范，让学生观察拦网的基本取位，手臂的位置、摆动，拦网手型和拦击动作。

侧面示范，让学生观察拦网时手臂与身体的位置关系，身体与网的距离等。

背面示范，让学生观察拦网的起跳动作、伸臂动作、拦网手法等。

2. 讲　解

拦网的作用；拦网的技术的特点；拦网技术的分类；拦网技术动作的方法及要领等。

3. 组织练习过程

原地伸臂练习，网前原地起跳拦网，移动徒手拦网，拦固定扣球，拦扣球进攻，配合拦网。

4. 纠正错误动作

（二）主要练习方法

1. 单人拦网练习方法

（1）徒手原地伸臂拦网

学生呈体操队形站位，在网前轮流做原地徒手伸臂动作，或轮流对墙做徒手伸臂动作。

（2）徒手原地起跳拦网

3 人一组，在球网的两侧各若干组。一组练习，其他组在 3 米线附近准备。教师鸣哨后学生开始起跳拦网，练习 3 ~5 次后换组。

（3）徒手移动拦网

同上分组，球网两边各一组练习，其他组在 3 米线附近准备。面对教师的学生看教师手势移动拦网，背对教师的学生跟着对方的学生移动拦网。练习若干组后，教师到另半场组织练习。可以分别练习并步、滑步或交叉步移动拦网。

（4）原地（移动）起跳拦高台固定球

将学生分成三组，在网同侧练习。教师或学生站在凳子上双手持球于网上，其他学生轮流起跳拦网。每人拦 1 ~2 次后换持球学生。先进行原地起跳拦网练习，再进行移动起跳拦网练习，站在持球的两侧，移动去拦球。

（5）拦高台扣球

教师在高台扣固定路线球，学生起跳拦网。将学生分成两组，一组练习，一组拣球、观摩、休息。先进行原地起跳拦网，然后进行移动起跳拦网。每人拦 3 次。

（6）单人拦扣球

教师组织 4 号位扣球，一名学生在另半场拦网，其他学生轮流扣球。拦网的学生拦到一次球，或完成 5 次起跳拦网则换人。

2. 双人拦网练习方法

（1）原地徒手双人拦网

两人一组，网两侧各 3 组同时练习，分别站 2、3、4 号位附近，听哨声同时起跳拦网。练习 3 ~5 次后，换其他组练习。

（2）移动徒手配合拦网

网前 2、4 号位各两名学生，其他学生在 3 号位站成两路纵队。3 个位置同时组成双人配合徒手拦网，落地后 2、4 号位外侧学生撤下并排到 3 号位队后准备下一次练习，3 号位两人分别移动至 2、4 号位重新组成双人拦网。3 号位另外上两名队员组成双人拦网。循环进行。练习一定次数后，左右两侧的学生交换位置。

（3）判断移动徒手双人拦网

两名学生分别在2、4号位，其他学生在3号位站成一路纵队准备练习。教师在对方场地，3号位学生观察教师的手势，同方向移动组成双人拦网。学生在移动拦网后留在其移动到的位置，准备下一次练习，原外侧的学生排到3号位队伍后面。

（4）判断、反应、移动双人拦网

将上一练习的网一侧练习改变为网两侧练习。背对教师的一组成为被动组，要根据对方的动作决定自己的行动。一定次数的练习后，教师换到另半场，交换主、被动方。6名学生在场上练习，其他学生在场地外观摩、思考、休息。一组学生完成练习后，换6名学生上场练习。

（5）双人配合拦扣球

教师在4号位组织中网扣球，学生轮流扣球。一名学生在对方2号位准备拦网，另一名学生在3号位准备配合拦网，等教师传球出手后移动组成双人拦网。两人有效拦网一次后换拦网人。

（6）判断移动双人拦网

教师组织两点进攻，一名学生在中场给教师抛球，其他学生在2、4号位准备扣球。3名学生在另半场的2、3、4号位准备拦网。教师任意组织2号位或4号位进攻，拦网的学生判断后组成双人拦网。有效拦网1~2次后，换3名学生拦网。

（三）拦网技术教学中应注意的问题

1. 学生在进行扣拦对抗中的拦网练习时，往往由于拦不到球而情绪低落。因此，教学中教师在提高学生对拦网重要性认识的同时，要注意安排好扣球，让队员能拦到球。

2. 在初学拦网阶段，学生常常把握不好起跳时间，因而体会不到拦球捂盖动作。教师应利用分解教学，采用抛球至拦网手的练习方法，解决起跳动作和击球动作，逐步体会拦网的完整动作。

3. 在进行扣拦对抗练习时，教师一定要提醒学生不过线、不碰网，并注意球网附近的球，安全第一。

四、拦网技术常犯错误与纠正方法

表3-6　拦网技术常犯错误与纠正方法

常犯错误	纠正方法
起跳时机不当	1. 用口令帮助学生选择起跳时机 2. 抛不同高度的球进行判断起跳练习
起跳后身体碰网	1. 反复练习起跳后的含胸收腹动作 2. 网前双手持球起跳，含胸收腹向下掷球

续表

常犯错误	纠正方法
拦网时双手扑网	1. 徒手练习提肩屈腕拦击动作 2. 网前双手持球起跳，含胸收腹甩腕向下掷球
手离网太远	1. 反复做原地和移动后跳起后双手伸过网的练习 2. 拦固定在对方网口的球

教法考试案例（表 3－7）

成绩分配 / 考试内容	示范部分（占 20 分）	教学部分（共占 80 分）					总成绩
		讲解 15 分	示范 10 分	组织能力 20 分	教法选择 30 分	时间掌握 5 分	
抽签内容							
各部分成绩							

本章思考题

1. 观察排球普修课，发现存在哪些垫球技术的错误动作。
2. 选择怎样的教学步骤和方法能够尽量避免传球手型的错误？
3. 进行扣球技术教学时，男女生的教学难点有何区别？
4. 发球技术教学的重点有哪些？
5. 进行排球技术教学时，如何配合使用示范和讲解方法？
6. 在教学实践中，尝试运用一些纠错方法帮助同学纠正错误动作。

参考文献

[1]孙平. 现代排球技战术教学法[M]. 北京:北京体育大学出版社,2006(第 1 版).
[2]排球精品课程团队. 排球(国家级精品课程教材)[M]. 北京:北京体育大学出版社,2009(第 1 版).
[3]乌尔里希·费舍尔,等. 排球教学[M]. 甄珍,译. 北京:北京体育大学出版社,2006.
[4]孙平. 排球教学文件的制订与范例[M]. 北京:北京体育大学出版社,2011.
[5]排球精品课程团队. 排球[EB/OL]. http://121.194.17.18/eol/jpk/course/welcome.jsp? courseId =1041.

第四章　排球技术训练方法

本章概要

技术是战术的基础，技术和战术之间息息相关。有什么样的技术就打什么样的战术，同时，想发展什么样的战术就要练什么样的技术，打什么样的技术基础。排球训练不是单一的，应是将技术、战术、身体和心理等融为一体的训练。本章主要内容以技术的训练方法为主，主要任务是在初步掌握发球、垫球、传球、扣球和拦网等技术的动作方法及要领的基础上，提高对其技术的运用，并能在技术串联、战术打法及比赛中灵活运用。

第一节　准备姿势和移动的训练

对准备姿势的训练要求既要严格，又要合理。学生常常忽略做好准备姿势，教师如不严格要求就会使学生养成不良习惯，进而影响训练效果。所以，在训练前教师必须向学生明确准备姿势的重要性并一贯地严格要求学生，使其重视起来。准备姿势与移动动作结构较为简单，但移动素质又是构成排球运动竞技能力的重要因素之一。因此，在通过模仿练习掌握准备姿势和移动的动作要领之后，应着重提高不同移动步法的移动速度和快速改变移动方向的能力。其方法可通过提高腿部力量、跑速、身体的灵活性和协调性等练习方法及手段得以实现。移动的步法、速度及变方向能力还要通过与各项技战术练习和比赛性练习的紧密结合，才能将其转化为取得优异成绩的竞技能力。

一、准备姿势的主要练习方法

准备姿势的练习比较枯燥，可以采用多样化的练习方法，也可采用游戏的形式进行，以提高学生的积极性。具体方法可以参照第三章技术教学部分中的练习方法。

二、移动的主要练习方法

（一）起动练习

在场地端线位置处做各种移动步法练习，听哨迅速启动冲过中线。

（二）看手势变换移动步法练习

两人一组，分别站在端线，先用准备姿势做小碎步，看教师手势作相应的动作：左手 1 个手指，向左做交叉步；左手 2 个手指，向左做滑步移动；右手 1 个手指，向右做交叉步；右手 2 个手指，向右做滑步移动。

（三）移动钻球练习

学生在规定地点做好移动准备，教师用力抛球，学生从反弹球中利用稍蹲、半蹲及低姿三次快速从球下钻过。

（四）移动接球练习

学生两人一球，一个人任意抛乱球，一人移动接球。接球学生移动要快，一个动作接一个动作。

第二节　传球的训练方法

一、传球技术的特点

传球技术动作细腻，需要有高度的协调性，手指、手腕要有较强的控制能力，才能把球传好。要培养一个好的二传队员，相当困难。

传球技术的运用，多数情况下是传同伴送来的球，传出球要改变方向，改变弧度，改变速度。对传球队员的本体感、时空感要求极高。因此，传球要天天练、经常练。传球需要较强的手指、手腕力量，青少年在传球时容易戳手，从而造成传球教学训练的心理障碍。

二、传球的辅助性练习

传球的辅助性练习是为了提高手指、手腕的伸展性、力量、弹击能力以及改进传球的手型、提高击球用力的技巧和手感。练习的方法多种多样，如，提高指腕伸展性的练习有手指、手腕的屈伸、十指对撑、对墙或地上做手指撑、十指交叉握住做腕旋转等；提高手指、手腕传球力量的练习有用手指抓握网球或散沙、用手指撑地做各种俯撑、双手持一定的重物做连续向斜上方推举等；提高传球弹击力和改进传球手型的练习有二人对传实心球，二人对传足、篮球，个人对墙平传球，二人坐地相距 4 ~ 5 米传球、一人抛球，另一人俯卧抬头传球。

三、传球基本技术练习

传球是一项精确细腻的技术，既要掌握合理正确的动作要领，又要能根据比赛中的场上具体情况，灵活准确地传出各种适于进攻的好球。

（一）传球的基本技术练习的重点

要在起动移动上下工夫，提高适应能力，做到选好传球位置和击球点；要练好手上的工夫，提高手指、手腕的敏感性和控制能力，练好向不同距离和方向传球的准确性；要提高眼功和注意力分配的能力，提高环视能力，善于观察分析彼我双方情况，组织最合理、有利的进攻；要在练习过程中提高战术意识，传球时要根据本方扣手的特点，因人制宜；也要想法避开对方的拦网。学习排球或组队开始，首先要挑选一个好的二传手。这个二传手应当是头脑冷静、意志顽强、作风泼辣、勇于负责、善于带动别人和技术全面的人。二传技术、战术的培养，一定要密切结合一攻、反攻的实战，需要进行长期不懈的训练。

（二）传球基本技术练习的方法

1. 移动传球

个人原地或结合各种移动步法的自传，并对传球的高度、弧度和落点提出不同的要求。

2. 单人移动传球练习

（1）一人一球在场内向前后左右移动自传；要求移动要快，先卡位后再传球。

（2）一人一球，摸地自传球。要求 50 ~ 100 次不等。

（3）一人一球，自抛后对墙左右用交叉步或滑步移动传球，距离由近到远。要求：区分自传与对传的击球部位和击球点以及传球时手指、手腕发力的顺序。

（4）一人一球，对墙前后移动传球。要求注意传球部位。

（5）一人一球，网前自抛后传球，要求传球高于网且与网平行，注意全身协调发力。

（6）一人一球，自抛后对篮筐传球，或对墙上的标记物传球。要求同上。

（7）一人持球行进间自传球，从端线行进到中线。要求：中间不要让球落地，球离手 50 厘米左右。

（8）一人连续起跳自传球。传球高度由低到高（20 厘米 ~ 1 米）。要求：尽量跳起，在空中完成传球动作。

（9）单人自传。要求：自传球过程中看同伴给出手势报数。训练眼睛大胆离开球再迅速找球的能力，培养环视意识。

（10）对墙自垫自传。要求：对墙传球弹回后，自己将球向上垫起，然后移动对准球再对墙传，如此连续进行。培养学生的反应、移动和找准击球点的能力。

3. 双人移动传球练习

（1）两人一组，自抛球后传给同伴，同伴进行同样练习。要求：距离由近到远：3 米距离时，重点解决手指、手腕发力；4 米距离时，重点解决伸臂发力；5 米距离时重点解决腿部及全身协调发力。

（2）两人一组左右移动传球。两人相距 3 ~ 4 米左右，左右抛球，抛球高度足够移动。要求：传左边的球时左脚在前，传右边球时右脚卡位。

（3）两人一组前后移动传球。两人相距 3 ~ 4 米左右，前后抛球，抛球高度足够移动。

（4）两人一球相距 3 ~ 4 米跳传。方法同 2。

（5）两人轮流向两侧对墙传球。一队员向右侧墙传球弹回后另一队员向右侧墙传球。也可在墙上设目标，练习各种弧度和提高传球的准确性。

（6）两人轮流向两侧对墙跳传球。方法同上。

（7）两人一组墙边跳传。一人靠墙站立，另一人将球传到其头上，其在墙边起跳将球贴近墙垂直向上传。落地后再把球传回另一人，如此循环。此练习主要目的是提高在网前跳传时不碰网、不过中线的身体控制能力。

（8）两人一球相距 6 米对传。两人隔网分别站在三米线上对传所要求的次数。要求：

中间尽量不失误，传球时不能进入三米线内，体会全身发力的协调动作。

（9）两人一球在对传中向两边移动摸线，完成所要求的次数。

（10）两人对墙一正一背传球。可以固定一人正传，一人背传；也可以两人交换位置。

如，二人对传练习中的一人固定，另一人前后左右移动传；每人自传一次，然后再传给对方；向前自传，然后再传给对方；向左右侧传球，移动对准再传给对方；自传身后，转身背传给对方等等。

4. 多人传球练习

（1）三人顺网传球。要求：中间传球人背传。

（2）三人三角传球。要求：传球时脚步转过来，面向传球人。

（3）网前三角正面、背面传球。要求同上。

（4）向 4 号位调整传球，变换位置。

（5）多人跑动传球。用一个或两个球做练习，前排人传直线，后排人传斜线，学生跟着传球路线跑动，即：球传到哪个地方人就跑到哪个地方等着接应传下一个球。要求：先判断取位后再传球，传球时注意弯腿蹬地，手指手腕主动发力。

第三节　垫球的训练方法

一、垫球技术的特点

（一）被动性

垫球是一种防守技术，而防守技术的运用是被动行为。完成防守动作前必须根据来球情况进行判断、移动和取位。来什么球，相应就应做什么动作，完全是被动的。

（二）多样性

进攻来球的多样性，决定了防守垫球技术的多样性。比赛中防守技术动作千姿百态，从高姿挡球到低姿鱼跃、滚翻，不仅要用双手垫击，也要用单手扑救，显示防守动作的复杂与难度。这些技术动作的要领和使用方法都不尽相同，要求队员都要掌握它且熟练地去运用，这样才能提高防守的效果。只有根据自己的身体条件，掌握多样防守动作，并结合全队的分工布局，掌握专位的防守的特点，才能适应比赛的需要。

（三） 勇敢性

对方来球中，大力发球和前后排的大力扣杀，攻势强大、气势夺人。需要防守者有主动精神和勇气去迎击来球。救一个距离远而又即将落地的球，或是鱼跃，或是滚翻，需要运动员有一种奋不顾身的拼搏精神。

二、垫球技术训练

垫球技术训练必须严格要求，结合培养作风去练。尤其是接扣球技术是各项技术训练中最艰苦的项目，能培养顽强刻苦的作风。

（一） 垫球技术的重点

在动中练垫球技术，必须判断准确、移动及时、取位合适，做好准备姿势才能提高控制球的能力。因此，垫球的训练，要结合判断和取位，在移动中进行训练，才能提高垫球技术的实效。在进行垫球技术训练的同时，要加强身体素质的训练。垫球技术效果除了技术因素以外，很大程度上取决于队员的移动速度和反应能力。只有队员的移动快、反应敏捷、卡住扣球路线，才能提高垫球技术的质量。

垫球技术是接发进攻和接扣球进攻的基础，因此，垫球技术的训练要密切结合二传、扣球和拦网等技术的运用。垫球技术训练要有明确的目的性，要结合实战的需要。

（二） 接发球垫球技术的训练方法

1. 在相对简单条件下的接发球练习

其目的是为了掌握接发球的技术动作要领，提高接发球动作的时空敏感度。练习的方法有多种多样，但练习步骤的安排应从易到难。如，单人连续或多人轮流接教练员短距离不隔网的发球；接教练员隔网短距离发球；接教练员隔网高台发球；接对方发球区发过来的球。其主要练习形式如下。

（1）一发一接：12 个人分成四组，每组 3 个人。一人场地中间接发球，一人网前捡球，另一人发球区域发球；若干次后换人。

（2）定位接发球：由教练员或发球准确性较高的队员发球，三人轮流在某一个位置接发球，强化队员在此位置上脚步的卡位和控制腰腹的用力方向。

（3）三人一组循环接发球：对方发球区域发球，发若干次直线球后再换成斜线。也可增加难度站在高台上发球，增加发球的速度，提高接发球的难度；或一人连续接两个球左、右各一个，然后再循环下一个队员。

（4）四人接发球：四人浅盘式站位接一传，完成一定的数量或时间后再轮转换位。

（5）五人接发球：主要解决五个接发球队员的正确站位和相互之间的分工配合，练习方法同上。

2. 通过发接对抗练习，提高接发球技术水平

其主要练习形式如下。

（1）两人一组，一发一接进行发接对抗练习。要求划定发接区域，一人接发球的区域以半个场区为宜，或接对方的直线发球，或接对方的斜线发球。

（2）二发二（或三发三接）接对抗。两人在对场发球，两人全场接发球。计算发球的次数和接发球的到位率，以激发竞争心理，提高练习过程中的注意力。

（3）四人站位接发球练习或五人站位接发球练习。按比赛中接发球的阵型站位，规定每轮次接发球的次数，或接发球到位的次数，进行轮换接发球练习。

3. 结合扣球进攻的接发球练习

（1）两人一组，一人接发球，一人调整传球，然后接发球的队员再扣球进攻。

（2）三人一组接发球组织进攻练习。两人准备接发球，一人在网前准备做二传，将对方的发球接起来后，进行扣球进攻。这种练习形式，可结合进攻战术的各种打法形式进行练习。

（3）四人一组接发球组织进攻练习。三人准备接发球，一人在网前准备做二传，将对方的发球接起来后，进行扣球进攻。

（4）六人接发球组织进攻。六人按比赛阵型站位接发球，接起发球后，由二传队员根据本队的战术打法组织扣球进攻。每个轮次规定完成接发球的次数或组成战术进攻的次数，然后轮换。

（三）接扣球防守垫球技术的训练方法

接扣球防守技术训练在时间上占较大的比重，训练的方法手段很多，现将其主要方法简要介绍如下。

1. 单人防守练习

单人防守练习的方法很多，如：

（1）单人专位防守：4 号位下撤防一重扣，再向前防一吊球，防吊球后再跑回原位防小斜线一重扣。反复练习。2 号位也可用此方法。同时，后排专位练习也可用此方法。

（2）单人防一吊球后再转身去防一个高远球。反复练习。

（3）单人往返防两侧球。可用侧垫、单手垫、倒地和滚翻等方法救起来球。反复练习。

（4）单人半场防乱球。教练员用扣、抛、掷方法供球，队员根据来球做防守动作。

2. 多人防守练习

（1）两人半场防乱球。教练员用扣、抛、掷方法供球，一个队员根据来球做防守动作，另一名队员接应。也可加大难度，教练员站在高台上进行供球。

（2）教练员在 2 号区扣球或吊球。三人在 5 号位纵队轮流防守。

（3）教练员在 3 号区扣球或吊球。三人在 6 号位连续跑动防两侧球，

（4）教练员在 4 号区扣球或吊球。三人在 4 号位网边轮流内撤防吊球。

（5）三人防全场。教练员在对方 2、4 号位高台进攻，扣、吊结合，队员防起到位。

3. 防守与调整传球结合练习

（1）专位防、调。主攻队员防守，二传队员插上传球，主攻手再接应调整。或在 6 号位防起，由 3 号位副攻进行背传球。

（2）两人一组，5 号位防守，1 号位调整传球或 1 号位调整传球，5 号位防守。

（3）连续防调。教练员用两个球轮流扣，1 号位防起，5 号位调给 2 号位的二传队员，二传队员再传回教练员。要求：使用两个球连续不断地进行 10 ~ 15 次。教练员也可在 3 号位、2 号位扣球。

（4）两人跑动防、调练习。教练员站在高台上，轮流扣向两边。队员每次防、调后都绕过障碍。

（5）后排三人防守，一人防起后，另外两人上步准备做调传。

（6）四人两边轮流跑动防、调。教练员站在高台上向两边轮流扣球，队员防、调后迅速回到端线，再迎上去防调。

（7）五人扣、防、调练习。前排两人扣或吊，后排三人防起即调整传球。前排两人可以互相转移后再扣或吊，要根据来球判断选位做防守动作。

4. 防守、调整传球与扣球练习

（1）6 号位防守，1 号位调整传球，4 号位扣球。防与调可互相换位，或调传若干次后交换。

（2）教练员站在网前扣与吊，后排三人防、调，前排两人专门进攻。

（3）对方 2、4 号位扣一般球，本方 1、6、5 号位防守，防起后，一人传另两人进攻。

（4）拦网后防、调、扣。4 号位队员拦网后下撤防小斜线重扣或吊球，防起后准备进攻二传给调起的球或 2 号位队员拦网后下撤防小斜线重扣或吊球，防起后准备进攻二传或副攻给调起的球。

（5）三人一组。接对方远网扣球后组织反攻。

（6）一人连续防守，三人调整，二人进攻。教练员可扣可吊，调整人要随防守人的位置变化而变化。

5. 综合攻防练习

（1）二对二攻、防、调、攻练习。规定扣球位置及线路落点。

（2）三对三后场攻防练习。可由教练员在场外抛发球也可防 4 号位远网球扣球后，调整反攻。三人一组联防，专位练习防、调，由 4、3、2 号位专人扣远网调整球。成死球后由教练员连续给球，两边不停地进行防、调、扣。

（3）四对四攻防。前排一人拦网并调整传球，后排 5、6、1 号位三人防守并反攻扣球。

（4）六对六综合攻防。教练员在场外抛球，双方按比赛方法进行对抗。

第四节　发球技术的训练方法

一、发球技术的特点

在排球比赛中发球技术是运动员唯一能够独自完成的技术动作，不需同伴配合，不受对方影响。比赛中，运动员可以自己确定发球的方式、站立位置、飞行性能以及发出球的速度、方向、弧度、落点等。比赛时，运动员在熟练掌握一种或多种发球技术的基础上，根据对方接发球阵容、技术特点和接发球队员的具体情况，都可以发出有攻击性的球，从而达到预期的目的。

比赛中发球技术的运用易受心理因素的影响。发球时运动员心理状态的稳定程度在很大程度上决定着发球的质量和成功率。技术熟练、心理稳定就能发出有攻击性的球；反之，优柔寡断、信心不足、怕失误，发球效果就不可能理想，甚至失败。因此，排除不良心理因素的影响，坚定发球的信心，大胆发挥技术是提高发球质量的重要条件。

二、发球技术的训练方法

发球训练要有计划、有步骤地系统安排。基础训练阶段要打好基础，苦练基本功；专项提高阶段要学习最先进的发球技术，并改革创新、形成自己的发球特点与专长。最佳竞技阶段和竞技保持阶段也要善于学习和创新，根据比赛对手的特点不断提高发球的质量，为创造优异运动成绩提供有力的保障。

作为一个球队来说，要做到个人发球有专长、全队发球多样化。一方面可增强全队发球的攻击性；另一方面，多样化的发球为本队接发球能力的提高，树立了强有力、多样化的对立面，一举两得。

发球的训练既要注重发球的攻击性和稳定性，又要注重发球的实战适应能力。应创设实战环境、按照实战的需要和要求，组织安排发球的训练。以练以致用为发球训练的根本目的。

提高发球技战术水平的方法练习很多，根据训练的目的可将发球的训练方法和手段分为提高准确性的练习、提高攻击性的练习、提高心理稳定性的练习和提高实战能力的练习。具体的练习方法多不胜举，以下介绍一些训练常用的练习方法。

（一）提高准确性的练习方法

1. 规定发球的次数和成功率，并制定奖惩办法，以刺激发球成功率的提高。
2. 将场地划分为不同的区域，规定发球的落点及成功率，并制定奖惩办法。

3. 不同人数的发、接对抗练习。统计发球的成功率，包括得分、破攻、一般和失误等项内容。

4. 要求质量的发球：全队分两组，分别在两边的发球区发球。每人发 10 个球后，到教练员处登记发好几个球和失误的数字，然后跑到另一边继续发球。要求：发若干组，计算每人总的成功率。可以根据不同水平要求每个人达到一定的指标。

5. 固定落点发球训练：按照一般接发球站位容易出现的空当，在场内摆上各种标志物或划出一定范围，要求发入指定区内若干次，并要求发出的球有一定的威力。

6. 提高把握性的发球训练：全队分两组在场地的两边发球，每人连发 10 个（或若干个）好球算完成一组。要求完成 2 ~4 组，或比赛谁先完成 2 ~4 组。

（二） 提高攻击性的练习方法

1. 对墙或对网发球。改善击球的速度、力量及动作的协调能力。

2. 在场地上分别设置与球网不同距离的标志线，让运动员从近距离开始向远距离依次发球。提高击球的力度、对击球动作的分化能力以及击球动作的稳定性、适应性。

3. 发接对抗练习。统计得分率，并制定奖惩办法。

4. 三发三接，分组对抗赛。看哪组先发球得 10 分或 15 分，然后发球和接发球人对换，继续比赛。

（三） 提高稳定性的练习方法

1. 规定一定数量的发球训练：根据发球技术水平，在规定的时间内，要求每人发一定数量的好球（如 50 ~100 次）。一般可安排在训练课的最后进行。

2. 连续发好球训练：根据每个队员不同发球方法和水平，分别要求连续发好若干球（如 10 ~30 个好球），如中间有失误，需重新发。这是一种要求高度精神集中和锻炼意志的训练，应严格要求，坚持完成。

3. 按时间轮换发球：全队分两组，站在场地的两边，每边有 3 个人发球，其他人可以练习接发球等技术和给发球人拣球。比如，每边有 6 人，除 3 人发球外，另三人可都接发球；可两人接，一人练二传；可一人接，一人向 4 号位（或 2 号位）二传，另一人在 4 号位捡球供给发球人（或跳起练吊 1 号位后脚，同时也起到拣球的作用）。按一定时间轮换发球。

（四） 提高实战能力的练习方法

1. 完成其他技战术环节后，立即发球。如，扣球后、防守后等立即去发球。规定练习的次数和成功率，并制定奖惩办法

2. 完成其它技战术环节后，立即发球的发、接对抗。对抗的人数一至六人数不等。规定练习的次数和成功率，并制定奖惩办法

3. 以提高发球实战能力为目的，不计胜负进行教学比赛甚至是非重大的正式比赛。

4. 提高全队成功率的发球训练方法：全队分为两组，分别站在场地的两边发球，每

组分别轮流发球，要求每人都发好一个球（如6个人，则需连续发好6个球），算得一分。任何一组只要有一个人发球失误，该组则从头算起。教练员可分别为两组计数、计分，最后评比。有一定水平的队，还可提出质量要求，比如，教练员认为无威力的球不予计数，但可不从头算起。

5. 重视减少发球失误的训练方法：不少运动员平时常常对练发球不够重视，发球失误也不在乎。如遇这种情况，在发球练习时，可采用如下办法促其重视、减少失误：谁发坏一个球，立即跑步到教练员处登记并要求说明发球失误的原因，教练员进行技术指导或提出要求；另一种方法是谁发失误就立即围球场跑一圈（或跑进场内做一次滚翻或鱼跃动作），再回来继续发球。

6. 接近比赛情况的发球训练：要求队员每发完一个球就跑进场内做一个（或几个）防守（如前扑、滚翻、鱼跃）、扣球、拦网等徒手动作，再跑回发球区发球。也可以在扣球和拦网之后立即去发球，或发完球后，规定跑到5号位或6号位去防教练员扣（或抛）过来的球等。这样，可以使队员在脉搏、呼吸和精神状态上都比较接近比赛的实际情况下进行发球的练习。

第五节　扣球技术训练

一、扣球技术的特点

1. 扣球是身体在空中完成的击球动作。每一次扣球需要经过助跑、起跳、空中击球和落地四个相互衔接的过程。因此，扣球是一项动作结构复杂、难度较大的技术。球网的高度和对手的拦网是扣球的主要障碍。比赛中，要求扣球者必须具有良好的弹跳高度、较强的腰腹力量、快速挥臂鞭甩动作和良好的手腕控制球能力。同时，要求起跳点和起跳时间的选择要准确，保持人与球的正确关系，在空中要有时空感和滞空力。

2. 扣球的效果很大程度依赖于二传的密切配合。二传是战术组成的核心，扣球是冲锋陷阵的角色，如果说扣球是“炮弹”，那么，二传就是“炮架”，两者要默契配合。两者配合的默契程度将决定整个战术的质量和效果，决定战术的成败。

3. 扣球与对方拦网短兵相接。扣球能否奏效，除战术组成的质量外，主要依赖扣球手的个人技巧和战术运用水平。因此，扣球时要做到点高、力大、路线多变，以达到战术目的。

二、扣球技术训练方法

扣球技术的训练要在全面掌握各种扣球技术的基础上发展专位扣球能力。扣球训练应重点发挥个人特长，多进行专位扣球。同时，扣球要在准确性的基础上提高攻击性，并要注意结合轻打、吊球的训练。要重视调整扣球、远网扣球和后排扣球的训练。快攻训练，每人要有“绝招”。扣球训练要多结合拦网的对抗。比赛中大多数扣球是在有拦网的情况下进行的，特别是双人拦网。因此，训练时应按比赛实战要求，提高扣球破网能力。扣球技术训练的训练内容和方法介绍如下。

（一） 挥臂练习

提高挥臂速率的练习方法多种多样，可有选择的进行练习。如持轻杠铃片挥臂练习，徒手挥臂练习，挥臂打一定高度的树叶，用篮球、足球、排球双或单手掷远，对墙平扣球练习，矮网扣球或连续扣球练习。

（二） 助跑起跳练习

提高助跑起跳能力的练习有：原地或助跑的各种纵跳，连续起跳摸篮板，助跑起跳摸篮圈，助跑起跳挥臂打树叶，与网成不同角度助跑起跳，连续做 4、3、2 号位的助跑起跳。

（三） 扣球基本技术练习

1. 基本功训练

（1）对墙扣球。原地自抛自扣或连续扣，提高手控制球的能力，也可以在成 90 度的墙角对墙扣球，向左右面各扣一次。做这个练习时要随时注意移动找球，保持好击球点。

（2）助跑起跳扣固定吊球。原地起跳或一步助跑起跳扣固定着的吊球。吊球的高度要适当。主要练习保持好击球点，并使起跳和击球动作连贯。

（3）一人抛一人对墙（或挡网）扣球。主要练习找准起跳时间和击球点。可以先练习原地起跳扣，再加一步助跑起跳扣。也可在网前扣离网 1 ~ 1.5 米远的抛球。根据训练的目的不同提出要求，如在弹跳的最高点击球；扣出上旋球；原地、一步助跑起跳或两、三步助跑起跳等。

2. 提高扣球准确性的训练

（1）指定区域扣球。把场地分为 A、B、C 三个区，将球扣到指定的区域内，或由队员扣球前自报扣球的区域。此练习也可在 2、3 号位进行。

（2）“跟踪追击”。将扣球水平差不多的两名队员编为一组，第一个队员可任意扣球，第二个队员尽量按照第一个队员的路线和落点扣球。教练可规定跟踪若干次后交换进行。

（3）“抢分”。场内划出若干区域，根据难易程度不同，规定不同的分数。扣中得分扣不中不得分。比赛方法可以采用：规定每人扣球多少次，看谁的累积分最多；在一定时间内由队员自由扣球，并报出自己的累积得分数，到规定时间后看谁的累积分多；规定若干分看谁先获得等。

（4）三人一组轮流扣球积分。三人一组，轮流连续扣抛球，规定扣好若干次，如中间有人扣出一般球则不计数，扣失误则从好球次数中扣除两个，直到完成规定的好球数字为止。可由教练员评定球的一般与好坏。可分两组进行比赛。

3. 提高扣球路线变化能力的训练

（1）听指挥变线扣球。当队员即将要击球前，由教练或二传队员发出“直线”或“斜线”的命令，扣球队员按命令的线路扣球。

（2）避开拦网，变线扣球。设一个拦网人拦网，手在空中不要改变原来的位置，要求扣球人避开拦网，有路线地扣球。可以设双人拦网，增加扣球的难度。也可以让拦网队员根据自己的判断，选择准确的位置和时间起跳阻拦扣球，要求扣球队员运用灵活的扣球路线，避开单人拦网或双人拦网。

（3）“乱球”扣线。由教练作二传，有意传出（或抛出）集中、来开、远网、近网等不定的“乱球”，规定队员扣出清楚的直线或斜线来。

4. 跑动扣球训练

（1）3 号位向 2、4 号位跑动扣集中球或拉开球。由教练员抛球或由二传队员传球。

（2）3 号位后撤，绕标志物跑后扣短平球、快球或背后快球。要求在教练员抛一传时后撤。

（3）3 号位后撤保护后再助跑移动扣短平球快球或背后快球。

（4）3 号位队员向左侧移动拦网后转身扣短平球。

（5）3 号位折回跑动扣球。向 4 号位区跑动，折回 2 号区单脚起跳扣球。

（6）4 号位移动摸标志物后上步扣球。站在网前摸标志物，快速撤下再上步起跳扣球。3 号位和 2 号位也同样。

（7）教练员抛球，队员绕教练员跑动扣球。由 2 号区跑到 3 号区扣低球或半高球；也可由 2 号区跑到 4 号位区扣高球。同样，由 3 号区跑到 2 号区扣低球。

5. 连续扣球训练

（1）一人在 4（2、3）号位连续扣乱球。教练有意将球抛成高低、远近不同或忽左忽右的“乱球”，要求队员脚步灵活，找好击球点，空中保持平衡，并控制球的路线和力量。可规定扣若干次或扣若干次好球。

（2）三人在 4（2、3）号位连续扣抛球。根据运动员的训练水平和不同训练目的，教练员可分别提出力量、路线、落点及成功率等不同要求，并控制连续扣球的密度和难度。

（3）一人跑动连续扣三个球。可以从 4 号位开始，也可以从 2 号位开始扣。可由教练员抛球扣，也可以抛给二传队员传起来扣。

6. 扣“两次球”的训练

（1）中场和 2 号位网前各站两个队员（多为二传队员）。网前队员把球抛给中场队员，由其再传给网前队员原地起跳扣两次球。然后双方交换位置再进行。

（2）队员在中场站成纵队，两人一组。教练员向两边抛球，前一人及时判断，迅速移动，将球传给另一人扣两次球。后面一个队员则迅速移动到另一边助跑上步取好扣球位置，扣两次球。然后两人前后交换位置排在队尾。

（3）三个位置同时扣两次球。教练员轮流抛向 2、3、4 号位，传给 3、4、2 号位扣两次球。

7. 错时、错位扣球训练

（1）各种错时（时间差）扣球：按 3 号位扣快球、背快球、4 号位扣短平或 2 号位扣背溜（背后短平）的时间助跑，假做起跳动作但不起跳（等对方拦网被晃后再起跳），接着原地起跳扣半高球。作为基本技术训练可不加拦网，只要二传的高度合适就可以。

（2）自我掩护跑动单脚起跳错位扣球：在假起跳掩护后，立即进行单脚起跳扣球。这种动作起跳速度比双脚起跳快，即使第一次的假跳动作未能晃起对方拦网，对方也来不及跟过来拦网。熟练之后，二传的球还可以降低高度以加快进攻速度。

（3）各种顺网助跑前冲双脚或单脚起跳错位扣球：即用前冲起跳来错开起跳和实际击球的位置，以避开对方的拦网。

8. 轻扣、吊球训练

（1）定点轻扣或吊球：在 4 号位按场上画的区域练习轻扣和吊球。可以规定一个区域，也可以任意吊两、三、四个区（2 号位扣时，同样对称划区）。

（四） 接发球进攻系统的扣球练习

1. “一攻”小串联技术训练

（1）三人一组接发球，加一个二传人。谁一传到位就传给谁扣；不到位但仍然能调整时，则不传给该一传队员扣，而传给其他人扣。这种方法用于对一传不重视而只重视扣球的队员，以鼓励接好一传，否则就没有扣球机会。可以两边同时进行，轮流一边发一次。也可以规定一传到位组成进攻者可以连续接发球进攻，否则，另一边接发球。

（2）三发三接后吊角。规定发直线，一人接一人担任二传，一人跳起将球吊入 1 号位角（起拣球作用，也可轻扣 1 号位角或直线）。每组成一次，三人轮换位置，吊球者去二传，二传者退后接一传，一传者准备吊球。可在场地的两边同时进行。

（3）三个副扣队员练一传（可在后排任何一个指定位置）。三个二传队员插上练二传。三个主扣队员练 4 号位扣球。由教练员连续发球（或由其他三个队员轮流发球），进行垫、调、扣练习。

（4）要求提高接发球质量的练习比赛：分两队（5 ~ 6 人一队），一人发球，一人二传（由二传队员担任），其他人轮流一传和扣快球。看哪一队先扣成功 10 ~ 15 个快球。

2. 各种进攻战术小配合训练

（1）2、3 号位队员的进攻小配合。根据队的不同水平，可由易到难采取以下几种方法。

①由教练员在后场抛球给二传队员，组织 2、3 号位队员各种进攻战术小配合；

②由教练员在对方场内抛球给后场队员，并由其传给二传队员组织进攻；

③由教练员在对方场内抛球给后场队员，并由其垫给二传队员组织进攻；

④由教练员在对方场内任何地方发或轻扣给后排队员，并由其垫给二传队员组织进攻；

⑤在以上方法熟练运用的基础上，可以在对方 3、4 号位加两个拦网队员，以便结合实战进行训练。

（2）加强2、3号位队员进攻小配合训练密度的方法。可根据本队各轮次2、3号位队员的各种进攻战术配合，按次序组成一对一的进攻，每一对进攻时，都由该轮次的二传配合传球，接教练员的连续抛球进行配合练习。

（3）“插上”三人进攻小配合。用教练员连续抛球或队员连续一传的方法，组织三人一组的各种进攻配合。对方也可加三人拦网。

（4）固定或商定战术的三人进攻配合。由教练员在场外向场地的两边轮流抛球给后排队员，由其传或垫给二传队员组织战术（事先商定的），或看二传人的手势或暗号进行各种战术配合。对方不拦网，一边攻一次。也可以两边轮流组织各种进攻战术，另一边组织三人拦网（二传人不拦）。

3. “一攻”战术配合训练

（1）六人接发球组织各轮次进攻战术配合。由教练员或队员发球（根据水平不断加强发球的攻击性）。每一轮次的战术配合要反复练习，争取更快熟练。也可每一轮次定量发球（10～15次）或定量组成5～10次战术配合进攻，再轮转一次。

（2）六对六，两边接发球进攻。一边轮流发一次或一边轮流组成进攻一次。可以规定多少次球后双方轮转一次；也可以采用哪边进攻成功哪边就轮转；也可以进行比赛，看哪边先组成6次成功的战术进攻（六轮每轮一次）。发球的方法可采用以下三种。

①两个教练员发；

②另外两个队员专门发球；

③轮到1号位的队员发。

（3）六人接教练的抛球和近距离的发球组织进攻。设六人进行拦网。定位双人拦战术球。2、4号位强攻时组成三人拦网。主要练习一攻通过严密拦网。

（五）接扣球反攻系统的扣球练习

1. 扣、防结合训练

（1）规定防区的扣、防对抗。有一人在规定区内防守，其他人轮流扣球（可以规定扣远网球或近网球）。防起谁的扣球，谁就换过去防守；谁扣球扣出规定的区域也要被换去防守。两边可以同时进行，也可以在2号位扣球。

（2）两边轮流扣，单人防。两边的4号位同时抛球给二传队员，然后将球扣向6号位。在两边的6号位队员在防守的同时，两边的2号位队员将球抛给转过身来的二传队员，然后上步将球扣向6号位。如此不停地在两边场地两个位置上轮流扣球，6号位队员积极连续防守。可以两边比赛，看谁先防起5～10个球，然后两边换一个人防守，再开始比赛。也可以规定防1号位或5号位。为防止扣球片面追求威力而失误过多，可以规定不得连续失误两次，否则算对方防起一个球。

（3）连续抛、扣、防。教练员依次连续向三个位置上抛球，扣球队员接连不断地扣球。对方场地有三人防守。可以规定扣球路线或不规定扣球路线；可以规定防起15～20个球后换三人防守。

2. 防、调结合训练

（1）两人连续防守和调整。由5号位的队员连续防守，1号位的队员连续调整10个好球，或1号位防5号位调整。也可以不规定由哪一个队员调整和防守，教练员把球扣（吊）给谁就由谁防，另一个人调整。

（2）三人防调。教练员在网前（2、3、4、号位均可）任意扣球。不接扣球的队员调传给教练员。连续进行，教练可以扣、吊结合。

（3）前排三人调扣（吊），后排三人防守。六人按比赛位置站好，后排防起教练的扣球后，前排调整和扣（吊）球，教练扣的难度可以大一些。定时轮转。

3. 调、扣结合训练

（1）一人连扣三个位置，两个二传轮流插上调整传球。教练员连续抛三个球，扣球人点给插上的二传队员组织进攻，快速跑动扣二传组织的各种球。每扣一个球后换一个二传队员。

（2）双人拦网后调、传、扣球。2、3号位双人拦网后根据教练员抛球情况及比赛中的分工，由其中一人调传给4号位扣球，两边连续进行。若干次后，扣球拦网队员互换位置。也可反方向做。

（3）撤位短传调、扣。2、3号位队员在教练员抛球的同时后撤，教练员可以任意向两边抛球，一边队员后撤调传，另一边扣球，然后换位。同样，可由3、4号位队员做，也可由2、3、4号位三个队员做。短距离调整，要求后撤要有速度。

4. 防、调、扣结合训练

（1）一人连续防守，三人调整，两人进攻。教练员可扣可吊，调整人要随防守人的位置变化而灵活取位。

（2）三对三攻防练习。防4号位远网扣球后，调整反攻。三人一组联防，专门练习防、调，由4号位专人扣远网调整球。成死球后由教练员连续给球，两边不停地进行防、调、扣练习。

（3）2、4号位轮流扣球后撤防守，由专人调传给另一边的队员扣，两边不停地进行。教练员可以提供各种需要倒地或不倒地防守的球，也可以在高台上供球。要求扣球者扣完后立刻后撤防教练员及时扣、吊的球。

5. 拦、防、调、扣结合训练

（1）前排三人拦后防反，教练员在网前任意一个位置上抛球，该位置的队员要跳起拦球，不论是否触手，其他两个队员要接应，力争组成反攻。

（2）两人拦，一人跟进，两人防守，力争快速反击。3号位队员在3号位拦网，拦网后立即后撤，有跟进的二传队员接应防守到位的球给他打快球或短平球。

（3）六人快速反击。教练员在网前任意移动，可在任一位置上自抛自扣（原地不跳），队员根据情况组成双人拦网，后排二传队员随时跟教练员移动，并在教练扣球后及时插上，拦网人及时后撤组织快速反击。

6. 扣、拦结合训练

（1）单人扣、拦：每拦5个球换人，看能拦着几个（扣失误不算在内）；拦3～5个好球换人（拦回、拦起）；或拦着谁扣的球谁就换来拦网。

（2）双人拦网，扣拦得分对抗赛：进攻方在任何位置扣一般球，对方双人拦网。计分方法：

①扣球：避开拦网（包括触手但不影响弧度和力量）扣在界内的得两分；打手出界或触手难防者得一分；造成拦网犯规者得一分；对方拦起能防者不得分。

②拦网：拦回得三分；拦起能攻的球的两分；连续扣失两次时，得一分；拦起还需后排防守者不得分。

（3）双人拦调整扣球：两边轮流扣，扣后去拦（内、外各拦一次），拦后去调整传球。可以比赛哪边先拦好10个球（连续扣失两次算对方拦一个好球）。

（4）三对三扣拦：教练员任意把球抛给前排一个队员，有他二传，其他二人后撤组成进攻，对方三人组织集体拦网。拦网后立刻回头接应本方教练员的抛球组织进攻。两边轮流进行。

7. 扣、拦、防结合训练（包括调整传球的训练）

（1）单人拦网，两人防守：要求拦、防相互配合，以封锁中区为主，后排队员负责防两边的球；后排也要根据拦网的情况灵活选好防守位置。可以规定共拦回、拦起及防起多少球后交换。可任意规定在2、3、4号位扣球。

（2）六人拦防，三点进攻：三点轮流扣高球，前排三人组成双人拦网，不拦者后撤防守。要求共拦回和防起调整好若干球后交换。

（3）六人拦、防两边调整强攻：攻方在2、4号位轮流扣球，谁扣完谁就到中场去传调整球。3号位拦网人向两边跑动组成双人拦网。防守防起一球得一分，调整一球得两分，拦回一球得三分，获得15分后攻防交换。攻方可以提高进攻的节奏，以使防守队员连续防守，加大训练的密度。

8. 扣、拦、防、反攻结合训练

（1）单人拦网三人防守并组成反攻。可由防守队员反攻扣球，也可以另设专人反攻扣球。对方也可在2、3号位进攻。

（2）两人拦网，两人防守。有反击机会时，可根据训练要求设规，如，只能由前排队员反攻；只能由后排队员反攻；或前后排队员均可参加反攻。

（3）三点攻，六人连续防反。教练员任意抛球给前排三个队员扣，队员也可以不扣再传给另一个人扣。对方六人力争防反，进攻一边不再拦网，防反失误或成功后，教练立刻连续抛球进行。定时或规定反攻3~5个球后六人轮转。

9. 综合训练方法

（1）以比赛形式进行二对二防、调、扣对抗。

（2）三对三接教练员抛球连续攻防。同样也可以二对二、四对四、五对五、六对六接教练员抛球连续攻防。教练员可以轮流向两边抛，也可以抛向输球一方并计分比赛。

（3）四对四接教练员抛球攻、防。有一个队员在前排专负责二传和拦网，双方可以轮流攻，也可以由胜队连续攻。教练员可以向对方抛球，也可以向本方二传队员抛球。

（4）两边六对六连续接教练员的抛球进行防反训练，一边有一个替补队员。谁在场上精神不集中而失误，如发愣而没有接应，教练员就要将其替换，替补队员再等着替换别人。这个方法是为了提高场上的注意力，促使队员精神集中，加强串联接应意识。

（六）扣球与拦网的对抗练习

1. 一扣一拦对抗。

2. 两边对扣对拦：一边 2 号位扣，另一边 4 号位拦。扣完球就在 2 号位拦，拦后马上躲开，让后面的人扣球，如此两边轮流扣和拦。

3. 两边拦后快退扣：拦对方扣球后，马上后退扣后面队员抛给二传队员传出的球。后面队员再到网前拦网，如此两边轮流拦后扣。

4. 双人拦三点调整扣球：教练员按 1、2、3 的顺序抛球，后排队员调整后轮流扣，对方三人根据判断移动组成双人拦网。拦好 3 ~ 5 个球后换一组拦。

5. 六对六比赛中练扣拦（连续抛球）：教练员在场外轮流一边抛一次球，让队员组成进攻，对方积极拦网。比赛哪边先拦好 10 个球为胜，然后前后排交换。拦死、拦回、拦起、能攻都算好球；扣球一方力争全部组成扣球进攻，能组不组者、该扣不扣者、吊球者以及连扣两次失误者，都算对方拦一个好球。

第六节　拦网的训练方法

一、拦网技术的特点

拦网技术既有主动性又有被动性。在对方扣球击球之前，拦网需要根据对方二传落点、扣球人的助跑路线进行判断、移动和取位，在此过程中，拦网技术具有被动性；但对方击球后，利用凶狠的捂盖动作，将对方的扣球拦死、拦回或拦起，这又具有主动性。如果一次拦网能将主动性和被动性紧密结合起来，就能争取主动。培养队员从被动中争取主动的技巧与精神是拦网技术的最大特点。

拦网技术既简单又复杂。拦网动作过程单调，结构简单，变化不大，但结合各种不同的进攻打法时，它又是一项复杂的技术，如拦强攻、拦快攻、拦变线球、防止对方打手出界等，技术要求就非常复杂。

拦网技术动作学会易，但要提高拦球实效难。徒手移动起跳拦网一学就会，而要拦好不同的扣球就很难，特别是高度不够的队员拦网效果就更差。因此，拦网的教学训练要结合各种进攻手段进行，着重提高拦网的实效性。

二、拦网的训练方法

拦网训练中应注意提高对拦网技术重要性的认识，防止重扣轻拦的思想。拦网技术比较单调，训练过程中要注意不同方式方法的运用，提高队员的训练兴趣与热情。要抓好技术关键，在熟练掌握移动、起跳、伸臂、手型的基础上，提高判断的准确性，把握好起跳时机，提高集体拦网配合的能力。拦网的训练要与扣球技术训练相结合，以扣促拦、以拦促扣。拦网训练还要与进攻战术训练相结合，有针对性地提高拦网技术在实战中的运用能力。

拦网的训练内容与方法如下。

（一） 基本功练习

1. 连续原地起跳摸固定高度的固定球

在网上沿约 20 厘米的高度上，固定一球（用掉球或队员站在高台上举球），队员练习跳起双手做拦网的捂球动作。

2. 两人或三人轮流原地或一步侧移动起跳拦固定球练习

3. 移动连续拦两个固定球

两球之间相距 3 米，用下列方法进行各种移动起跳拦网。

（1）站在两个固定球中间，看教练员手势，向左（右）移动练习起跳拦固定球，落地后回到排尾。

（2）同上，在两边固定球处先增加一个定点拦网队员，中间队员侧移动之后两人配合起跳拦网。定点拦网队员拦后再换到排尾，由移动者充当定点拦网人，如此连续交换进行。

（3）原地起跳拦 A 球，落地后立即向右移动跳起拦 B 球，然后排到排尾。同样再做反方向的练习。

（4）先在 B 球处准备，见到教练信号后立即向 A 球处移动拦（A 球）网，落地后立即返回 B 球，做一次拦网跳，拦 B 球。

4. 移动拦三个固定球

（1）在 A 球处原地起跳拦网，再向 B、C 处移动跳拦两次。

（2）同上，相反方向做，由 C 向 A 移动。

（3）在 B 球处原地起跳拦网，再向 A 移动拦，返回 B 球处拦网，最后向右移动到 C 球处拦网。

（4）两人在 B 球处配合拦网，落地后各自向左右侧 C、A 球处移动拦网。

（5）同上，在 A、C 球处拦网之后，再返回 B 球处做一次配合拦网。

（6）同上，但先在 A、C 两球处安排两个固定队员，与从中间移动来的队员配合拦网。一定次数后，换两个固定拦网队员。

5. “人盯人”徒手拦网

两人一组，隔网对立，一人主动向左或右任意移动起跳拦网，另一人紧紧“盯”住，力求同时做同样的动作。为了提高练习的难度，主动者可以做起跳的假动作。

6. 利用低网练习拦网

将球网降低到不用起跳就可以拦网的高度，两人隔网对立，用一球一人自抛自扣，一人拦网。要求扣球队员把球扣到拦网队员的手上。拦网队员要力求将球捂住，主要练习手型和控制能力。

7. 一抛一拦

一人在对方网前抛各种不同高度的球，一人起跳将手伸过对方将球拦（屈腕捂球）下。主要练习正确的起跳时间和手腕动作。

8. 高台拦定向扣球

站在高台或跳箱上拦网，体会手与球的接触感觉，对方扣教练员抛或传来的球。要求固定的扣球路线。

9. 一人单手持手球或排球，跳起向不同方向扔球过网，另一人练起跳拦住，主要练习观察、判断动作及球路的能力

10. 拦自抛自扣的球

（1）两人一组，隔网对面站立，一人自抛自扣，另一人拦网。

（2）三人一组，网对面的两人相距 3 米，先自抛自扣，一人先原地跳拦一球后，立即移动去拦第二人的扣球。

（3）对方三人各距 2.5 米，按 2、3、4 号位的顺序自抛自扣，拦网人连续拦对方三次扣球。对方也可由 4、3、2 号位顺序自抛自扣，拦网人自 2 号位移动向 3、4 号位拦网。

（二）单人拦网训练

1. 单人原地起跳拦规定路线的扣球

可三组同时进行，要求扣球人直上直打、斜上斜打，拦网队员对准助跑路线拦网。拦一定的次数后换人。

2. 同上，不规定扣球路线，要求观察对方扣球的动作，取好相应的位置进行拦网

3. 左右侧移动拦高台扣球

拦网队员成二路纵队站在 3 号位做准备，两个教练员持球分别站在对方 2、4 号位的高台上。队员各向两边移动去拦教练员的扣球，要求在教练员抛球时才能开始移动。拦网之后跑到另一队的排尾，准备做下一次练习。

4. 向左右侧移动拦网

拦网队员在 3 号位站成纵队。第一人做好准备，对方 2、4 号位队员轮流扣球，第一人移动拦网，第二人到网前做好准备。要求在二传出手之后拦网队员才能移动。拦网之后回到排尾，如此循环进行。

5. 人盯人拦网

二传队员可任意做正传或背传（球离二传人一米左右的距离）动作，扣球队员从中间开始助跑扣球，拦网队员随球左右移动拦网。可在场地两边同时进行。

6. 拦快球或背快球

同上，扣球队员和二传队员配合好（可先暗示），任意扣快球或背快球。拦网队员判断移动拦网。

7. 拦短平球或快球

扣、传之间配合好，拦网队员根据判断拦网。

8. 人盯人连拦三球

教练员连抛三个球，进攻一方一人连扣拉开球、活点球及快球各一次，拦网队员紧紧盯住扣球人连拦三球。

9. 三人轮流进攻，三人轮流盯拦网

教练员抛或传球，第一人向左前方跑扣球，第二人向右前方跑扣球，第三人按第一人的路线跑动，如此重复若干次。拦网一方三人，一人盯住一个进行移动拦网。

10. 绕二传队员跑动连扣连拦

每一个扣球队员连扣 2 ~ 4 个球，拦网人也盯着连拦 2 ~ 4 个球。

11. 连续原地起跳拦探头球

两人隔网对立站，甲方场地的教练员抛球给乙方队员扣探头球，由甲方队员拦网；然后乙方教练员抛球给甲方队员扣，由乙方队员拦网。若干次后再换一组做。

（三） 双人拦网

1. 双人配合拦指定路线的扣球

（1）2、4 号位原地双人拦网。规定拦住若干次后换一组拦。

（2）一队员从 3 号位移动到 2、4 号位配合两边人进行双人拦网。规定次数换组。

（3）三人一组，边上队员固定，中间两个队员轮流移动拦网。

2. 同 1. 中的各种练习，但不规定扣球路线，以提高双人拦网判断配合能力

3. 双人同时移动拦网

（1）两个拦网队员靠 3 号位站，同时移动拦网。拦后换到另一边拦。

（2）按 4、3、2 号位或 2、3、4 号位的顺序，双人同时移动拦网。

4. 判断移动配合拦网

二传队员任意向 2、4 号位传球，3 号位队员判断移动配合 2、4 号位队员进行双人拦网。

（1）3 号位队员移动配合拦网后就替代边上的队员。

（2）两边拦网队员固定不换，3 号位两个队员轮流两边移动拦网。

（3）按本队比赛阵容配备三人一组，进行专位拦网配合。拦一次后换另一组。

5. 长距离移动拦网

2、4 号位拦网队员固定，3 号位队员先与 2 号位配合拦网一次，然后再迅速跑到 4 号位配合拦网一次。3 号位三个队员轮流做。

本章思考题

1. 传球技术的特点?
2. 接发球垫球基本训练方法有哪些?
3. 扣球技术的特点?
4. 扣球技术训练步骤有哪些?
5. 提高发球攻击力的练习方法有哪些?
6. 拦网的特点? 训练内容有哪些?

参考文献

[1]李安格. 现代排球[M]. 北京:人民体育出版社,1995(重印).

第五章　排球战术及分析

本章概要

排球战术是指运动员在比赛中，合理运用基本技术进行集体配合所采取的有意识、有组织的行动，可以分为进攻战术和防守战术等。

第一节　阵容配备、位置交换、信号联系

一、阵容配备

（一）场上队员的职能分工

现代排球比赛中，场上每个队员的职能分工是不同的。根据比赛中每个队员的职能分工，将场上队员划分为二传、自由人、主攻、副攻和接应。主攻、副攻和接应可称为攻手。每一名队员都要尽可能的做到技术全面，职能分工主要体现在以下方面。

1. 二　传

在进攻战术中以传球的方式组织场上进攻队员的扣球进攻。二传队员是全队进攻战术的组织核心，比赛中本队每一次扣球进攻的进攻队员、进攻区域与进攻形式均由二传队员根据临场情况作出选择。一个优秀的二传队员对本队的进攻效率和比赛胜负起着至关重要的作用。

2. 自由人

在防守战术中自由人专司接发球和后排防守。其上下场之间只需经过一次发球的比赛过程。换人不计入正规换人次数，且次数不限。因此，选择接发球和后排防守技术好的队员充当自由人，能大大提高本队的防守水平。

3. 副　攻

在防守战术中主要承担网前中间拦网重任，在进攻战术中通过快球战术跑动进攻或掩护其他攻手进攻。

4. 主　攻

在进攻战术中主攻通过强攻手段突破对方拦防得分。在防守战术中承接了很多的接发球与防守任务，要求其技术更为全面。

5. 接　应

在进攻战术中承担最重要的进攻任务，进攻主要从在场地右侧发动。接应也叫接应二传，早先在二传无法传球时该队员需要承担组织战术的任务，因而得名。

（二）阵容配备的概念

阵容配备是指比赛队伍所确定的出场人员、位置和分工的基本情况。根据比赛的任务、本队战术组织的特点及队员的身体情况，为了有针对性地、合理地将全队的力量有效地组织起来、扬长避短，以最大限度地发挥每一个队员的作用和特长。按二传与攻手数量分配，主要有“五一”阵容配备与“四二配备”之分。按分工与位置关系可以包括“主－二－副”或“主－副－二”阵容配备等。

（三）“五一”与“四二”阵容配备比较

1.“五一”配备

“五一”配备是指上场比赛的阵容由五名攻手和一名二传队员组成。比赛中尽可能由这名二传队员传球，这是目前最常见的配备形式。“五一”配备时，比赛中要轮转六个轮次（图5－1）。

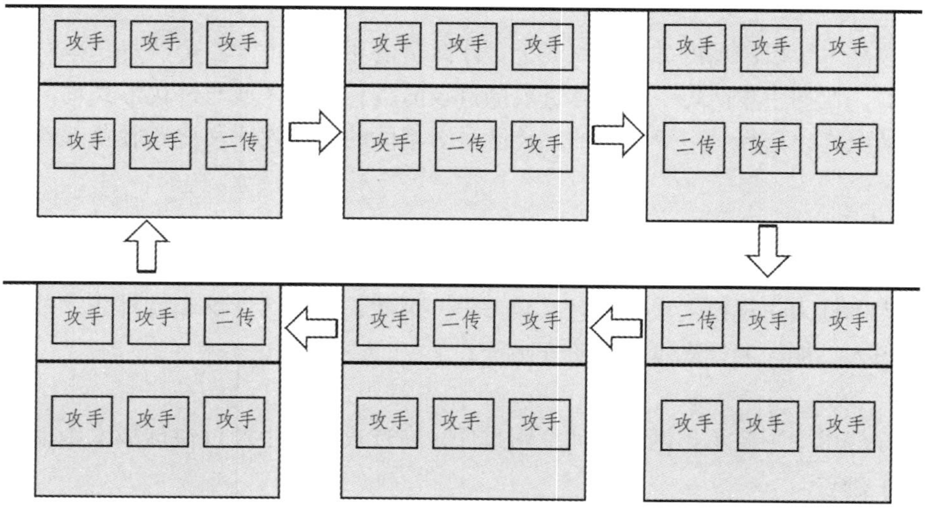

图5－1 “五一”阵容配备图

2.“四二”配备

“四二”配备是指上场比赛的阵容由四名进攻队员和两名二传队员组成。两名二传队员分别站在对角的位置上。这样每个轮次前后排都能保持有一名二传队员，两名进攻队员。

3. 阵容比较

（1）“四二”配备

“四二”配备是指全队场上阵容由两名二传手、四名攻手构成。其中，四名攻手又分为两名主攻手、两名副攻手。

“四二”配备的优点是每一轮次前排都有一名二传队员和两名进攻队员，便于组织进攻。如果在后排的二传队员插上组织进攻，前排的二传队员又有进攻能力的话，则每一轮次都可形成三点进攻，从而加强了本队进攻的实力。缺点是每个进攻队员必须熟悉两名二传队员的传球特点，配合比较困难。同时，一个队要培养两名优秀二传手比较困难。如果还要求他们做到能扣能拦就更不容易。

（2）“五一”配备

“五一”配备是指全队场上阵容由一名二传队员、五名进攻队员组成。为了弥补有时一名二传队员来不及传球所出现的被动局面，通常在二传队员对角的位置上，配备一名有较强攻击能力和一定传球能力的接应二传队员。国内、外较高水平的球队一般都采用“五一”配备。

“五一”配备的优点：一名二传队员容易培养；二传队员在后排时，前排三名队员都是攻手，可以加强进攻和拦网的力量；全队的进攻队员只需适应一名二传手的传球特点，在进攻配合上容易形成默契。缺点：二传队员在前排时，后排没有二传队员插上，有三轮只有两点进攻；防守反击时，二传队员如果在后排，要插上组织进攻的难度就比较大。

“五一”配备的攻手多于“四二”配备。“五一”配备要求二传有较好的跑动传球能力，特别是当二传在后排时，对二传能力的要求高于“四二”配备。随着练习者对排球技术的掌握，五一配置是目前最常用的阵容。

（四）“二－主－副”或“二－副－主”阵容配备

在排球比赛中，场上攻手有三种名称，接应二传、副攻和主攻。与二传对角站位的攻手称之为“接应”，其任务是在二传被迫传垫第一次球时承担第二次的传球组织，即在策应二传的基础上，参与扣球任务。

副攻则由在网前中央拦网见长的攻手担任，在进攻时会执行更多的掩护任务；主攻则由攻防技术全面的队员承担。

两名副攻与两名主攻，对角站位。这样六轮中无论哪一轮，前排都会有一名主攻和一名副攻以及二传或接应二传。

按在二传后的站位顺序，可以分成两种站位阵容，即“二－副－主”和“二－主－副”。教师或专项学生应当了解这两个阵容之间的明显差别。不同的阵容将会将会影响排球比赛中的攻防布局。

1. “二－副－主”阵容（图5－2）

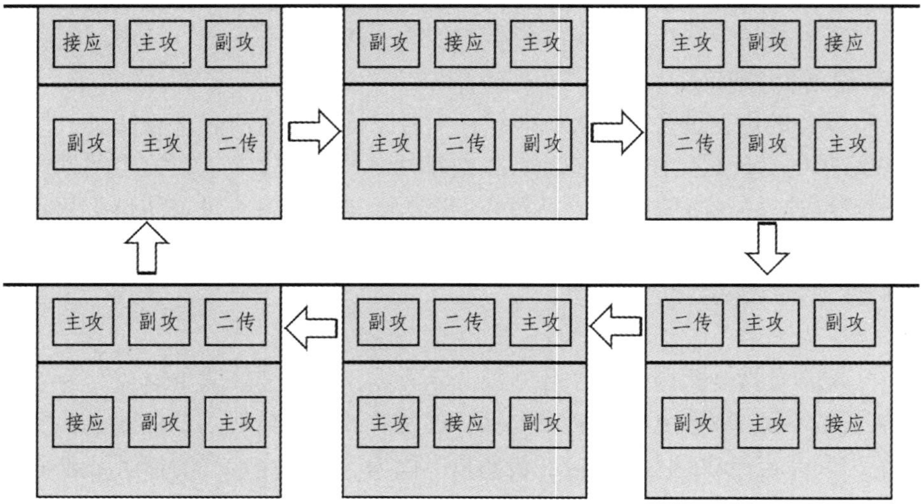

图5－2　“二－副－主”阵容配备图

2. “二－主－副”（图5－3）

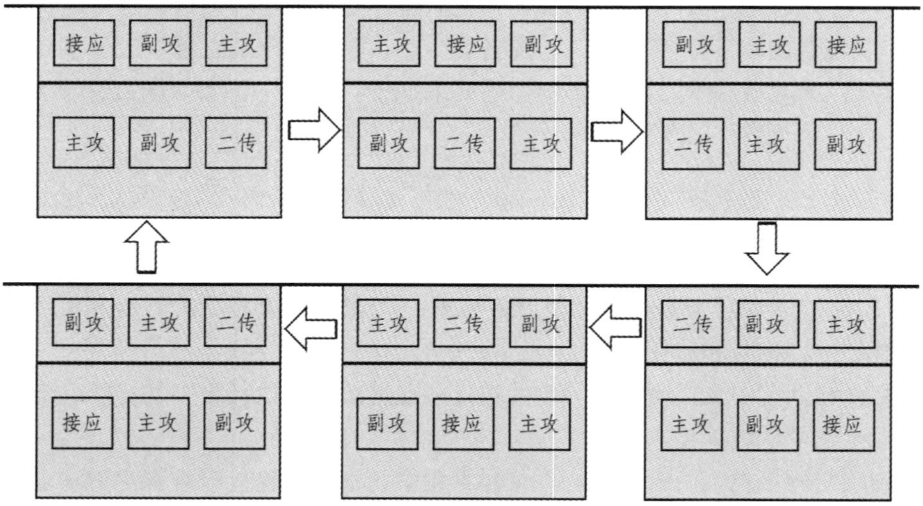

图5－3　“二－主－副”阵容配备图

3. 两者区别

“二－主－副”与“二－副－主”的区别在于二传与攻手的位置差异。在现代排球比赛中，阵容选择多以“二－主－副”这样的布局为主，这表明选择该阵容配置更能发挥运动员的能力。不过，阵容配备只有符合以下原则，才更为有利。

（五）阵容配备的现状与原则

目前，国际流行的阵容配备是“五一”及“二－主－副”阵容配置。球队可以根据自身的情况选择不同的阵容配置方式，并通过比赛实践完善所选择阵容的攻守战术。选择阵容可遵循以下几条原则。

1. 择优原则

选择思想作风顽强、心理品质过硬、身体素质好、技术全面和临场经验丰富的队员组成主力阵容，同时考虑到每个位置上替补队员的安排。

2. 攻守均衡原则

每个轮次，力争做到攻守力量相对均衡，尽量避免弱轮次的出现。

3. 相邻默契原则

要注意将平时合作默契的传、扣队员安排在相邻的位置上，使其能运用娴熟的配合，产生一定的战术效应。

4. 轮次针对原则

根据对方队员的位置，轮次安排要有针对性。如，将拦网能力强的队员对应对方攻击力强的队员，以遏制对方的进攻；遇对方进攻强的轮次时，可安排发球攻击性强的队员发球，以破坏对方的一传，阻止对方进攻战术的组成，取得先发制人的效果。

5. 优势领先原则

轮次的安排要注意发挥本队的优势。如，将攻击力量强的队员安排在最得力的位置上；把发球攻击性最强的队员安排在最先发球的位置上，争取开局得分，以鼓舞本队士气等。

二、位置交换

根据规则，场上队员在发球后可任意进行位置交换，为了便于发挥每个队员的特长，比赛中，场上队员一般采用专位进攻、专位防守的方式进行比赛。这样使每个队员只掌握自己的专位技术，有利于提高训练效率。

（一）位置交换的方法

1. 后排二传插上

“五一”配置时，二传轮换到后排，可以采用后排二传插上的方法，使得前排三名进攻队员都可以参与进攻，这是排球比赛中交换位置最常见的交换之一（图 5－4）。

图 5－4　后排二传插上位置移动图

2. 前排拦网队员的位置交换

换位的规律是将在前排的主攻队员换到4号位；将拦网好、移动快、连续起跳能力强的副攻队员换到3号位；二传队员换到2号位。为了加强拦网，抑制对方的重点进攻，将身材高大或弹跳力好及拦网能力强的队员换到3号位，或与对方主攻队员相对应的位置上（图5－5）。

图5－5　前排拦网队员位置交换移动图

3. 后排防守队员的位置交换

二传队员与接应换到1号位，便于防反时进行插上传球组织与进攻。为了加强后排进攻，增强“立体进攻”的效果，可将后排进攻能力强的队员换到1、6号位。为了发挥个人特长，后排队员各自换到自己熟悉的防守区进行专位防守。

根据临场情况，可将防守能力强的队员（如自由人）换到防守任务较重的区域，将防守能力弱的队员换到防守任务较轻的区域（图5－6）。

图5－6　后排防守队员的位置交换移动图

（二）换位时的注意事项

1. 换位前应按规则的要求站位，防止“位置错误”犯规。
2. 当发球队员击球后，应力求迅速地换到预定的位置做好击球的准备。
3. 对方发球时，应先准备接起对方的发球，然后再换位，以免影响接发球。
4. 成死球后，应立即回原位。尤其对方发球时，回位晚会来不及做好接发球准备，从而被对方利用。

排球规则允许在发球击球后的比赛中，场上队员可以根据需要进行位置交换，以最大限度地发挥每个队员的特长。

三、信号联系

（一）信号联系的概念

为了统一行动目标，完成集体战术配合，根据本队情况，由教练员和运动员共同制定的一种行动信号。

（二）信号联系的目的

信号联系的目的在于统一行动，便于场上队员了解战术行动意图，从而达到协调一致，取得比赛胜利。

（三）信号联系的方法

1. 语言信号联系

使用口头喊话直接进行联系。使用时语言要精炼、清晰，一般只用一、两个字，如“快”“高”“背”和“交叉”等；也可将战术编成号数，使用时以代号进行联系。为了迷惑对方，口头信号也可有真有假，有正有反。比赛中，运用语言信号较多，但缺点是容易暴露意图。

2. 手势信号联系

通过事先确定的各种手势，表明各种进攻战术变化的配合。手势信号一般在接发球进攻时采用，如二传队员在前排或后排插上时，用手势提示其他队员。其优点是较为隐蔽。

3. 落点信号联系

根据接起球后的落点，作为发动某种战术的信号。如，一传到什么位置就组织什么战术。其优点是机动灵活。

4. 仪态信号联系

通过身体姿态和面部表情所产生的暗示效应。如，教练员在临场指挥中可巧妙运用各种身体动作和面部表情来弥补语言信号不够隐蔽的缺点，还可以影响、调节运动员的比赛情绪。

5. 综合信号联系

以手势信号为主，以落点信号及语言信号为辅，在特定的情况下使用，可以使联系信号更加完善。

第二节　进攻战术

排球进攻战术是指在接起对方发过来、扣过来、拦回来和推吊过来的球后，场上队员所采取的有目的、有意识、有组织的进攻行动。包括传球、扣球以及非扣球人的保护三个环节。按参与人数的多少可以分为单人进攻战术与多人进攻战术两大类。

一、单人进攻战术

单人进攻战术是指在防起对方来球后，二传队员与一名攻手之间进行的传扣配合的组织方式。在接起对方发过来、扣过来、拦回来和推吊过来的球后，单人进攻战术，可以分为快攻、平拉开、半高球、后排攻和调整攻五大类。

（一）快　攻

目前单人进攻战术中快攻是最丰富的单人进攻战术，常见于副攻与二传的配合。主要特点是传与扣之间时间短，约在 0.3 ~ 0.5 秒之间。根据攻手与二传的位置关系大致可分为前快、短平快、背快。长平、拉三、前飞、背（溜）飞等是在此基础上进一步变化的快攻战术。最常见的是前快、短平快和背快（图 5 – 7）。

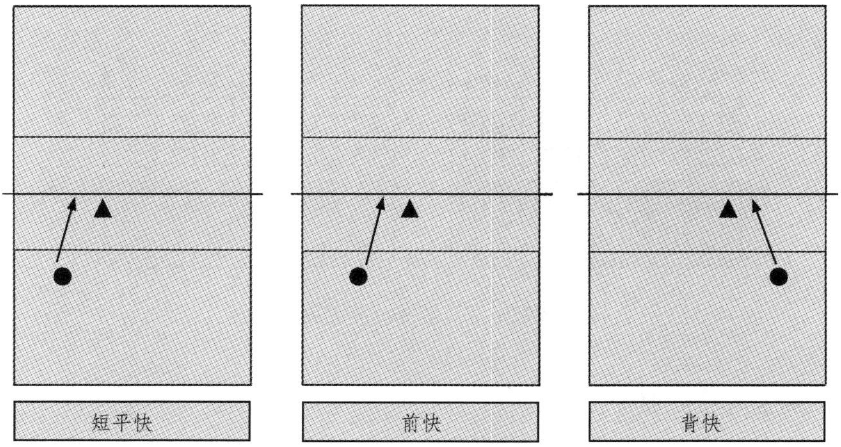

图 5 – 7　快攻战术图

1. 长　平

长平是指比短平快更长 50 厘米左右。

2. 前　飞

前飞是指在短平位置起跳后，身体右前飞行致前快位置击球。

3. 拉　三

拉三是指在前快位起跳，身体左前飞行至短平快位置击球。

4. 背（溜）飞

背（溜）飞是指比背快长 50 厘米左右。

前飞、拉三、背（溜）飞是利用攻手起跳后在空间平移，造成起跳与空中击球时的空间差来打击对手，也称为空间差快攻战术。

5. 快球战术的特点与技术要领

快球战术的特点就是传球出手到扣球之间的时间短，时间在 0.35 ~ 0.50 秒之间，主要目的是造成对方拦网起跳不及时而进行的战术打法。根据传攻之间的配合默契程度以及扣球时间长短可分为以下两级。

（1）球到二传手上后，攻手起跳扣球；

（2）球到二传手上后，攻手已经完成起跳，在空中形成扣球前状态，二传一出手就扣球。

（二）平拉开

目前平拉开进攻战术是主攻及接应最常用的个人战术之一。主要包括 4 号位平拉开（简称平四）、2 号位平拉开（简称平二）。

平拉开进攻战术的特点是传球弧度较平且距离较长，主要是通过网长造成对方拦网队员的拦网移动不及时来打击对手。按弧度区分，4 号位平拉开比短平快传球弧度高、距离长。2 号位前排平拉开比背溜弧度高、距离长（图 5－8）。

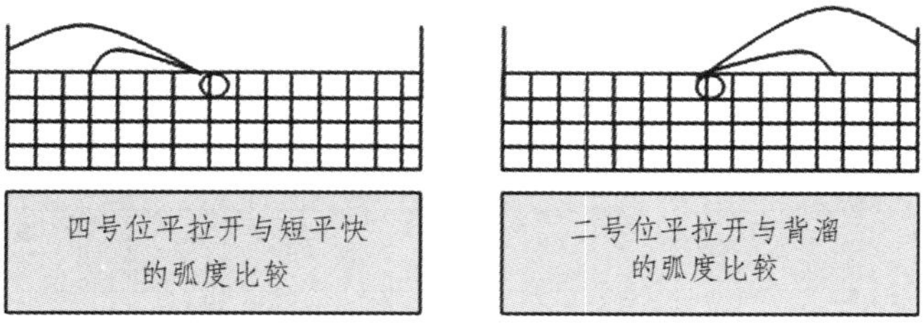

图 5－8　平开拉战术图

平拉开的特点与技术要领：

平拉开战术的特点就是攻手与二传的距离远于快球，时间在 0.8 ~ 1.2 之间，主要目的是造成对手拦网移动不及时，利用网长打击对手。按平拉开进攻从传到扣球时间的快慢可以分为两级，以球到二传手时，扣球手最后一步助跑起跳为标志，可以分为两种情况。

（1）球到二传手上时，扣球手（以右手为例）的左脚已经着地，准备右脚蹬地向向前迈步，进行最后一步助跑起跳。

（2）球到二传手上时，扣球手（以右手为例）的左脚着地后已经开始蹬地，右脚向前迈出，开始最后一步助跑起跳。

其中，第一种情况，平拉开速度（传到扣时间）约为 1 ~ 1.2 秒，而后者可以很容易达到 1 秒以内。

（三）半高球

半高球是介于快球与平拉开两者之间的单人进攻战术，从特点上看传球的高度略高于快球，约在球网上 2 米左右。击球点与二传的距离短于平拉开进攻，在二传平网距离 3 米以内。根据二传传球以及攻手扣球时的相互位置可分为前半高位、中半高球与背半高球三大类（图 5 –9）。

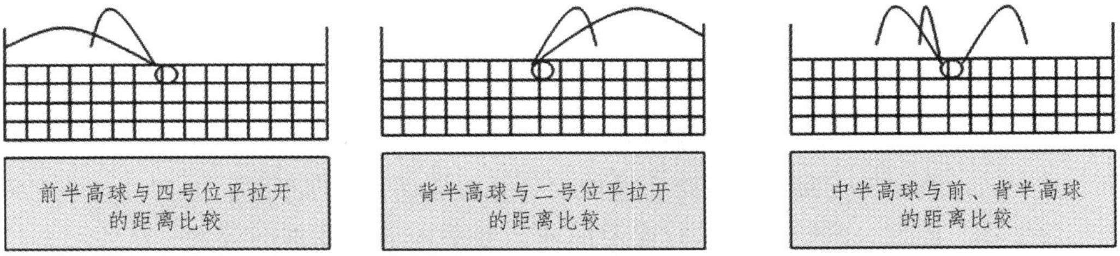

图 5 –9　半高球战术图

半高球战术的特点与技术要领：

半高球战术的特点就是距离短于平拉开进攻，弧度高于快攻的战术，时间在 0.7 ~ 1 秒之间，主要目的是利用攻手上步跑线的变化，在对方拦网移动或拦网起跳不及时情况下，打击对手。可以理解为传球弧度较高时的空间差，即利用主攻或接应起跳平飞打击对手拦网的薄弱拦网。以球到二传手时，扣球手最后一步助跑起跳为标志，可以分为以下两种情况。

（1）球到二传手上时，扣球手（以右手为例）的左脚已经着地，准备右脚蹬地向前迈步，进行最后一步助跑起跳。

（2）球到二传手上时，扣球手（以右手为例）的左脚着地后已经开始蹬地，右脚向前迈出，开始最后一步助跑起跳。

其中，第一种情况，平拉开速度（传到扣时间）约为 0.9 ~ 1 秒，而后者可以很容易达到 0.9 秒以内。

（四）后排攻

前面的三种单人进攻战术是由前排队员与二传进行的传攻配合，后排攻战术则是由后排攻手与二传进行的类似于平拉开和半高球节奏与弧度的传攻配合。目前，按后排攻的位置可分为后四、后二、前后三、中后三、背后三战术进攻五种。通常，后四战术和后二战术与平拉开相近，前后三、中后三和背后三战术与半高球相近，只是传球后的出球落点要离网远一些。前后三、中后三和背后三是由后排中间队员与二传进行的传攻配合，统称为后三战术，而后四并不常见，所以后排攻战术多数为后三和后二两种（图5－10）。

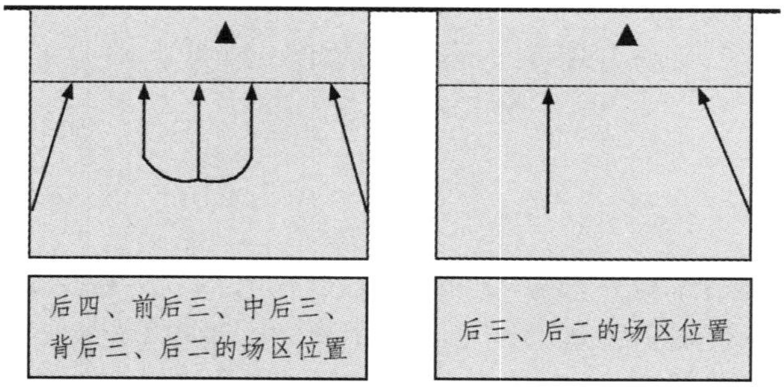

图5－10　后排攻战术图

（五）调整攻

前面三种单个进攻战术都需要比较好的二传传球位置做保证，必须事先通过手势信号预定。然而，比赛中遇见接发球或防守垫传起的弧度与落点不理想时，二传与攻手之间必须采用调整攻。因此，调整攻可以看成是前面三种单人进攻战术的应变。从传球弧度上看，调整攻的传球弧度高，无法利用网长和进攻速度，需要凭借攻手个人高度、力量和技巧的综合实力。通常，调整攻由主攻或接应完成，按扣球位置可以分为4号位（前排或后排）调整攻、2号位（前排或后排）调整攻和3号位（前排或后排）调整攻，三大类共六种。调整攻通常用语音信号和落点信号来进行沟通。

三、多人进攻战术

多人进攻战术是指进攻时同时有两人及以上队员合理运用快攻、平拉开或半高球的上述单人进攻战术进行相互掩护的进攻战术。按组合的基本形式可以分为平快进攻战术、跑动进攻战术和立体进攻战术三大体系。

（一）平快进攻战术

即快攻加上前排队员的平拉开进攻单人进攻战术组合。基本战术组合有：短平＋前排2号位平拉开、短平＋前排4号位平拉开（也称串平）、快球＋前排4号位平拉开、快球＋前排2号位平拉开、背快＋前排4号位平拉开、背快＋前排2号位平拉开等六大类。如果把快攻的变化加入进来，平快进攻战术组合就更加丰富。图5－11中❶为快攻，❷为平拉开。

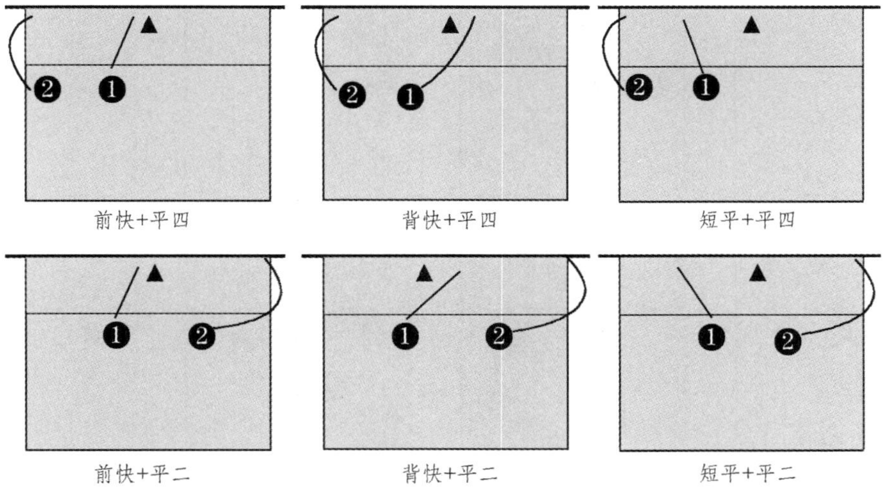

图 5－11　平快进攻战术图

平快进攻战术是结合快攻的快速与平拉开利用网长的两大优点，特点是造成对方中间拦网队员的拦网移动弱点以及某一边弱拦网队员而进行的战术安排。

在具体运用中，通常由两名前排队员进行快攻和平拉开的组合，如遇前排有三名进攻队员时，高水平的球队的另一名攻手一般也采用在另一边进行平拉开进攻，即中间快攻＋前排两边平拉开的战术组合。

（二）跑动进攻战术

即快攻加上前排队员的前排半高球单人进攻的战术组合。该战术组合安排的特点是，利用快攻与半高球弧度上不好判断的特点，在局部形成以多打少的局面。在国际比赛中，该战术多见于亚洲球队，常见的战术组合名称有，梯次、前交叉、夹塞、后交叉与背交叉、假交叉及双快一游动等等。图 5－12 中❶为快攻，❷为半高球。

并不是所有的快攻与半高球都可以形成合理的战术组合，特别是当快攻是以空间差进行变化时。如，前半高和短平或拉三的组合、背溜与后半高组合就有可能造成两名互相掩护的队员发生碰撞。

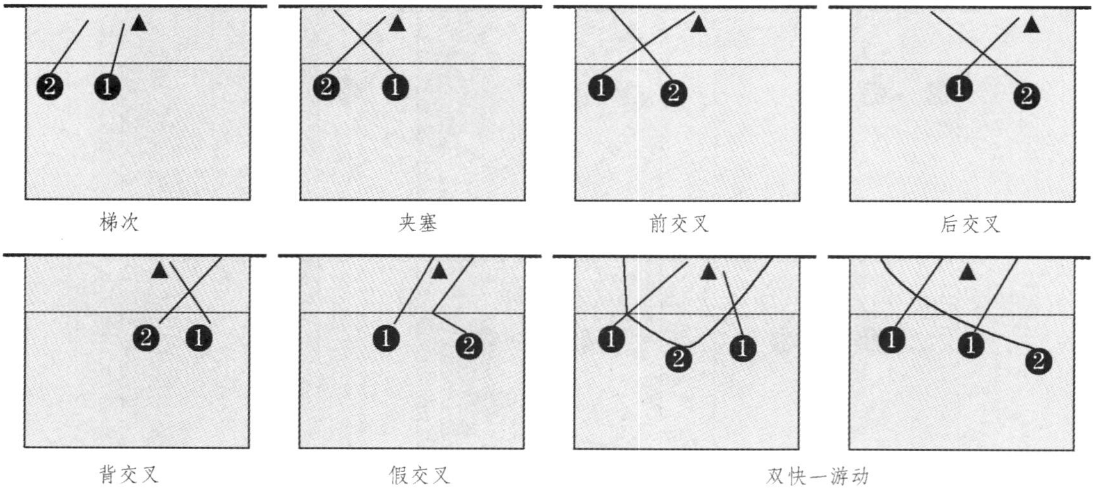

图 5 – 12　跑动进攻战术图

（三）立体进攻战术

立体进攻战术是指在进行多个单人战术组合中，包含有后排攻战术的组合统称。比赛中，按前排队员与后排队员进攻参与人数的不同，可以分为两大类，一是三名前排队员和一名后排队员的立体进攻战术，二是两名前排队员和两名后排队员的立体进攻战术。平快进攻 + 后排攻是最常见的立体进攻战术。图 5 – 13 中❶为快攻，❷为平拉开，❸为后排攻。

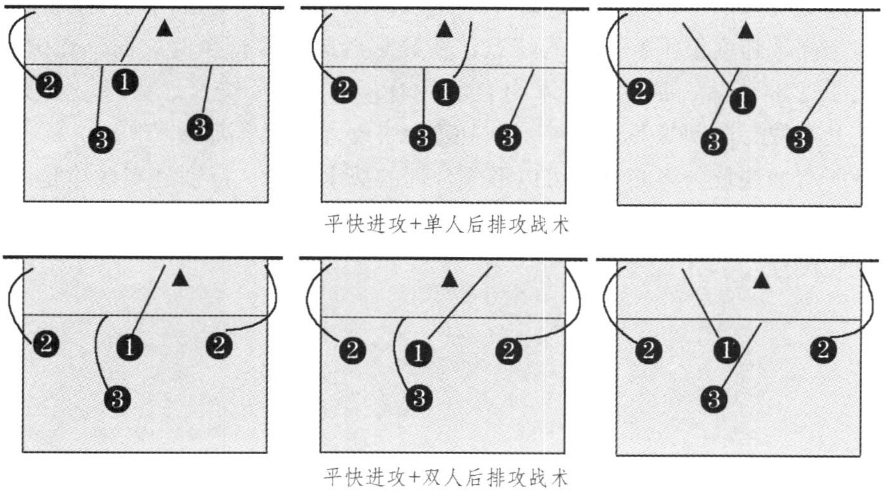

图 5 – 13　立体进攻战术图

有时也偶见跑动进攻中加入后排进攻战术，不过，由于跑动进攻本身就是以快攻+半高球的进攻组合，半高球的进攻区域与后三有重叠，因而实际运用中，这类战术组合自身组合难度较大，对对方拦网的影响不及平快攻+后排攻的效果。

立体进攻可以形成横向、纵深、全方位的进攻。由于这种打法突然性大、攻击性强，容易突破对方的防线，已是当今进攻战术的发展方向。其特点是形成进攻队员在人数上的优势，增加了进攻点，既有近网进攻，也有中、远网进攻，扩大了进攻的范围，给对方拦网起跳和后排防守的取位造成困难。

（四）其　他

自我掩护进攻是进攻队员利用打平快球的助跑、起跳假动作来掩护自己所进行的第二个真扣球动作。自我掩护可分为“时间差”（spike after delayed take - off）、“位置差”（spike after taking an extra step）、“空间差”（spike after flight forward）等三种。

1. “时间差”

进攻时，扣球队员第一次佯攻的助跑、急停制动和挥臂动作都要做得逼真，在对方拦网队员被晃起跳后下落之际，突然变为原地起跳，进行第二次实扣。这种快攻打法是造成对方拦网在起跳时间上的错误，以突破对方的拦网。包括有近体快时间差、短平快时间差。

示例1：近体快“时间差”进攻，是在近体快球的位置上进行“时间差”进攻。

示例2：短平快“时间差”进攻，是在短平快的位置上进行“时间差”进攻。

2. “位置差”

进攻时，扣球队员佯作助跑起跳，当对方拦网队员被诱跳起拦网时，扣球队员突然向侧方跨步起跳扣球，从位置上摆脱对方的拦网，以达到空网进攻的目的。“位置差”有短平快错位进攻、近体快围绕错位进攻。

示例1：“短平快错位”进攻，3号位或4号位队员做短平快佯攻，然后突然向右跨步起跳扣集中的半高球。

示例2：“近体快围绕错位”进攻，3号位队员近体快佯攻，然后突然向右跨步围绕到二传队员身后起跳扣半高球。

3. “空间差”

利用起跳后的空间移位，造成时间和击球点的不同进行进攻，称为“空间差”进攻。包括有前飞（quick spike from class set）、背飞（backward flight spike），拉三（set - up for player No. 3）、拉四进攻（set - up for player No. 4）。

4. 两次攻（two - attack）及其转移进攻

当一传来球弧度较高，落点又在网前适合扣球的位置上，前排队员可以直接将球扣或吊入对方专区，或佯扣将球在空中转移给其他前排队员的进攻。这种有两次机会进攻的方式称为两次攻。两次攻加快了进攻的速度，改变了进攻的节奏，使对方难于防守。两次转移进攻还能迷惑对方拦网。这种战术对一传的要求较高，技术难度较大，因此，在比赛中运用的机会不多，一般在对方发球攻击性小，扣球威力不大或把球垫过来时采用。

示例1：场上任何一名队员一传时将球高弧度地垫到2号位近网处，前排二传队员在原地跳传的基础上，突然运用两次球进攻。

示例2：当进攻队员跳起做扣球动作时，发现对方进攻拦网，可以虚晃一下，在空中变扣球为传球，转移给邻近的前排3号位队员进攻，这种打法叫短传转移。如果跳传将球转移给较远位置的前排队员进攻，那就叫作长传转移。短传转移准确性高，而且转移速度快，突然性大，便于避开对方拦网，在比赛中经常被采用。

三、进攻保护

进攻保护是完整排球进攻战术完成扣球时非常重要的一部分。它指的是在进攻者场区的非扣球队员的站位，以支持扣球人的行动。因为进攻保护几乎是与进攻同时存在，非扣球队员形成保护阵型必须是在扣球人完成扣球之前。它有利于防起本方进攻者扣出的被对方直接拦回的球，因而进攻保护也会被看成是一种防守战术。为了有效覆盖保护的场区，“3－2型”的保护站位被经常运用，即三名队员在进攻者身后组成一个半圆形，其他两名队员在后面区域中分开站位，与半圆形的三名队员插空站开。

二传通常离网最近。中间后排的队员常处在半圆的中间，后排离边线较近，组成半圆。其他队员补空位。

第三节 防守战术

排球防守战术是进攻方进行攻传配合的进攻战术前，抑制对手发球、扣球和拦网等主要得分手段的场上分工配合的组织形式。包括接发球阵型、拦防扣球阵型、进攻保护阵型和接推吊阵型四种。

一、接发球阵型

（一）五人接发球阵型（W接发球阵型）

除一名二传队员站在网前或从后排插上准备二传的队员不接发球外，其余五名队员均承担一传任务的接发球阵型，是一种最基本的接发球阵型，被大多数的初级水平采用（图5－14）。

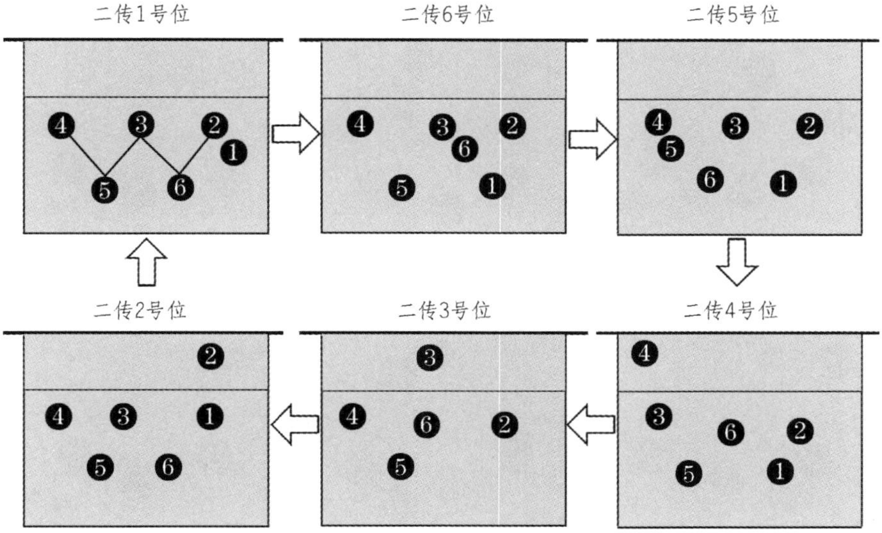

图5－14 五人接发球阵型图

其优点是队员均衡分布，中场三人，后场两人，呈现 W 型站位，每人都可以清楚观察对方发球，接发球的范围相对减少；接发球时，已站成了基本的进攻阵型，组织进攻比较方便，适合接发球水平不太高的球队。

其缺点是二传队员从 5 号位插上时距离较长，难度较大；3 号位队员接球时，不便于组成快攻战术；不利于队员间的及时换位；队员之间的中间地带较多，配合不默契时容易互相干扰。

无论是“二－主－副”或是“二－副－攻”都可以采用五个接发球阵型。

（二）三人接发球阵型

三人接发球是高水平比赛中最常见的接发球阵型。通常由两名接发球较好的攻手和自由人组成，其中，由两名主攻和自由人作为三人接发球配合最为常见。下面我们介绍以“二－主－副”五一阵容配置的两名主攻和自由人组合的三人接发球阵型（图5－15）。

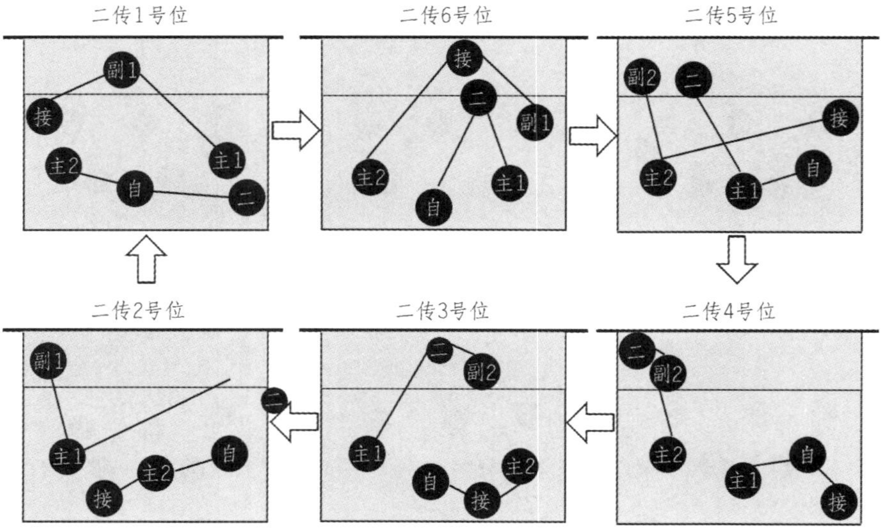

图 5－15　三人接发球阵型图

在上图中，可以看到两名主攻与自由人组合的三人接发球阵型，通过巧妙的站位，最大限度地利用前后排之间的越位规则，尽可能地减少二传的后排插上与前排换位的距离。

（三） 四人或两人接发球阵型

在三人接发球阵型基础上，可以根据对方发球的特点灵活采用四人或两人接发球阵型。当对方采用大力跳发球速度快、三人接发球难度加大时，可以增加一名攻手在后场接发球；当对方飘球落点准确、三人接发球难度加大时，可以增加一名攻手在前场接前区球；当对方飘球较一般或本方可以由两名队员全场控制时，可以采用两人接发球阵型。

总之，接发球阵型的最终形成与变化，必须依照以下几个原则。

1. 让接发球好的队员通过阵型变化，尽可能地发挥其接发球能力。
2. 其他队员应同时做好接发球准备，弥补主要接发球队员的不足。
3. 接发球阵型的布置必须有利于接发球后的组织与进攻配合。

二、拦防扣球阵型

拦防扣球阵型是最重要也是最基本的防守战术，包括集体拦网战术和后排防守阵型两个部分。

（一） 集体拦网战术

集体拦网战术的目的就是尽可能地组成双人或三人拦网，因而要求前排拦网队员要有较长的移动拦网与判断能力。这就要求拦网队员必须熟练掌握交叉步拦网技术，同时在正确判断的前提下进行移动拦网。

1. 拦网基本站位

集体拦网战术的前提是拦网基本站位。拦网基本站位要达到集体拦网战术的目的，通常采用集中站位，即三名拦网人各负责三分之一的拦网面，两边拦网人略向中间站位，并根据对方二传传球通过移动相互协助，形成三人或双人拦网。进行前排拦网的换位后，必须形成拦网的基本站位（图 5－16）。

2. 双人拦网战术

（1）对方在左边网区进攻时，左边拦网队员和中间拦网队员运用交叉步移动拦网技术进行拦网；左边拦网队员为主要拦网人，中间拦网队员为协助拦网人（图 5－17）。

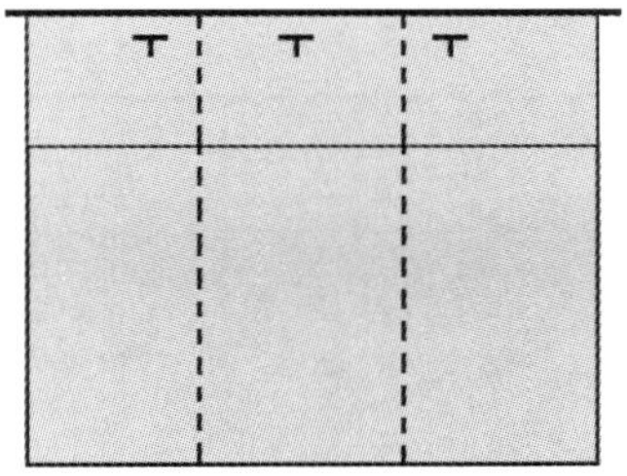

图 5－16　拦网基本站位图

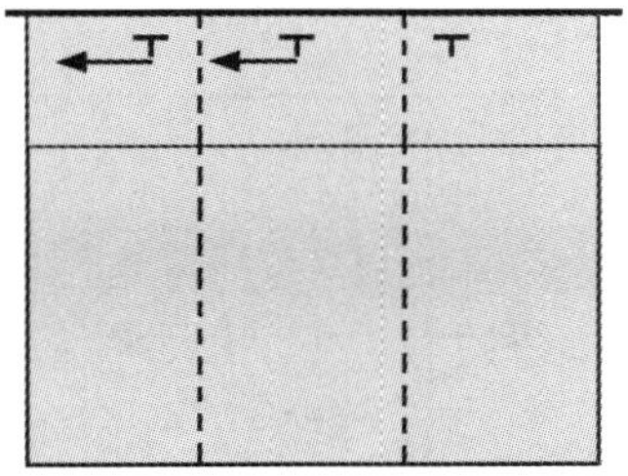

图 5－17　双人拦网基本战术图

（2）对方在右边网区进攻时，右边拦网队员和中间拦网队员运用交叉步移动拦网技术进攻拦网；右边拦网队员为主要拦网人，中间拦网队员为协助拦网人（图 5－18）。

（3）对手在中间网区进攻时，中间拦网队员以并步拦网为主，两边拦网队员都可以用并步拦网技术协助拦网。中间偏左时左边拦网队员并步拦；中间偏右时，右边拦网队员并步拦网（图 5－19）。

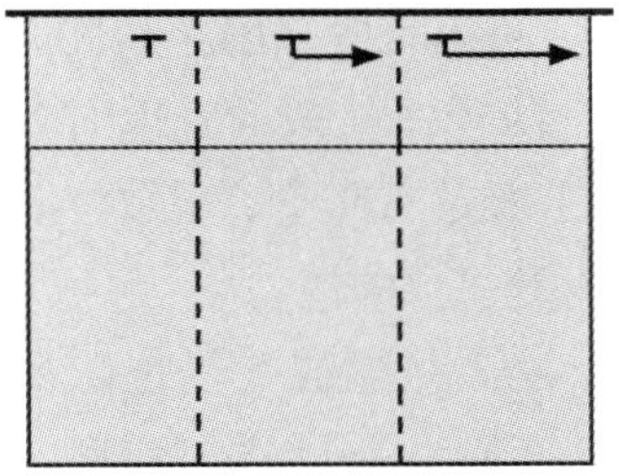

图 5－18　双人拦网基本战术图

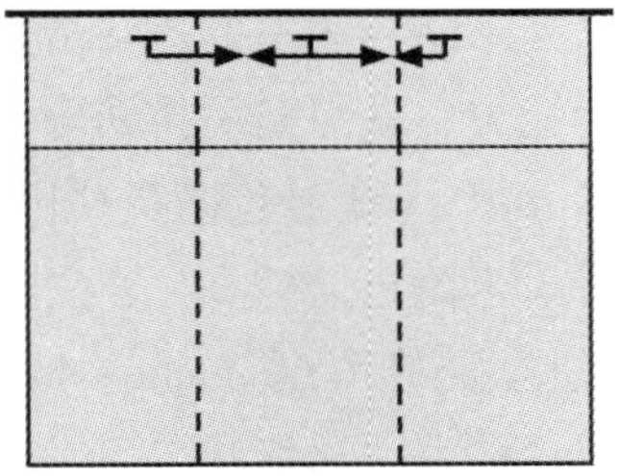

图 5－19　双人拦网基本战术图

3. 三人拦网战术

当对方采用调整攻战术时，因传球弧度较高，当对方进攻为左右网区时，所有拦网队员应通过并步，同时向对方的进攻区域横向移动，然后都采用交叉步拦网技术，充分起跳形成三人拦网。当对进攻为中间网区时，侧两边拦网队员采用交叉步拦网技术向中间拦网队员靠拢形成三人拦网。

（二） 后排防守阵型

1. 第一取位（图 5 －20）

第一取位是指对方传球前本方后排防守三名队员的后排防守取位的基本位置。在第一取位的基础上，可以随后根据对方二传的战术组织情况与最终的扣球区域进行快速的防守阵型变换。下图中标出了标准的第一取位方案，球队可以根据后排防守人的防守能力以及对方二次攻战术进行适当的调整。

2. 双人拦网后排防守基本阵型

对方 4 号位进攻时的双人拦网后排防守的基本阵型见图 5 －21。

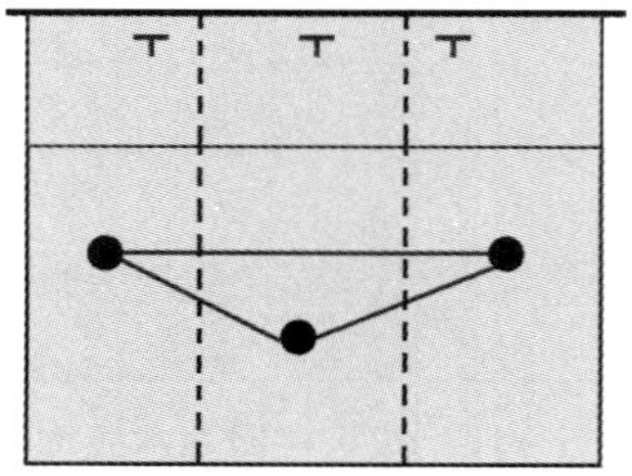

图 5 －20　第一取位防守基本阵型

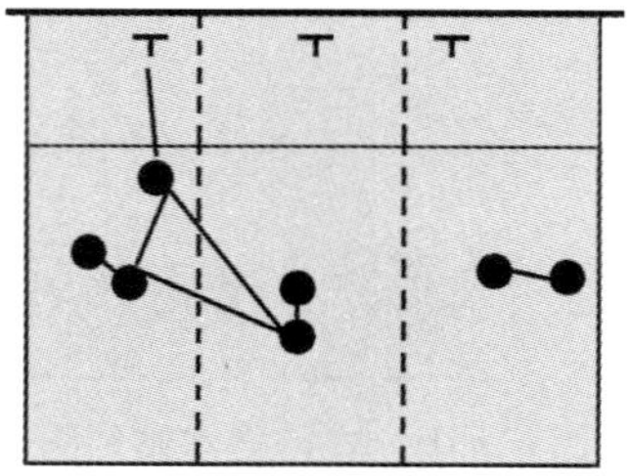

图 5 －21　双人拦网后排防守基本阵型

对方 2 号位进攻时的双人拦网后排防守的基本阵型。

3. 心跟近与边跟近

“心跟进”防守阵型（center－up defensive system）：固定由 6 号位队员跟进防吊球及前区球，称为“心跟进”防守阵型，或称为“6 号位跟进”防守阵型。这种防守阵型多在对方采取以扣吊结合为主的进攻战术，为了解决“心空”问题时所采用。其优点是加强了网前的防守能力；缺点是后排防守队员之间的空当较大，防守力量减弱。以对方 4 号位进攻为例，本方由 2、3 号位队员拦网，4 号位队员后撤到 4 米左右防守，6 号位队员跟至拦网队员身后 3 米附近防守，5 号位队员防守后场，每人负责一个防区。

“边跟进”防守阵型（side－back defensive system）：由 1 号位或 5 号位队员跟进防吊球及前区球，称为“边跟进”防守阵型，也称为“1、5 号位跟进”防守阵型。这种阵型一般是在对方进攻力量比较强，战术变化比较多时采用。这种防守阵型被目前国内外强队广泛采用。

“边跟进”防守阵型有“死跟”和“活跟”两种不同的运用形式。以对方 4 号位进攻为例。“死跟”的基本站位形式，1 号位队员跟进到拦网队员身后防吊球及前区球。如果 1 号位队员是二传队员，则便于随时插上接应防起的球，从而组织反攻。6 号位队员向右移位补防扣向 1 号区的直线球。5 号位队员防后场 6 号区，4 号位队员后撤防斜线球。

“活跟”的基本站位形式，1 号位队员防后场直线球，当判断对方吊球或拦网后球落在前区，则及时跟进防守。同时，6 号位队员注意弥补 1 号区的空当。4、5 号位队员防斜线。4 号位队员还要负责防守吊到前场左区的球。

“内撤”（man back defense）防守阵型：由前排不拦网的队员改后撤防守为内撤保护

的一种方法。这种防守阵型多在对方开网进攻，不便扣小斜线球时采用，可以弥补“心空”弱点。但对内撤保护的队员转入反攻有所不便。

当对方4号位进攻时，本方4号位队员向内撤，负责防守拦网队员身后的球。当对方3号位进攻，本方3、4号位队员拦网时，则由2号位队员内撤

“双卡”（two－man close－up）防守阵型：由前排不拦网的队员内撤和后排1或5号位队员跟进相结合的一种防守形式。这种防守形式多在对方以吊球和轻扣为主，可以加强前区的防守，但后场只有两人防守，空当较大。

当对方4号位进攻，本方1号位队员跟进，4号位队员内撤；当对方2号位进攻，本方5号位队员跟进，2号位队员内撤。

“心跟进”“边跟进”“内撤”和“双卡”四种防守阵型，各有优缺点。在比赛中，应根据本队具体情况和对方进攻情况，以某种阵型为主，结合其他阵型灵活运用。

4. 三人拦网后排防守基本阵型

三人拦网防守阵型（three－man block defensive system）。三人拦网防守阵型在对方扣球攻击性强、线路变化多和吊球少的情况下采用。三人拦网加强了第一道防线，但增加了后排防守的困难，组织反攻也有所不便。三人拦网的防守阵型有以下两种。

（1）“三二一”防守阵型：由6号位队员防后场，1或5号位队员突前防守场地两腰的一种防守阵型。这种阵型便于防两侧的重扣球和拦网弹到后场的球，但拦网队员身后空当较大，不易防守吊球。

（2）“三一二”防守阵型：由6号位队员跟进防守，1或5号位队员压在后场防守。这种阵型可以防起吊球，便于接应组织反攻，但后场只有两人防守，防守的任务较重。

三、防拦回球阵型

（一）接拦回球阵型（block rebounds reception system）

接拦回球防守阵型，应根据本方的进攻战术和对方拦回的情况以及参加防守的人数来确定。接拦回球一般采用5人、4人、3人等阵型。

（二）接拦回球不同阵型的站位

1. 五人接拦回球阵型的站位

本方强攻时，二传弧度较高，进攻点明确，除扣球队员自我保护外，本队其他五名队员均可参加接拦回球。根据扣拦的情况灵活采用不同的站位。

“三二”站位：本方4号位进攻时，其他队员均面向进攻方向，5、6和3号位队员组成第一道防线，1和2号位队员组成第二道防线。这种站位一般在对方拦网有高度、落点大多在近网时采用。

“二二一”站位：这种布防方法是把防区分为三道防线。以本方4号位进攻，其他五名队员保护为例。5号位队员向前移动和向左后方移动的3号位队员组成第一道防线；6

号位队员向前移动和内撤的2号位队员组成第二道防线；1号位队员保护后场成为第三道防线。这种站位适合对方拦网落点较分散时采用。

“二三”站位：这种站位的第一道防线与“二二一”站位相同，只是后区的1号位队员上前与2、6号位队员共同组成第二道防线。这种站位多在对方拦网力量不强，弹回的球速度较慢时采用。当本方队员从2或3号位进攻时，其站位方法基本与4号位进攻时的站位相同。

2.4 人接拦回球阵型及站位

4人接拦回球一般采用“二一”站位：这种站位多在二传队员传球后或前排快球掩护队员来不及后撤防守时采用。

示例1：当1号位二传队员将球传给2号位队员扣背快球，当他们两人都来不及接拦回球时，则由3和6号位队员组成第一道防线，4和5号位队员组成第二道防线。

示例2：当4号位队员扣球，3号位队员扣球掩护来不及接拦回球时，则由5号位队员组成第一道防线，2和6号位队员组成第二道防线。

3. 三人、两人、一人接拦回球阵型的站位

如，本方组织更多人的快攻战术，则接拦回球的人数会相应减少。

示例1：2、3号位队员掩护，4号位队员进攻，则由5、6号位队员和插上的1号位队员组成三人接拦回球阵型。

示例2：本方组织双快一跑动进攻战术，1号位插上的二传队员采用跳传，则由5和6号位队员组成两人接拦回球阵型。

示例3：本方采用立体进攻战术，前排三名队员快球或掩护，5号位队员后排进攻，1号位插上二传队员又采用跳传，则只有6号位队员一人接拦回球。

四、防推吊球阵型

（一）接传、垫球阵型（set dig pass reception system）

接对方传、垫过网的球，根据其运用的时机、条件以及来球性能的差异，可采用以下5人、4人接球阵型。

有时，一次有计划的进攻会失败，本方无法很好地控制球来结束这次进攻，或许这个球并不是一开始就传得很好，二传传的球不太好，所以导致攻手不能扣出一个强有力的球，这种情况下产生的推球形态。

推球状态下，一个队可由基本的防守阵型转换为“W”型以便再一次进攻，2号和4号退后并站在进攻位置，后排队员也调整为基本的进攻站位（图5-22）。

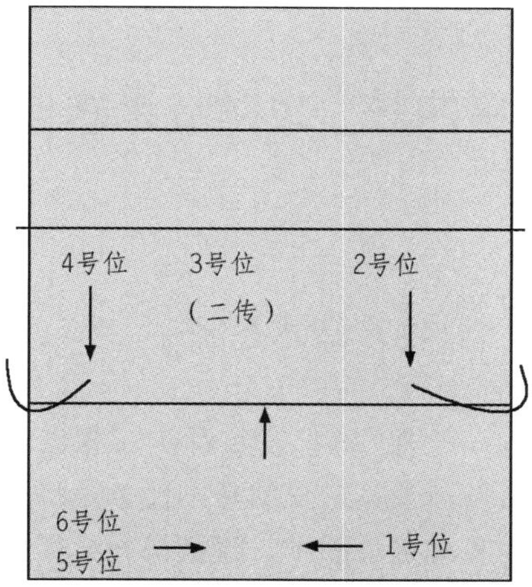

图 5 -22　基本的进攻站位图

（二）接传、垫球不同阵型的站位

1. 当对方一传将球垫飞，接应队员将球调整在中、后场附近，第三次无法组织进攻时，后排二传队员尽早插到网前，前排队员快速后撤或换位，可以采用 5 人或 4 人接发球阵型，尽量组织三点战术进攻。

2. 当对方二传将球调整到中场附近，因高度限制不能扣球时，常采用上手平推过网，并辅之找空当、弱区的方法。接这种球的基本方法同上。

3. 当对方传、垫球落在本方前区时，前排队员也已经后撤，这时可组织两次球进攻战术。如，对方传、垫球落在后区，前排队员能较充裕地后撤准备进攻，此时组织“插上”战术更为有利。

第四节　攻防战术转换

一、接发球及其进攻（一攻）战术系统

接发球及其进攻，也称为“一攻”，它包含着防守和进攻两方面。“一攻”主要包括一传、二传和扣球等环节。接发球及其进攻的基本任务是将对方发过来的球接起来，并尽量准确地供给二传队员来组织各种进攻战术，直接得分或保证不失分。

（一）接发球的基本要求

1. 正确判断

应根据发球队员的位置进行第一次判断，以确定合理的取位。发球队员击球后，再根据其发球手法、球的飞行路线和性能进行第二次判断，及时移动进行位置上的调整。

2. 合理取位

如对方发球弧度高、落点分散，接发球站位应前后分散均衡站位；如对方发球速度快、弧度平、落点比较集中，接发球的位置要压后，队员前后靠近。

3. 分工与配合

后排队员接发球的范围可相对扩大些；接发球技术好的队员分工范围可大些，反之可小些。接发球的配合：互相保护，互相弥补。当一人接发球时，其他队员特别是相邻队员应注意保护，随时准备接应。一旦球打手飞出界外、平冲入网或飞过球网时，其他队员都应全力抢救，这样既可减少失误，又可鼓舞士气。

（二）接发球进攻的战术变化

平拉开进攻是基础，快攻战术是重点，应根据队员的技术、战术水平以及临场的实际情况，合理地运用后排攻和两次攻，灵活组织多种多样的战术配合，给对方出其不意的攻击，以取得良好的进攻效果。

二、接扣球及其进攻（防反）战术系统

接扣球及其进攻的过程包括拦网、后排防守、二传或调整二传、扣球等几个相互衔接的部分。其中，拦网是第一道防线，后排防守是反攻的基础，二传或调整二传是组织反攻的桥梁，而反攻中的扣球是成败的关键。接扣球及其进攻的质量如何，是直接影响到能否得分的重要因素。因此，接扣球及其进攻在比赛中占有更为重要的地位。

（一）接扣球的防守战术

接扣球防守是由前排拦网和后排防守两部分组成。有效的拦网不仅可以抑制对方的进攻，而且还可以直接拦死对方的扣球，达到进攻的效果。后排防守是前排拦网的后盾，起保护拦网，弥补拦网的作用，即把没有拦到的球接起来后，再组织进攻。因此，只有前后排队员紧密配合，才能达到预期的防守效果。

（二）接扣球进攻

接扣球进攻在比赛中出现的次数多，是得分的主要手段，对比赛胜负起重要作用。进攻战术可采用接发球战术的形式，但运用时要复杂困难得多。

接扣球进攻战术的运用能力，首先取决于拦网的效果和后排防守起球的到位程度，还要看二传队员的组织能力、其他队员调整传球的能力和扣球队员强攻能力与快攻意识等条件。接扣球进攻除直接拦死、拦回外，还有以下两种情况。

1. 触及拦网队员手后组织进攻。在比赛中，球被拦起后落在本方专区的情况不少，而这种球的飞行很不规律。因此，要根据具体情况，灵活运用各种打法，组织进攻。

在前排拦起的高球，落点在前场或中场，可将球传、垫给二传队员，组织进攻战术。也可将球传给不拦网的队员作二传，组成“两次球及其转移”进攻战术，进行突然袭击。在一传到位的情况下，接发球进攻时所运用的战术都可以采用。

在前排拦起的低球，速度快、落点远，球不易传、垫至网前，则要求二传队员和其他队员都应积极准备，将球调整传给不拦网后撤的队员进攻。

2. 后排防起后的组织进攻。在前排没有拦到球时，主要靠后排防守起球组织进攻。当后排 6 号位队员防守起球时，前排二传队员在拦网落地后，立即转身传球。其他队员也要准备接应，离球最近的 1 号位队员应作二传，组织进攻。

当后排防起的球到位时，接发球所运用的战术都可以采用。1 号位跟进防守的二传队员应迅速插上组织进攻。2 号位和 3 号位队员拦网落地后迅速后撤，准备打背平快和快球。4 号位队员准备平拉开进攻。

（三）接拦回球及其进攻（保攻）战术系统

接拦回球及其进攻也称为“保攻”，既不同于接发球进攻，也不同于接扣球进攻，是一种自成体系的进攻形式。保攻系统包括保护、二传和扣球等环节。自从规则允许过网拦网后，拦网即由消极的防守转为积极的进攻。因此，球被拦回的次数不断增加。比赛中，接好被拦回的球，不仅可减少失分，并且能增强扣球队员的信心。

1. 接拦回球的特点和要求

在扣球进攻的同时本方其他队员需要采取一种防守阵型，以便有效地接起被拦回的球。由于攻、拦之间的攻守转换时间极为短促，而被拦回的球，其飞行路线多数成锐角反弹回来，其速度快、路线短、离网近、突然性大，因此，除要求队员具备快速敏捷的反应能力和掌握多种多样垫、挡、顶等防守技术外，还必须布置合理的防守阵型。

防拦回球时，队员选择的位置应根据扣球的方向、路线、力量和击球点离网的远近以及对方拦网的高度和手形而有所不同，但扣球点附近一般是接拦回球最集中、最困难的地区。因此，这一地区应作为重点防守的地区。接拦回球的难度较大，能否完成保护同伴扣球的任务，对比赛的胜负有一定的影响。

2. 接拦回球的阵型及其变化

接拦回球的阵型应根据本方的进攻战术和对方拦网情况以及参加防守的人数来确定。接拦回球时一般采用5人、4人、3人等阵型。

3. 接拦回球进攻

接拦回球进攻比接发球进攻、拦起后进攻及后排防起后进攻难度更大，要求更高。一般有以下三种情况。

（1）如拦回的球角度小、速度快、落点近网，则要求第一次击球时尽量将球垫高，争取调整二传组织强攻扣球。

（2）如拦回的球速度慢、落点远网，则应有意识地将球垫给二传队员组织“中、边二三”进攻战术。

（3）如拦回的球弧度高、落点在中后场，则应通过“插上”组织一系列的快攻战术或组织两次球的进攻战术。其进攻形式与接扣球进攻基本相同。

（四）接传、垫球及其进攻（推攻）战术系统

接传、垫球及其进攻，简称“推攻”。推攻即接对方没有组成扣球进攻而推过来的球组织进攻，这个系统包括接对方垫过来的球、二传、扣球等环节。排球比赛中，当对方无法组织进攻，被迫将球传、垫过网的情况，不仅在较低水平的队中经常出现，就是高水平的队比赛中也时有所见。这时，如果能抓住机会，组织快变战术进攻，就能扩大战果争取得分。如果掉以轻心，不仅会丧失良机，还会导致被动局面。因此，接传、垫球及其进攻也是不应忽视的一个环节，其进攻形式与接发球进攻形式基本相同。

1. 接传、垫球的特点

在比赛中，以传、垫球方法击球过网，一般是在不得已情况下采取的。因此，接球的一方有较充裕的时间从容地将球传、垫起来组织进攻。但有时对方有意识利用各种方法给接球一方制造困难，如平传空当、垫高球、迫使二传队员接球等。其力量与速度虽不及扣球和发球，但落点刁、突然性大，也会造成接球一方难以组成有效的进攻战术。

2. 接传、垫球阵型及其变化

（1）对方传、垫过网的球，根据其运用的时机、条件以及来球性能的差异，可采用以下几种接球阵型和进攻战术打法。

当对方一传将球垫飞，接应队员将球调整在中、后场附近，第三次无法组织进攻时，后排二传队员应尽早插到网前，前排队员快速后撤或换位，可以采用5人或3人接发球阵型，尽量组织3点战术进攻。

（2）当对方二传将球调整到中场附近，因高度限制，不能扣球时，常采用上手平传过网，并辅之找空当、弱区的方法。接这种球基本方法同上。

（3）当对方一传或二传击球时，有意识地将球突然传、垫过网时，本方在接扣球防守阵型的基础上，尽可能组织“边二三”战术，并充分发挥3、4号位队员快攻战术配合的作用。

（4）当对方传、垫球落在本方前区时，前排队员也已经后撤，这时可组织两次球进攻战术。如，对方传、垫球落在后区，前排队员能较充裕地后撤准备进攻，此时组织“插三二”的战术更为有利。

（五）“四攻”战术系统之间的关系

我国学者李安格教授根据排球运动的规律和战术训练需要，将战术系统分为接发球及其进攻、接扣球及其进攻、接拦回球及其进攻、接传垫球及其进攻。

1. 接发球及其进攻系统，简称“一攻”。这个系统主要包括一传、二传和扣球等环节。

2. 接扣球及其进攻系统，简称“防反”。这个系统主要包括拦网、后排防守、二传和扣球等环节。

3. 接拦回球及其进攻系统，简称“保攻”。保攻系统包括保护、二传和扣球等环节。

4. 接传、垫球及其进攻系统，简称“推攻”。推攻即接对方没有组成扣球进攻而推过来的球组织进攻，这个系统包括接对方垫过来的球、二传、扣球等环节。

根据实行“每球得分制”的新规则，在训练和比赛中，重新认识与处理好上述四者间的关系，特别是抓好“一攻”与“防反”这两个主要系统是一个优秀球队的重要标志。

“一攻”的好坏不仅能直接得分或失分，还影响防反能力的发挥。“每球得分制”新规则的实施，将“一攻”从过去只能得球权的位置提升到了直接得分的地位。“一攻”水平高，给对方的压力就大，就能抑制对方的防反能力，也就有利于发挥自己的防反水平；“一攻”好，突破拦网的能力强，可减少自己“保攻”的次数。因为成功组织“保攻”较为困难，而减少“保攻”次数是有利的。“一攻”水平高，快变战术变化多，配合熟练，可促进“防反”和“推攻”战术的质量和变化。“一攻”好，可争取更多的“推攻”机会，反之，则给对方更少的“推攻”机会。随着“每球得分制”新规则的实施，“一攻”成为重要的得分手段，改变了过去“一攻”只能得发球权的状况，“一攻”质量的好坏与比赛胜负的关系更为密切。“一攻”的地位和作用比以往更重要，因而必须重视“一攻”的训练质量。

第五节　排球战术相关理论

一、排球战术的发展

世界排球运动经过一百多年的发展与改革，在内容、形式和规则等方面日益革新，并随着社会的进步和传播手段的现代化而广泛普及和大众化。排球比赛的战术形式和战术内容也随着人们的运动实践和体育科学研究的深入而产生了根本性的变化。排球战术的不断发展是使排球运动充满活力、展示高水平的重要动力。根据当今排球运动的发展现状，排球战术的发展呈现如下趋势。

（一）“全面型”和“立体化”成为进攻战术的主体

排球战术经历了“高→快→高”和“点→线→面→立体”的演变过程。目前，世界排球界均注重“全面型”战术系统的构建和发展，在“全面型”的基础上，突出了“立体化”进攻战术的运用。“立体化”进攻，是指进攻战术既有前排各进攻点的多层次配合，又有后排进攻面的多方位变化，还有发球及调整球线路的全场区延伸和扩展。这是一种占据全方位空间的进攻战术形式，它使“面向纵深、方向扩大、前后一体”的立体化排球战术系统日益充实和完善。可以这样认为，在未来的排球比赛中，谁占有的空间越多，谁就能更好地发挥自己队伍的特长。因此，“立体化”进攻战术将在很长的时间内成为进攻战术的主体。

（二）提倡“前高位”和“后低位”相结合的整体化防守战术

规则的不断变化，使排球比赛攻防力量趋于平衡。防守已成为掌握场上主动或得分的重要方面，防守战术被各队充分重视。目前，“前高位”防守成为防守战术发展的新趋向。“前高位”防守战术是指防守中加强网上、网前的高防，在前排网上争防第一点，并和后排防守一起，加快拦防反击的速度。“后低位”是指在后排防守和前排保护时，身体重心主动降低，赢得防守时间。同时“自由防守队员”防守形式的出现，给防守战术提供了更为灵活的运用条件，使前排、后排共同形成有效的防守网络，获得积极的防守效果。

（三）贯彻“快速化”的战术思想

“快”是排球战术的核心。只有快速的进攻、快速的调整、快速的配合、快速的防守，才能掌握比赛场上的主动权，占尽进攻与防守的先机。“快速化”已日益成为世界各支排球队伍的主导思想。在排球比赛中，“快速化”战术的决定因素有以下几个方面：个体的反应、队员间配合的默契性和熟练性、身体力量等。在“快速化”的排球战术思想中，所强调的应是建立在整体配合基础上的快、具有强大力量的快以及队员行动随场上情况的变化而变化的快。

（四）采用“多变型”的战术行动

在全面、快速的基础上，多变的战术行动是排球比赛中最具活力的表现形式。一二种战术组合的比赛特色，早已不适应现代排球运动的发展要求，而多种战术方式的有效组合、创新及临场发挥，使排球运动充满了无限生机与无穷魅力。其具体表现为：发球战术的多变，有力量大的跳发球，也有吊网前的轻飘球；进攻战术的多变，有点高力大的强攻突破，也有快速变化的跑动进攻；防守战术的多变，有高大的移动拦网，也有稳健的后排防守。多变的战术行动要求队员有良好的排球战术意识和整体的协调配合，能够根据比赛的进展情况，作出正确的判断和快速的反应，既能完成预定的战术构想，又能随机应变，巧妙地运用各种战术手段。

（五）战术运用趋向合理、简练和实效

排球战术组合和运用的最终目的是获取胜利。在排球运动新规则的导向下，排球比赛的竞争性日趋激烈，各种战术组合和运用都在寻求着更为合理的途径，在全面型、立体化、快节奏、多变化的整体战术体系中，简练、实效的战术运用成为制胜的重要手段。简练是战术配合的节省化和快捷化；实效是临场比赛战术运用的强烈制胜目的性的实现。简练、实效的战术运用是现代排球战术发展的趋势之一。

二、我国排球技战术指导思想

（一）排球战术指导思想的概念

战术指导思想是一个球队在训练和比赛中，指导战术行动的主导思想和所遵循的基本原则。正确的指导思想来源于运动训练与比赛的主要实践，又反过来指导训练与比赛实践，并在实践中不断丰富和发展。

（二）我国排球战术指导思想的形成与发展

我国排球战术指导思想是经过长期实践特别是经过国际排球比赛的锻炼，在逐步认识排球运动的规律、总结正反两方面的经验和教训的基础上逐步形成和发展起来的。它的形成分为以下七个阶段。

1. 1955 年，原国家体委召开第一次运动员训练工作会议，提出“积极主动、灵活快速”的技战术指导思想。

2. 1958 年，排球训练工作会议提出“战术多样”的技战术指导思想。

3. 1972 年，进一步明确了“在技术全面的基础上，以攻为主，积极防守，发展高度、坚持快速，密切配合，实现快、狠、准、变”的战术指导思想。

4. 1978 年，重新修正了我国排球运动的技战术指导思想，即“在技术全面的基础上，发挥各队的特点，向全攻全守型发展，坚持快速，发展高度，狠抓扣、拦、发三项得分技术，力争网上优势；以全面、快速、高度、灵活、准确的打法，争取主动，夺取胜利”。

5. 1989 年，重新制定新的技战术指导思想，即“技术全面、突出特点、准确熟练、快速善变，发展高度，不断创新”。

6. 1999 年，我国排球运动技战术指导思想进行新的调整，即：“攻防全面，发展高度，坚持快速，灵活善变，不断创新，培养尖子”。

7. 2001 年 3 月 6 日，全国排球训练工作会议在北京召开。根据世界排坛的发展现状，中国排球确定了新时期的技战术指导思想，即：“技术全面，突出特点，准确熟练，快速善变，发展高度，不断创新，加强体能。”这 28 字方针成为我国迈入新世纪的排球战术指导思想。

三、排球战术的创新

（一） 创新的原则

根据学者陈小蓉提出的观点，排球战术创新应遵循以下三个原则。

1. 超前性原则

超前性体现在超前思维、超前设计、超前试验以及超前运用几个方面，以实现先发制人的应用目的。排球战术创新在构思、设计、试验和运用等各个环节上，必须做到先人一步，只有这样才能达到战术创新的预期效果。

2. 针对性原则

针对性表现在三个方面，一是针对某一确定的比赛对手而设计；二是针对本队某一队员的特点而设计；三是针对某一实际问题而设计。在进行排球战术创新时，应主要针对运动员的身体素质、形态、技术特长、战术意识和智力水平等特点；针对本队总体风格打法；针对不同对手在风格打法、关键队员以及发展方向上的特点；针对排球技战术发展趋势、规则修改动向等方面进行创新，只有这样排球战术的创新才更有实效。

3. 可行性原则

可行性是指排球战术创新设计必须符合科学原理、队员条件和比赛实践要求。由竞技体育的特性所决定，任何一项技战术的创新都必须符合运动员的生理解剖特点，适应实践的需要，适合集体配合，并能够为运动员所掌握，只有这样才能实现其创新的价值。

四、排球技术、战术之间的关系

（一） 技术与战术的辩证关系

技术与战术两者是互相联系、互相依存、互相促进、互相制约的辩证关系。技术是组织与运用战术的基础，有什么样的技术才能打出什么样的战术。例如，发飘球的出现，改变了接发球站位形式，由过去的密集站位改为疏散站位；有了后排扣球技术，才有可能发展立体进攻战术等。技术决定战术，战术又促进技术的发展和提高。因此，在技术训练中，要根据战术的设想和阵容配备，有计划、有目的地把技术训练巧妙地结合于战术训练中，只有这样，才能巩固和提高所掌握的基本技术，提高技术的运用能力，并通过战术训练，不断对技术提出新的、更高的要求。

（二） 战术的数量与质量的关系

数量是指战术的多样性，质量是指战术的攻击和熟练程度，两者的关系是辩证统一的。任何战术的质量都表现为一定的数量，任何战术的数量都包含一定的质量。队员只有掌握了战术的多样性，才有可能变换和运用战术，才有利于充分发挥每个队员的技术特长。随着战术数量的增加，必然会给战术质量带来质的飞跃。如果只追求战术数量而忽视战术质量，多而不精，华而不实，就会使战术流于形式而失去了多样性的意义和作用。因此，在训练中既要注意发展战术数量，又要强调提高战术质量。

（三） 进攻战术与防守战术的关系

在排球比赛中，为了使球在对方场区落地或造成对方失误而采取的一切合法手段，都称之为进攻。反之，为了不使球落在本方场区的一切合法手段，均属防守。

现代排球的进攻技战术手段发展迅速，已由点到线、由线到面、由面到立体，充分利用时空的变化，形成了各种快慢、掩护、跑动的技战术。进攻是争取得分，取得胜利的主要手段。防守不仅是减少失分的一个重要方面，也是得分的基础。除发球外，每发动一次进攻都是在防守的基础上进行的。例如，接发球进攻是在防起对方发球之后才能完成的；接扣球进攻是在防起对方扣球之后，才有可能组成的。因此，可以说，没有防守就没有进攻。

进攻和防守是排球比赛的两个对立面，攻守交替发展是排球运动自身的规律，进攻水平提高，必然会促进防守水平随之提高，而防守水平的提高，反过来又会刺激进攻战术的发展。例如，发飘球与手臂垫击；扣球打手出界与盖帽式拦网；跑动进攻与重叠拦网的对抗发展等。攻守这对矛盾贯穿于排球运动的始终，攻中有防，防中有攻，随着人们对排球比赛规律认识的深化，防守的地位逐渐提高。攻防关系应该是紧密相连和相互依存的，进攻必须以防守为基础，而防守的目的是为了保证与实现进攻，片面地强调进攻或防守都是不正确的。因此，在训练和比赛中，必须贯彻攻防兼备，全攻全守的指导思想。

五、排球战术能力与培养

（一） 排球战术能力的概念

排球战术能力是指排球运动员在比赛中，完成战术活动的本领。其中，也包括完成战术活动的具体方式以及顺利完成战术活动所必需的心理特征。

（二）排球战术能力的内容

我国学者李安格教授等人提出，排球战术能力包含个人战术意识、战术的理论知识、所掌握的战术质量、战术数量以及运用战术的针对性和灵活性五个方面。

1. 个人战术意识

个人战术意识是指运动员在临场复杂多变的比赛中，根据比赛的规律和各方面的情况，随机应变，有判断、有目的、有预见性地决定自己与同伴的配合行动和应对对手策略的思维活动。

个人战术意识是战术能力中最基础的、最重要的内容，任何一个战术行动的完成，都由人的思维活动支配。

2. 战术理论知识

战术理论知识是战术能力的理论基础。内容包括排球技战术指导思想；运用战术的基本原则；各种攻防战术形式、阵型、套路和这些战术的优缺点；战术发展、演变和今后发展的趋势；应对各种战术的对策及其有效范围；运用各种战术的前提条件；规则对战术的限制与要求；战术在比赛中的作用；主要对手的技术、战术、身体、心理和作风的特点等有关理论科研知识。

理论是行动的指南，丰富的理论知识有助于个人战术意识的提高，有助于迅速掌握多种战术和提高战术质量，有助于更合理地选择战术、运用战术、形成绝招和创造新的战术。

3. 战术的质量

每个运动员或运动队都有自己的特点，掌握好几种符合自己特点的基本战术，作为主要的武器来对付对手，是体现战术能力的一个重要措施，也是保证战术质量的一个基本原则。

战术的质量主要体现在战术运用要熟练、战术要先进、战术运用要有绝招和战术运用要不断创新等四个方面。

4. 战术的数量

一个优秀的运动队和运动员，必须掌握多种战术，才有可能提高应变能力，争取战术运用的主动权。

在掌握多种战术的同时，还必须把符合自己特点的，能形成绝招的或有发展潜力的新战术作为重点来掌握。在保证重点战术质量的基础上，努力增加战术的数量。

5. 运用战术的针对性和灵活性

比赛中战术运用是否得当，常常成为决定比赛胜负的重要因素。“兵不厌诈”能迷惑对方，也是战术中的表现。同时，运用战术的灵活性还表现在适应对手的能力上。

关于少年运动员的球场意识，教练员和教师在少年排球运动的教学训练中，要充分认识到少年运动员意识培养对技战术、对比赛的重要作用，这是一项长期、耐心细致的工作。因此，在平时教学训练过程中，不但要训练队员各项基本技术，还要加强对队员的战术意识进行培养与训练，在实践中提高战术意识。少年运动员由于生理和心理发育的特点，对战术意识的培养需要通过反复的实践才能形成和提高，战术意识的培养应贯穿于排球教学训练的始终。

本章思考题

1. “五一”与“四二”阵容配备的各自优缺点是什么？
2. 平拉开和半高球各自的特点和技术要领是什么？
3. 心跟进防守和边跟进防守的区别是什么？
4. 我国排球战术指导思想的形成与发展分为哪七个阶段？
5. 现代排球信息系统的基本功能有哪些？

参考文献

[1]排球精品课程团队．排球(国家级精品课程教材)[M]．北京:北京体育大学出版社,2009(第一版)．

[2]黄汉升．球类运动——排球[M]．北京:高等教育出版社,2005.

[3]黄埔周,吕乾正,等,排球[M]．北京:北京体育大学出版社,1991.

[4]排球精品课程团队．排球[EB/OL]．http://121.194.17.18/eol/jpk/course/welcome.jsp? courseId=1041.

[5]全国体育院校教材委员会《排球》教材编写组．排球运动[M]．北京:人民体育出版社,1999.

第六章　排球战术教学与训练

本章概要

本章节共分两个部分，第一部分是接发球进攻战术（包括“中一二”进攻阵型、“边一二”进攻阵型、“反边一二”进攻阵型和后排“插上”接发球进攻阵型）的教法与训练方法。第二部分为接扣球进攻战术（包括无人拦网下的防守阵型、单人拦网下的防守阵型、双人拦网下的防守阵型和三人拦网下的防守阵型）的教法与训练方法。通过本章的学习可以对不同进攻阵型的教学及训练方法有所了解。

第一节　接发球进攻战术教法与训练

一、“中一二”进攻阵型

（一）教学顺序

1. 学习最基本的“中一二”进攻阵型。
2. 介绍并学习“换位中一二”的方法。
3. 初步掌握基本站位后，进行抛球垫一传、传扣结合的串连与小组配合练习。
4. 结合发、垫、传、扣球的全队战术配合。
5. 增加对方拦网的全队整体战术配合。

（二）教学步骤

1. 用黑板或沙盘讲解战术名称，场上队员的位置、职责、跑动路线及配合特点等。
2. 进行各轮次的徒手模仿战术跑动。
3. 教师抛球进行一传、二传、扣球串连练习。
4. 进行发、垫、传、扣球整体配合练习。

（三）示范位置（图6－1）

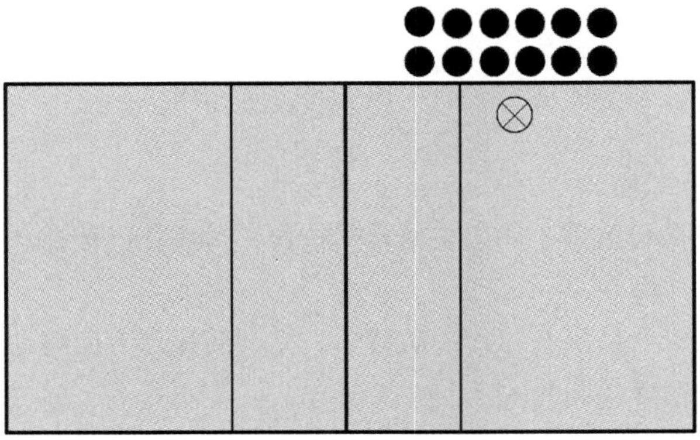

图6－1

（四）练习方法

1. 熟悉位置和跑动路线的练习

（1）从本方 6 号位抛球给 3 号位二传队员做二传，组织 2、4 号位进攻。

（2）垫球队员将隔网抛来的球垫给 3 号位二传队员，组织小组配合进攻（图 6 - 2）。

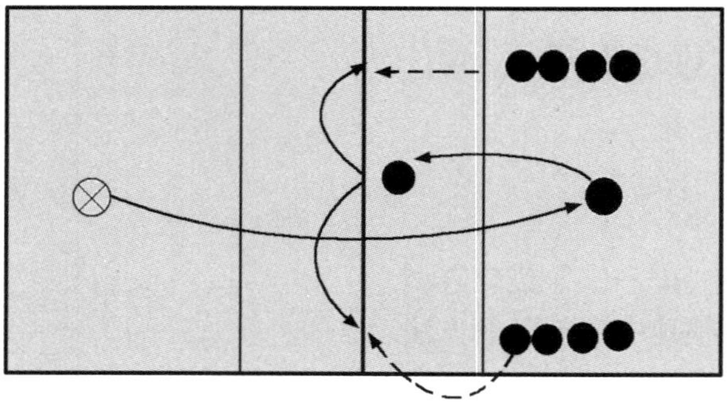

图 6 - 2

（3）隔网抛球，进行全队战术配合练习，要求场上每个队员熟悉自己的位置和职责（图 6 - 3）。

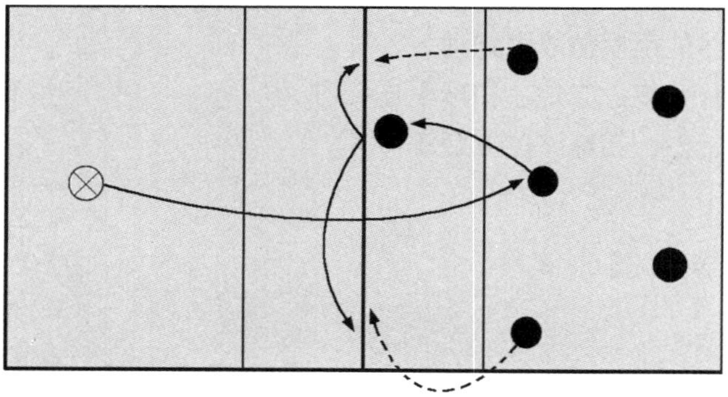

图 6 - 3

2. 二传队员传球练习

（1）要求 3 号位队员根据不同的来球移动抢位，运用正面传球和背传技术，传出各种不同弧度和落点的球（图 6 - 4）。

（2）要求 3 号位二传队员在每传一次球后，立即向传球方向跑动，绕过 4 或 2 号位队员后，再跑回 3 号位传球（图 6 - 5）。

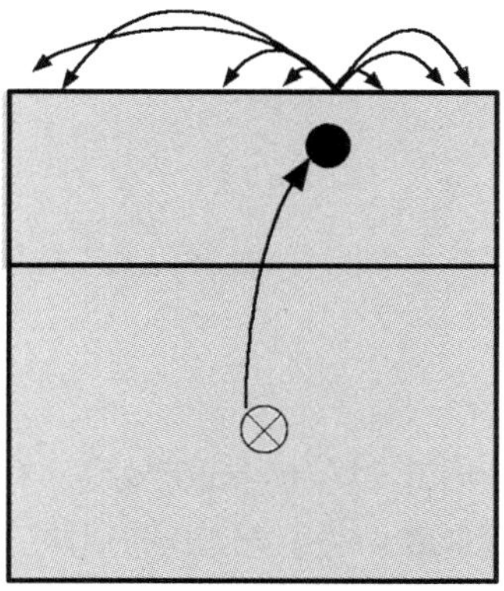

图6－4

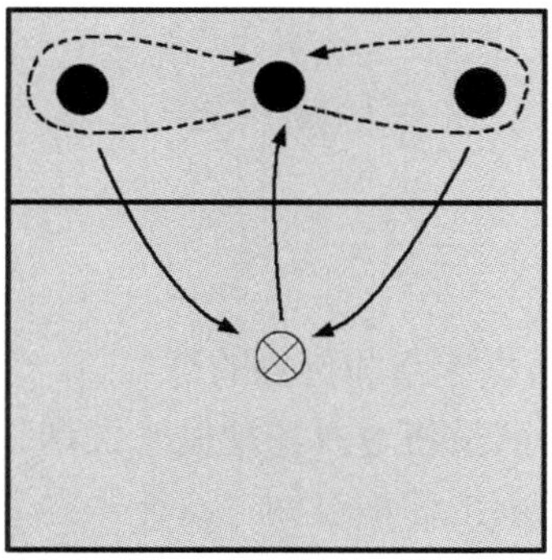

图6－5

3. 二传和攻手的配合练习

（1）由后排专人供球，3 号位做二传，4 号位队员扣球。

（2）由后排专人供球，3 号位队员背传给 2 号位队员扣球。

（3）按此方法，还可以进行 4 号位扣快球，2 号位扣背快等练习。

（4）3 号位二传队员运用正面传球或背传，将球传给 4 号位或 2 号位队员扣球。

4. 结合接发球或拦网的练习

（1）接对方发球后，全队组织“中一二”进攻。

（2）接发球后，全队组织“中一二”进攻后，立即后撤接从对方场内抛来的球，再次组织进攻。

（3）双方组织接发球后的“中一二”进攻，并增加拦网。

5. 集体对抗比赛

（1）接场外抛球，双方组织“中一二”进攻。

（2）在教学比赛的攻防中组织“中一二”进攻。

二、“边一二”进攻阵型

（一）教学顺序

1. 学习基本“边一二”进攻阵型。
2. 二传与攻手之间的小组配合。
3. 抛球垫一传，传扣串连技术
4. 发、垫、传、扣衔接的整体配合。
5. 加对方拦网的全队“边一二”进攻配合。
6. 在攻防转换条件下的全队战术配合。
7. 在教学比赛中运用“边一二”战术。

（二）教学步骤（同“中一二”进攻阵型）

（三）示范位置（同“中一二”进攻阵型）

（四）练习方法

1. 熟悉球路和位置的练习

后排队员将对方场地抛来的球，垫给 2 号位队员，由 2 号位队员传起后，3 或 4 号队员移动上前把球传过网，每轮次抛 2 至 3 次然后过渡到 3 或 4 号队员扣球（图 6 –6）。

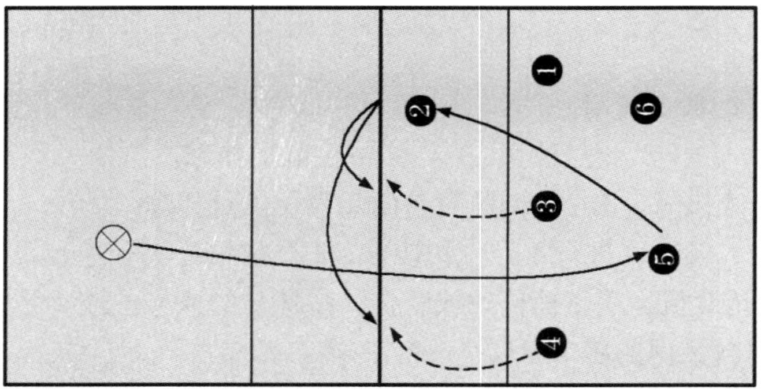

图 6 –6

2. 二传与攻手间的小组配合练习

本方抛球由二传传球后，3 号位队员扣快球，4 号位队员扣一般高球。

3. 方法同上，由 4 号位跑动扣快球，3 号位队员绕过 4 号位队员做前交叉进攻。

4. 4 号位队员自己将球传给 2 号位队员后立即跑动向前扣快球，这时在 2 号位队员身后的教师抛出半高球，由 3 号位队员绕过 4 号位队员上前扣球（图 6 –7）。

5. 本场抛球，4 号位队员扣快球，3 号位队员绕至二传手背后扣背快球。

6. 发、垫、传、扣的整体配合（图 6 –8）。

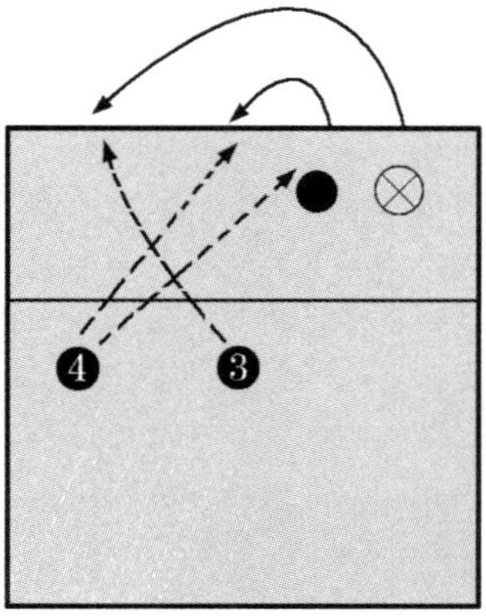

图 6 –7

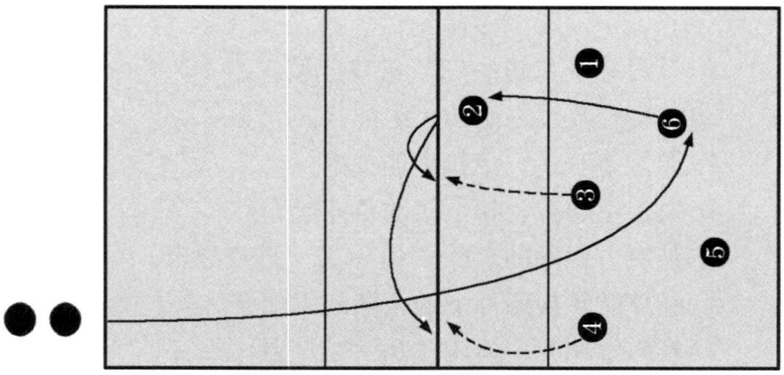

图 6 –8

7. 增加对方拦网的整体配合（图6-9）

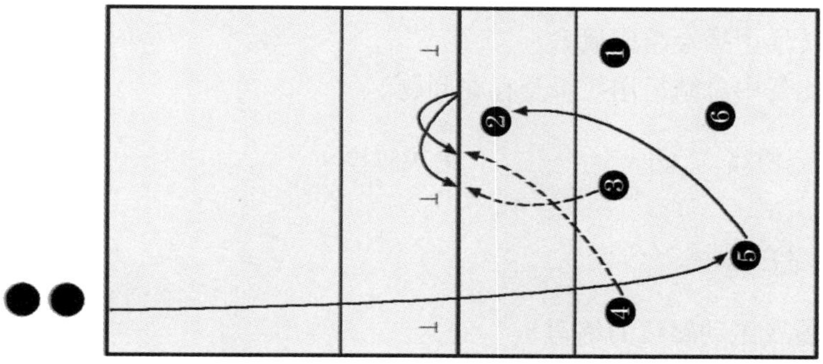

图6-9

8. 在防守的基础上运用“边一二”进攻战术的练习，由场外抛球或扣球，双方在防守后，组织“边一二”进攻。

三、反“边一二”进攻阵型（同“边一二”进攻阵型）

四、后排“插上”进攻阵型

（一）教学顺序

1. 学习基本“插上”进攻阵型，分别从1号位、6号位、5号位处向前排插上。
2. 插上队员与2号位扣球队员和3号位扣球队员的小组配合。
3. 插上队员与前排三名扣球队员的战术配合。
4. 对方抛球后插上组织的整队战术进攻。
5. 接发球全队完成插上的战术配合。
6. 增加拦网对抗。
7. 防反中的二传队员插上。
8. 教学比赛中运用“插上”战术。

（二）教学步骤

1. 用黑板或沙盘讲解“插上”进攻战术的全过程。

2. 在本方场地内抛球，二传队员提前固定在前排2、3号位之间，组成“插上”后与前排进攻队员的小组配合。

3. 在对方场地上抛球，二传队员插上后，传后排队员垫来的球组织各种战术变化。

4. 对方发球区发球，接发球队队员在规定位置接发球，二传队员插上组成预定的战术配合。

5. 增加拦网，在对抗中熟悉战术配合。

6. 在攻防转换中插上组成战术。

7. 在教学比赛中总结运用效果及存在问题。

（三）示范位置（同“中一二”进攻阵型）

（四）练习方法

1. 熟悉位置及跑动路线的练习

（1）1 号位队员插上，组织前排 3 人进攻配合的练习。

（2）6 号位队员插上，组织前排 3 人进攻配合的练习。

（3）5 号位队员插上，组织前排 3 人进攻配合的练习。

（4）由本方场内抛球，二传队员插上组织 2、3 号位队员的配合进攻。

（5）方法同上，组织前排 3 名队员的配合进攻。

2. 接对方抛球后的小组配合练习

（1）6 号位队员接对方抛球，垫一传，插上队员与前排 2、3 号位队员的战术配合。

（2）5 号位队员接对方抛球，垫一传，插上队员与前排 3、4 号位队员的战术配合。

（3）1 号位队员接对方抛球，垫一传，插上队员与前排 3 名进攻队员的战术配合。

3. 接发球后的串连练习

（1）接发球后组成 2、3 号位的“后交叉”或“假交叉”进攻，4 号位扣一般高球。

（2）接发球后组成 2、3 号位的“背交叉”或“假交叉”进攻，4 号位扣集中球。

（3）接发球后组成 4、3 号位的“前交叉”，2 号位扣背后高球。

（4）接发球后组成 3、2 号位的“梯次”进攻，4 号位扣平拉开球。

（5）接发球后组成 4、3 号位队员的“夹塞进攻”，2 号位队员背快球。

（6）接发球后组成“双快一跑动”进攻。

4. 增加拦网对抗的练习

（1）对方三人拦网，3 号位两边移动组织集体拦网，本方组成预定的战术配合。

（2）对方四人拦网，其中 3 号位站两个拦网队员，提高通过拦网的难度（图 6－10）。

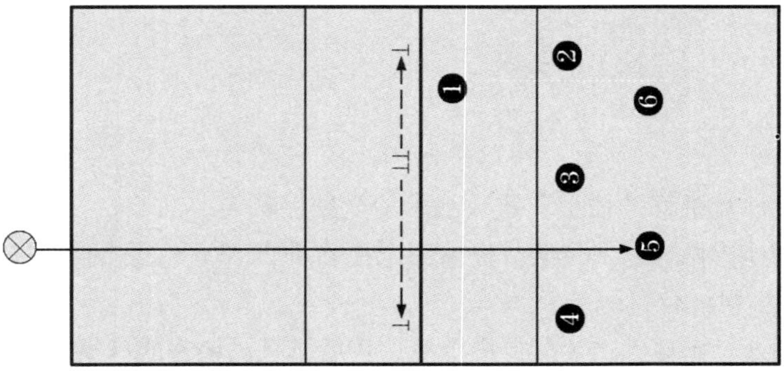

图 6－10

（3）对方六人拦网，每个位置有两人固定拦网，加强对抗性（图 6－11）。

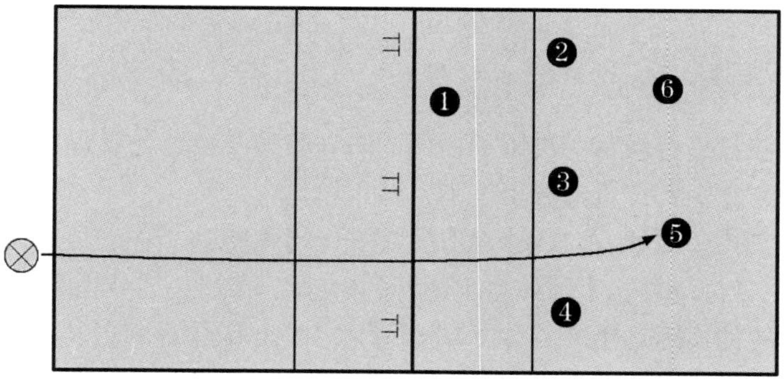

图 6－11

5. 综合性的提高练习

（1）四对四的一攻和防反，教师在场边抛球进行定次数或定时攻防，或得胜方连续一攻。

（2）方法同上，当成死球时找空当抛球向失误一方，要求场上队员连续作动作，每 12 分为一局，然后扣球后轮转位置。

（3）两边轮流发球进行对抗，比哪队成功多、失误少，各发球 10 次后轮转一个轮次。

（4）五对五一攻和防反，专门设一个队员发球，反击时也可以 1 号位队员行进间插上。

（5）六对六比赛，两边轮流发球，不轮转，采用每球得分制，10 分一局，然后两边各轮转一轮次，并在每轮规定完成某种配合的次数。

（6）主力阵容综合练习，在对方场地的前排有三名扣球队员，并有一名插上的二传队员，发球区有一名发球队员，教师持球站在场边，主力阵容接发球组织插上战术练习“一攻”，教师抛球给对方组织进攻，主力阵容练“防反”，对方将球传或垫过网，主力阵容练“推攻”（行进间插上）。教师抛球代替拦网球练“保攻”，定时或定量转轮。

第二节　接扣球进攻战术教法与训练

一、无人拦网下的防守阵型

（一）教学顺序

1. 学习不拦网的防守阵型。
2. 徒手站位，体会各位置职责及分工。

3. 结合对方进攻的全队防守配合。
4. 在教学比赛中实际运用。

（二）教学步骤

1. 用黑板或沙盘进行演示，讲解不拦网的防守阵型及各位置职责。
2. 徒手站立，体会各位置的分工范围，转六轮。
3. 根据对方二传传球的方向，移动取位布阵，转六轮。
4. 对方 2、4 号位进攻，实际体会不拦网的防守。
5. 教学比赛中的实际运用。

（三）示范位置（同“中一二”进攻阵型）

（四）训练方法

1. 教师在对场高台轻扣球，让学生熟悉各位置的活动范围，体会自己的职责和作用。
2. 个人防守练习：教师可以任意在网前变换位置扣球。
3. 防、调串连练习：不防守的队员作调整传球，然后交换位置（图 6 – 12）。
4. 连续防调：两名教师网前扣球，学生完成防守或调整之后换位，连续进行（图 6 – 13）。

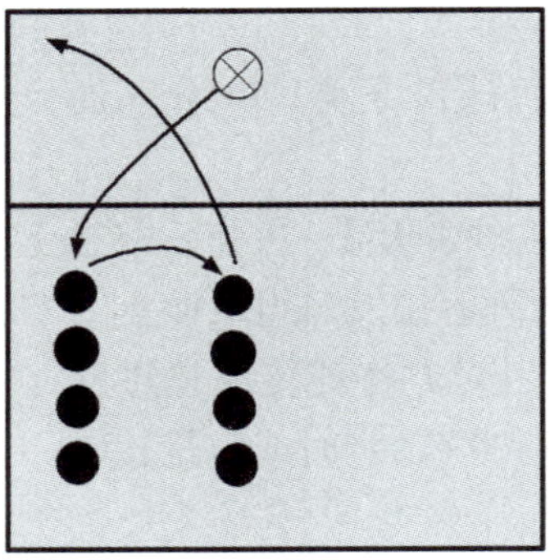
图 6 – 12

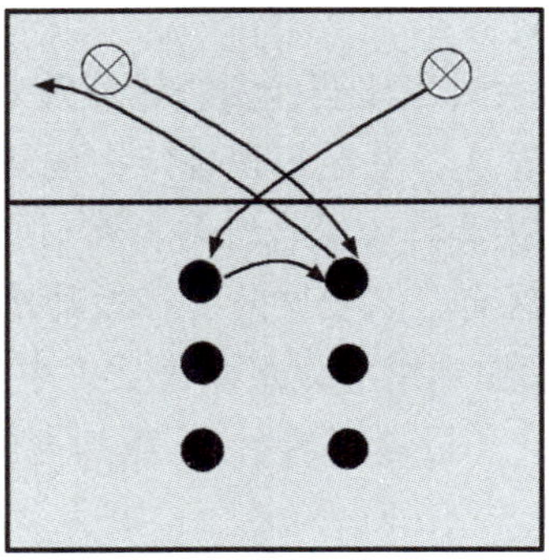
图 6 – 13

①扣防对抗：后排三人防，对方 4 号位轮流扣球，也可以 2 号位轮流扣球。
②方法同上，分别从 2、4 号位扣球。
③扣球的同时有意识增加吊球，全队防守。
④防、调、扣串连练习：教师在对方场前高台扣，3 人后排专门防调，2 人专门扣调整球（图 6 – 14）。

A. 前排后撤防守后扣调整球，教师在对方场上扣球过网（图 6－15）。

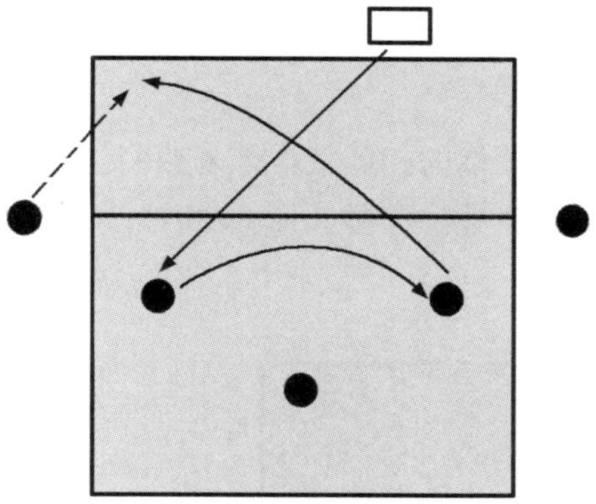

图 6－14

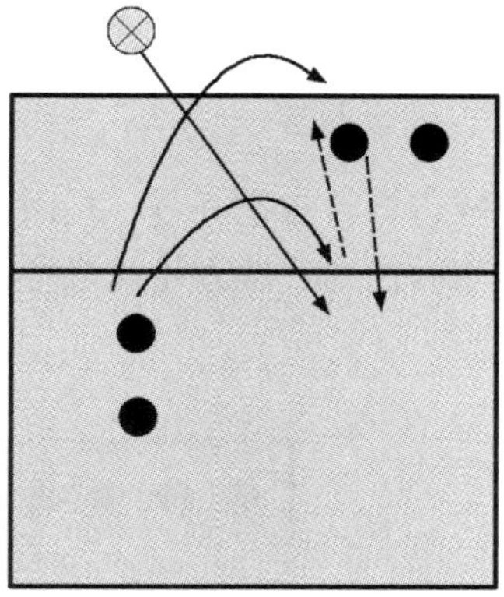

图 6－15

B. 三对三攻防练习：教师从场外扣球入场，防起后立即组织进攻，双方攻防对抗。

二、单人拦网下的防守阵型

（一） 教学顺序

1. 学习单人拦网下防守阵型及变化。
2. 前排各位置的扣拦教学，强调拦网的判断取位。
3. 结合单人拦网下防守的站位，做轻扣防练习。
4. 根据对方不同的扣球位置，全队取位布阵拦防练习。
5. 拦防与防反衔接的教学。
6. 在教学比赛中的实际运用。

（二） 教学步骤

1. 用黑板或沙盘进行演示、讲解单人拦网下防守阵型及变化。
2. 徒手跑位，明确位置分工，转六轮。
3. 对方 2、4 号位扣球，本方单人拦网下的防守布阵。
4. 对方 3 号位扣球，本方单人拦网下的防守布阵。
5. 前排拦起后组织反攻。
6. 后排防起后组织反攻。
7. 拦防与防反的串联衔接练习。
8. 在教学比赛中实际运用。

（三）示范位置（同“中一二”进攻阵型）

（四）训练方法

1. 分两边进行扣拦练习，拦网队员或定时，或拦着谁的扣球就换谁来拦网。
2. 扣球后拦网，双方轮流进行，此练习同样可在2号位进行（图6－16）。

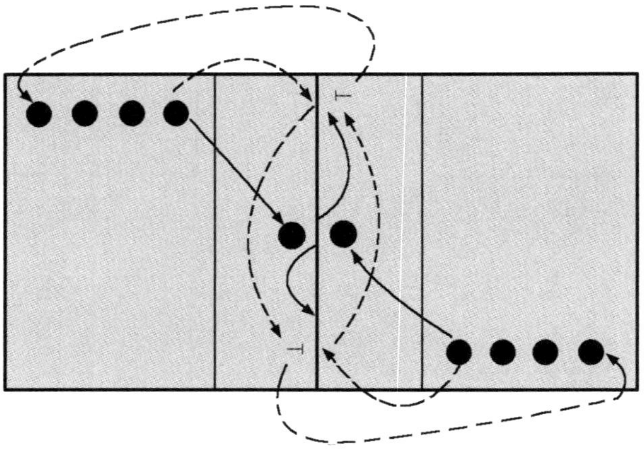

图6－16

1. 3号位扣拦练习，可以和扣快球与拦快球结合进行。
2. 单人两边移动拦网，2号位、4号位轮流扣，当二传手出手时，拦网人才允许移动过去拦（图6－17）。

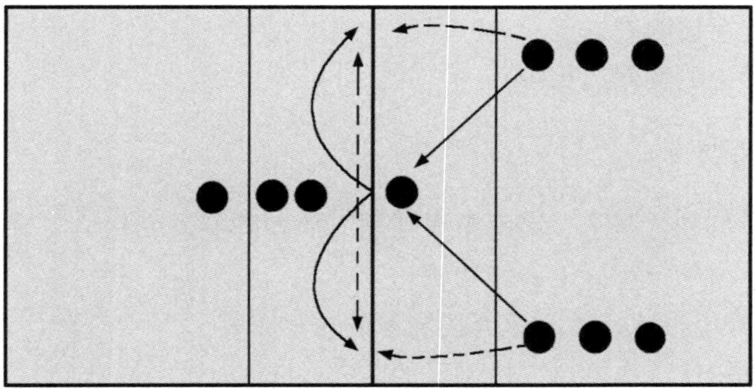

图6－17

3. 单人拦网，两人防守，要求拦、防相互配合。
4. 单人拦网，三人防守，要求同上。
5. 单人拦网，四人防守（图6－18）。

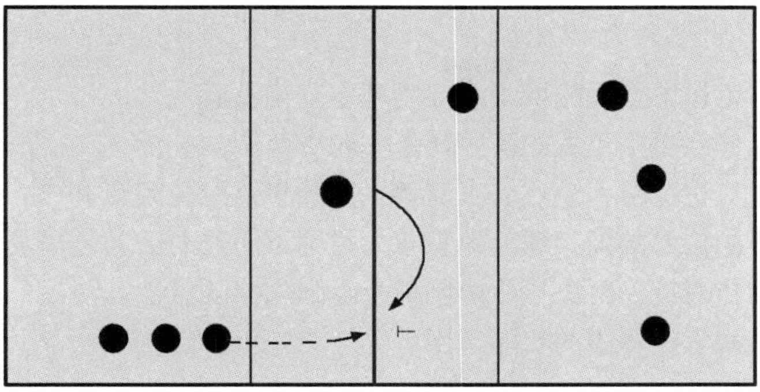

图 6－18

6. 单人拦网，五人全队防守（图 6－19）。

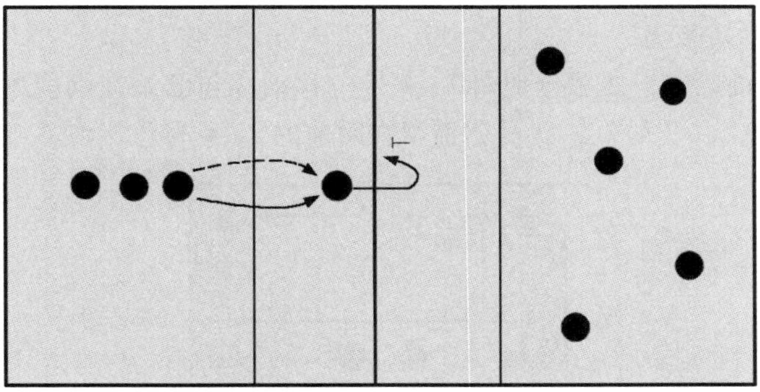

图 6－19

7. 三点进攻，六人拦防，前排单人拦网，不拦网前排队员后撤防守。
8. 单人拦网三人防守并组成反攻，也可以设专人反攻扣球。
9. 四对四的拦、防、调、扣对抗，可由教师从场外扣球入场。
10. 六对六连续接教师的抛球进行防反比赛。

三、双人拦网下的防守阵型

（一）教学顺序

1. 学习双人拦网的配合。
2. 徒手走位体会双人拦网下的“边跟进”防守阵型。
3. 学习“边跟进”防守的“活跟”“死跟”“内撤”和“双卡”的变化形式。
4. 学习“心跟进”防守阵型。
5. “边跟进”和“心跟进”阵型在教学比赛中的运用。

（二）教学步骤

1. 用黑板或沙盘讲解双人拦网下防守的基本阵型及其变化。
2. 徒手站位，体会每个位置的防守任务和职责范围。
3. 网前的扣拦对抗练习，重点解决双人拦网的集体配合问题。
4. 结合对方不同位置的轻扣球，熟悉双人拦网下防守的活动范围及个人的作用。
5. 小组间的攻防对抗，解决拦防协同配合及强化串联意识。
6. 成队对抗或教学比赛中的实际运用。

（三）示范位置（同“中一二”进攻阵型）

（四）训练方法

1. 双人徒手拦网配合

3 号位两人起跳拦网，然后分别向 2、4 号位移动，与已站在网前的 2、4 号位的队员组成双人拦网，原来在 3 号位的队员分别留在网前的 2、4 号位（图 6－20）。

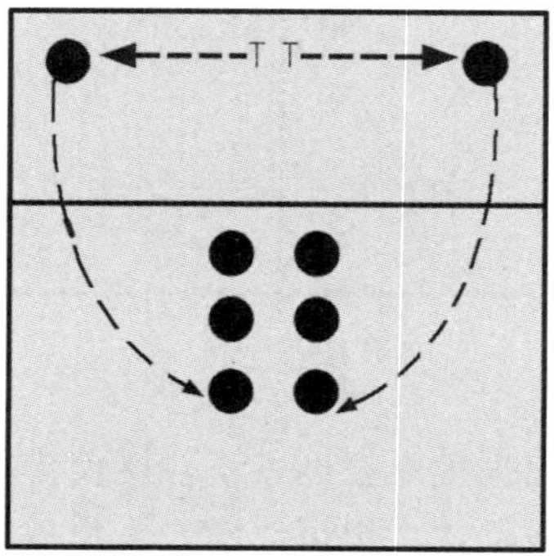

图 6－20

2. 扣拦对抗

一人扣，对方双人拦网，扣完球换拦网，换位时扣手换到外面，原来站在外面者换到里面拦，原来在里面拦网者去扣球（图 6－21）。

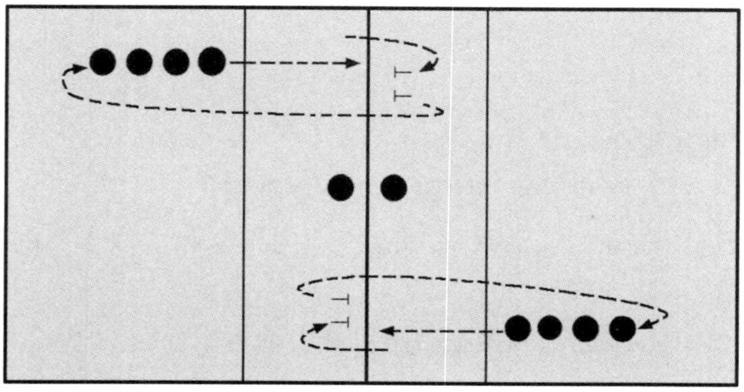

图 6－21

3. 移动双人拦网

扣球后到 3 号位站好。对方二传手传球出手时，移动配合边上的拦网队员一起拦一次，然后换到边上，再与后一人做一次配合拦网，再换过去扣球（图 6－22）。

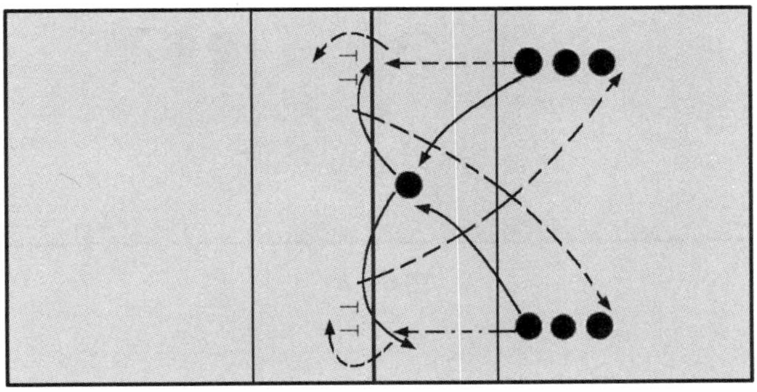

图 6－22

4. 双人拦三点攻

教师抛球给二传队员，二传队员任意传三个位置的一般高球，对方根据判断组成双人拦网，拦到 3～5 个球后换一组拦（图 6－23）。

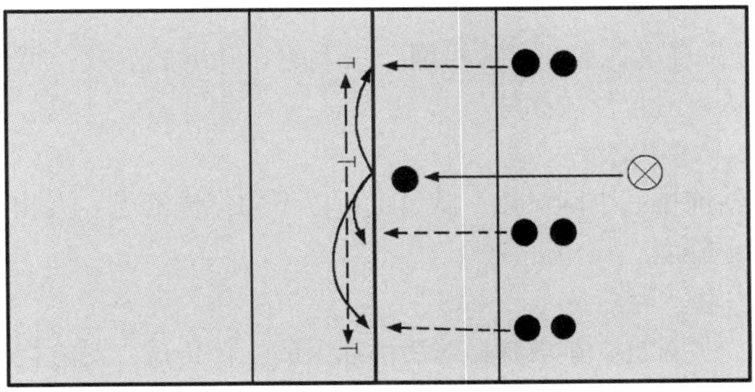

图 6－23

5. 3 号位连续起跳拦网

由教师抛球，二传队员传给 3 号位队员扣快球，对方 3 号位队员拦网后再移动到 4 号位和边上的拦网人组成集体拦网，拦对方 2 号位扣的高球（图 6－24）。

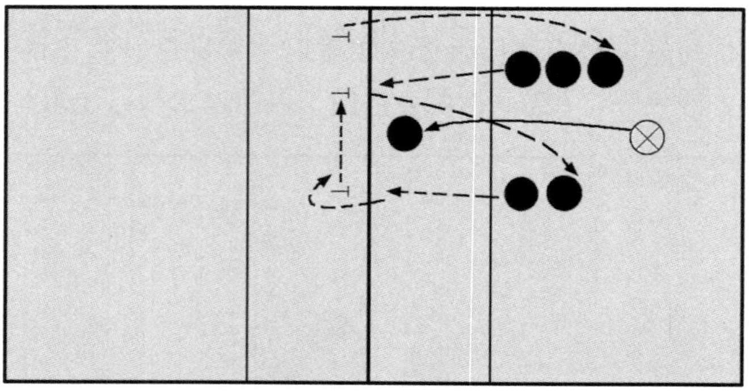

图 6－24

6. 三拦对三攻

对方 2、4 号位扣球时，中间队员移动配合进行双人拦网，对方 3 号位扣球时，4 号位队员移动配合进行双人拦网。

7. 防高台扣或吊球

在对方场地设 1～3 个高台，从高台上扣或吊球，本方双人拦网下组成“边跟进”或“心跟进”防守。

8. 三拦反攻

对方在 2、3 号位进攻，本方三人拦网，三人防守并组成反攻，可由防守队员反攻扣球，也可以另设专人 4 号位反攻扣球。

9. 三点攻，六人连续防守

教师任意抛球给前排三个队员扣，队员也可以不扣再传给另一人扣，对方六人力争组成双人拦网下的防守阵型。

10. 前排三对三扣、拦对抗

前排三对三扣、拦对抗，接教师抛球后由插上的二传传球，对方拦网，连续进行，成死球后由教师再抛球。

11. 五对五接场外抛球攻防练习，要求双人拦网，防守后组成反攻。

12. 六对六接教师抛球攻防练习。

四、三人拦网下的防守阵型

（一）教学顺序

1. 学习三人拦网的站位、移动及配合。
2. 徒手站位体会三人拦网下“边跟进”防守阵型及变化。
3. 方法同上，学习三人拦网下“心跟进”防守阵型及变化。
4. 两种防守阵型在教学比赛中的运用。

（二）教学步骤

1. 用黑板或沙盘讲解三人拦网下防守的阵型及变化。
2. 徒手跑位，熟悉各位置的防守任务和职责。
3. 网前的扣拦对抗练习，主要重点解决拦网队员的移动配合问题。
4. 结合教师在对方网前高台的轻吊，体会三人拦网下防守各位置的活动范围及作用。
5. 结合对方不同位置的进攻，在扣、拦、防的练习中逐步掌握阵型及变化。
6. 在教学比赛中实际运用。

（三）示范位置（同“中一二”进攻阵型）

（四）训练方法

1. 三人拦高台扣球，教师在对方网前的高台上扣球，本方组成三人集体拦网。

2. 方法同上，增加后排三人防守，教师在高台上有扣有吊，并可在对方不同位置进行。

3. 前排三对三扣、拦对抗，接教师抛来球后，二传队员插上组织进攻，对方尽量组织三人拦网，成死球后教师再重新抛球开始。

4. 五对五接教师抛来的球进行攻拦练习，要求尽可能组织三人拦网。

5. 六对六接教师抛来的球进行防反练习，要求组成三人拦网下的防守阵型。

本章思考题

1. “中一二”进攻阵型、“边一二”进攻阵型和“反边一二”进攻阵型的区别是什么？
2. 教学顺序与教学步骤的区别？
3. 后排“插上”进攻阵型的教学难点是什么？
4. 场上位置交换时有哪些注意事项？
5. 在排球战术的教学、训练中应遵循哪些原则？

参考文献

[1]排球教学训练指导[M]. 北京:人民体育出版社,1995.

[2]全国体育院校教材委员会《排球》教材编写组. 排球运动[M]. 北京:人民体育出版社,1999.

[3]排球精品课程团队. 排球(国家级精品课程教材)[M]. 北京:北京体育大学出版社,2009(第1版).

[4]排球基础教学与训练[Z]. 北京:北京中体音像出版中心,2008.

[5]礎からのバレーボール[M]. ナツメ社. 2001.

第七章　排球专项体能训练理论与方法

本章概要

在排球运动员竞技能力的构成因素中，体能起着举足轻重的作用。纵观世界排坛的发展历史，一支排球队要想获得优异运动成绩，必须做到体能、技能及比赛经验（包括良好的心理训练水平）三者高度统一协调的发展。而这三者之中，体能是基础。没有高度发展的体能，就不可能掌握精湛、高级的技术；没有超群的技术，就根本没有在世界重大比赛中夺魁的可能。在夺取世界冠军的艰难道路上，体能着实起着基础的作用，体能训练是排球运动员运动训练中必不可少的内容之一。本章将就排球专项运动体能训练的概念、内容、评价、方法和原则等相关内容进行介绍。

第一节　排球专项体能概述

一、专项体能训练的定义

体能是指人体的运动能力，表现为两个方面：一方面为机体能否完成某一运动动作，它取决于该运动动作技能的形成，反映着人体是否具备完成该运动动作的能力；另一方面为有机体完成该运动动作时所产生的内、外效应。内效应是人体内部各运动环节相互作用，产生人体各运动环节相对位置的改变。外效应是人体与外界环境相互作用产生整个人体运动状态的改变或外界物体运动状态的改变。它取决于训练适应的程度，反映着人体完成该运动动作时运动能力的大小。

在运动训练中，运动员的体能分为一般体能和专项体能。排球运动员的一般体能是指运动员完成非专项运动动作所表现出的运动能力，如走、跑、攀、爬、投等运动能力。排球运动员的专项体能是指运动员完成专项运动动作所表现出来运动能力，如扣球起跳的高度、防守移动的速度、传球推送的远度等运动能力，其高低取决于运动员的身体形态、生理机能、运动素质和健康水平。而身体形态、机能和素质等因素指标的高低，一方面受运动员先天遗传的影响，另一方面受运动员对后天训练刺激适应程度的影响。

人体运动是依靠三大能量代谢系统和骨骼肌系统、神经系统、呼吸系统、循环系统的协调工作实现的。训练和比赛所需要的速度、力量、耐力、协调、灵敏和柔韧等素质，是通过改善运动员的能量代谢、神经、肌肉骨骼、呼吸和循环等系统的功能来实现的。体能训练就是指通过科学地施加专门的训练刺激，使运动员有机体在形态、机能和运动素质等方面都产生良性训练适应的训练过程。专项体能的训练就是以专项运动动作、或与专项运动动作在特点上相似的运动动作为练习形式，采用各种训练方法和手段，提高专项技战术所需要的专项身体形态、掌握专项体能训练的理论与实践知识，最大限度地提高运动员的专项运动成绩。

二、排球运动员体能的构成与评价方法

根据排球运动员在比赛中体能运用情况的具体分析，排球运动员的专项体能主要表现为弹跳素质、移动素质和手臂挥击素质等三种身体运动能力及与之相适应的各器系统的机能和身体形态。

排球运动员在比赛中所需要的弹跳能力、移动能力和手臂挥击能力等专项体能，是建立在以非专项运动动作为练习手段的一般体能基础之上。这就构成了包括一般体能和专项体能的排球运动员体能，其构成内容及评价方法如表 7 – 1 所示。

表 7－1　排球运动员体能的构成内容及评价方法

因素		内容		评价指标与方法
一般运动能力	形态	长（高）度		身高、坐高、肩宽、骨盆宽、四肢长、足弓高
		围度		胸围、颈围、四肢围
		身体成分		体重、体脂、白肌纤维占肌纤维的百分比
	机能	心血管系统		心率、血压、血型、血色素、心输出量、血乳酸耐受力、无氧阈
		呼吸系统		呼吸频率、最大吸氧量、肺活量
		消化系统		肠胃对营养成分消化吸收能力
		泌尿系统		尿胆原、尿蛋白、尿肌酐
		内分泌系统		性激素、肾上腺素各种酶的活性
	素质	力量	最大力量	负重提、负重全蹲、负重半蹲、提踵、挺举、抓举、斜板收腹和背屈起等的最大负荷重量
			速度力量	以中小负重量完成以上练习的速率
			力量耐力	以小负荷完成以上练习的最大重复次数
		速度	最大速度	10 米跑计时、30 米跑计时
			速度耐力	200 米跑计时
		耐力	无氧耐力	400 米跑计时
			有氧耐力	3000 米跑计时、1500 米跑计时
		柔韧		四肢、躯干的运动幅度
		灵敏		变向、节奏、平衡、协调等能力
专项运动能力		弹跳能力	弹跳高度	一次起跳摸高的高度、连续完成三次摸固定高度的时间、连续完成十次摸高的平均高度
			弹跳速度	
			弹跳耐力	
		移动能力	反应时间	简单反应时、三米折返计时、36 米移动计时
			启动时间	
			移动速度	
		挥击能力	挥击速度	实心球掷远、羽毛球掷远、30 秒连续挥击次数
			挥击力量	
			挥击耐力	

（一）一般体能

排球运动员的一般体能是指身体素质和与之相适应的身体形态和机能。排球运动员的身体形态特征是指运动员身体的长（高）度、围度和身体成份等指标的构成特征；身体的机能水平是指运动员的身体健康状态、有机体各器官系统的机能、运动员有机体承受大负荷训练比赛的生理抗疲劳能力和恢复能力；专项身体素质是运动员在比赛中完成运动动作所表现出的速度、力量、耐力、灵敏、柔韧和协调能力。

（二）专项体能

分竞赛过程以发球开始，以比赛双方击球失误或犯规结束，是构成比赛的最基本单元。在分竞赛过程中，移动→起跳（或原地）→手臂挥击这一基本的运动模式是排球运动员完成比赛行为的主要运动方式。因此，排球运动员的专项体能由完成专项运动动作时表现出的移动能力、弹跳能力和手臂挥击能力构成。

移动能力是指排球运动员在比赛中，运用各种移动步法，保持与变换攻防阵型或接近来球并作好击球准备的运动能力。移动能力可通过移动的速度、耐力、移动步法的协调性与移动变向的灵活性等运动指标进行测量与评价。排球运动员的移动能力由运动员的反应速度、完成单一移动动作的速度和连续完成多个移动动作的速度构成。运用多种身体练习和负荷手段，通过提高运动员的判断反应速度，提高运动员完成移动动作的腿部蹬伸缓冲与躯干的扭转摆动的力量、速度、耐力、灵敏和协调等运动素质，可有效地提高排球运动员的移动能力。

弹跳能力是指排球运动员在比赛中，运用各种起跳动作，保持人球关系并作好击球准备的运动能力。弹跳能力可通过运动员完成单一跳起动作的起跳高度、完成单一起跳动作连续起跳的高度、完成多种起跳方式起跳的高度、完成起跳动作的起跳点与落地点的高度与远度等客观指标进行测量与评价。运用多种身体练习和负荷手段，通过提高运动员完成起跳动作的腿部蹬伸缓冲与躯干的摆动的力量、速度、耐力、灵敏和协调等运动素质，可有效地提高排球运动员的弹跳能力。

手臂挥击能力是指排球运动员在比赛中完成各种击球动作时所表现出的击球的速度、击球的力量、击球的准确性、击球动作的协调性与灵活性等运动能力。运用多种身体练习和负荷手段，通过提高运动员完成手臂挥击动作躯干的扭转摆动与手臂鞭打动作的力量、速度、耐力、灵敏和协调等运动素质，可有效地提高排球运动员的手臂挥击能力。

提高排球运动员移动、起跳、手臂挥击等运动动作的运动能力，就是要以排球运动员比赛时完成的移动、起跳、手臂挥击动作本身或动作结构相似的运动动作为身体练习，通过施加各种性质不同运动负荷，最大限度地提高排球运动员完成移动、起跳、手臂挥击运动动作时，相关肌肉收缩的速度、力量、耐力、柔韧、灵活和协调能力。

（三）排球运动员专项体能与一般体能的相互关系

运动员的有机体是统一的整体，在训练和比赛中，运动员的一般体能和专项体能之间是相互影响和促进的统一整体。排球运动员一般体能训练可以为专项体能最大限度地提高打下良好的基础。如力量素质的提高可以促使运动员弹跳力及移动能力的增长。同时，一般体能的训练，可以调节专项体能训练的节奏，促进运动员专项体能的恢复与提高。然而，必须深刻认识的是，只有通过专项体能的训练促进专项体能的高度发展，为技战术的运用打下良好的基础，才能创造优异的比赛成绩。优秀排球运动员一般体能与专项体能的相互关系见图 7－1。

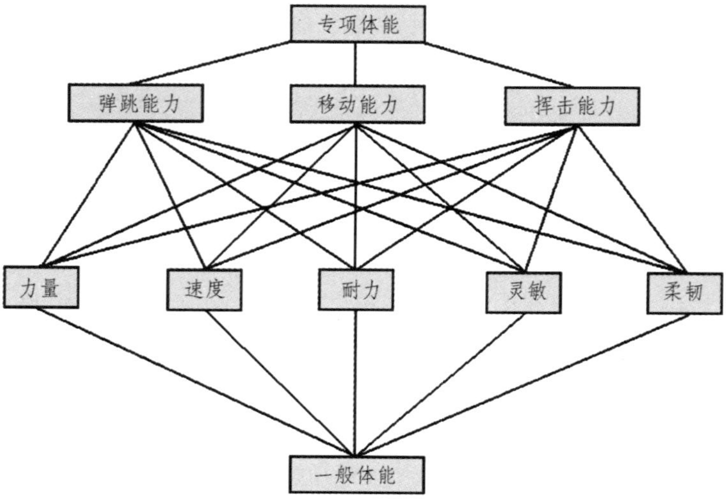

图 7－1　一般体能与专项体关系示意图

三、专项体能训练的作用

科学地进行排球运动员专项体能训练，对充分挖掘排球运动员的机能潜力，使排球运动员专项体能达到高水平具有重要作用。

（一）高水平的专项体能可以最大限度地提高排球运动员完成击球运动动作的效果

现代竞技排球比赛对抗的焦点在网上，进攻的高点击球和防守的高拦网是比赛制胜的关键。排球运动员高大的身材、健硕的体魄、出色的弹跳、爆发性的力量是在比赛中取得网上扣拦对抗击球效果的必要的条件。没有高水平的专项体能，就无法完成高质量的网上击球动作，就无法取得满意的击球效果，也就无法取得比赛的胜利。

（二）高水平的专项体能可以使运动员掌握更先进的排球比赛的技战术

排球运动自诞生之日起，排球比赛的技战术就处在不断的发展创新过程之中。跳发大力球、时间差扣球、位置差扣球、单脚冲飞扣球、鱼跃防守和高速移动连续拦网等高难复杂的击球技术日益常态化的运用于现代竞技排球比赛中。没有高水平的体能训练、不具备高水平的专项体能，就无法掌握和运用这些高难度的比赛技战术，更谈不上排球比赛技战术的创新了。因此，可以说没有高度发展的专项体能，就不可能掌握精湛、高级的技战术；没有超群的技战术，就根本没有在重大比赛中创造优异运动成绩的可能。所以，专项体能训练是排球运动员运动训练中必不可少的内容之一。

（三）高水平的专项体能可以使运动员更加有效地防止运动损伤

排球运动员的运动性伤病，是阻止运动员达到高水平竞技能力和创造优异运动成绩的绊脚石。排球运动员运动性伤病，主要是由于过度训练造成的。科学地安排专项体能训练负荷，使排球运动员的专项体能达到高水平，可以使运动员在大负荷、高强度的技战术训练中避免不必要的运动性伤病，提高训练效率。只有循序渐进地进行体能训练，才能保证排球运动员逐步承受更大的技战术训练负荷，而不至产生运动性伤害。

（四）高水平的专项体能训练可以有效地延长排球运动员的运动寿命

排球运动员全过程多年训练包括基础训练阶段、专项提高阶段、最佳竞技阶段、竞技保持阶段。在基础训练阶段、专项提高阶段、最佳竞技阶段科学合理地安排专项体能的训练负荷，能使运动员的专项体能达到较高水平，可有效地延长运动员在竞技保持阶段的运动时限，从而延长运动员的运动寿命，提高训练效益。早期专项化与过度训练则可能在运动员基础训练阶段或专项提高阶段终结运动员的运动寿命，使之无法达到预期的训练目标。

（五）全过程多年系统的专项体能训练是培养排球运动员优良心理品质的必要途径

排球运动员的心理训练主要依托于排球的技战术训练和专项体能训练。排球运动员全过程多年系统的专项体能训练是培养运动员优异心理品质的重要途径与方法。通过艰苦的体能训练，可以有效培养排球运动员不畏艰险、克服困难的意志品质和吃苦耐劳的训练作风。

第二节　排球专项运动员专项运动素质训练

一、速度素质的训练

速度素质是指运动员完成运动动作的快慢。速度素质由以下三个部分组成。

1. 简单或复杂的动作反应速度，即动作的反应潜伏时间。
2. 单个动作的速度，即在无外部阻力的条件下完成动作所需时间。
3. 动作频率，即单位时间内完成动作的数量。

（一）影响速度素质的主要因素

1. 人体感受器的特征。如，听觉感受的速度慢于视觉感受。

2. 中枢神经系统的兴奋性和神经过程的灵活性。动作频率的快慢取决于中枢神经系统适宜的兴奋性和神经过程兴奋、抑制的转换速度（肌肉收缩与放松的转换速度）。

3. 肌肉中 ATP 含量和分解合成的速度。对于排球运动而言，有研究发现，排球运动员的综合反应时较短跑运动员要慢，但并非是神经传导速度造成的这一结果，而是肌肉收缩的速度比短跑运动员慢。

（二）动作反应速度的训练

1. 简单动作反应速度的训练

简单动作反应速度是指用早已熟悉的动作回答早已熟悉但突然出现的信号所用的时间。提高简单动作反应速度的机制在于：

（1）简单反应动作速度存在着转移的现象。即运动员对一些情况反应较快，对另一些情况也会有较快的反应；各种各样的动作速度练习可提高简单反应速度。

（2）简单动作反应速度的提高在很大程度上取决于运动员应答动作的熟练程度。

（3）简单动作反应速度与心理训练因素密切相关。如，注意力集中训练可以提高简单动作反应速度。

2. 复杂动作反应速度的训练

复杂动作反应是指对瞬间的变化作出相应动作的回答。复杂动作反应在排球比赛中大部分属于“选择”反应。一是对球的飞行路线的变化作出反应；二是选择应答动作的反应。训练方法将在专项体能中移动能力的训练中作进一步阐述。

（三）动作速度的训练

单纯的动作速度实际上不存在的。排球运动员在比赛中完成的任何一动作或一组串连动作的速度，都是反应速度、动作技术、完成动作时肌肉收缩的力量、协调能力、耐力和心理状态等因素的综合体现。要提高动作速度，必须有目的地发展相应的运动能力，并与排球运动的技战术训练紧密结合。发展动作速度应注意以下几个方面的问题。

1. 培养动作速度的手段应符合下列要求

（1）采用的动作是可以高速完成的。

（2）采用的动作应是练习都熟练掌握的。

（3）练习持续时间不应超过 30 秒。

（4）练习的动作应与比赛动作相似。

（5）严格控制间歇时间和休息方式。

2. 动作速度训练的有效手段

（1）运用比赛或游戏的方法。如，排球运动员 36 米移动比赛，胜者奖负者罚。

（2）运用增加助力的方法。如下坡跑、牵引跑、牵引跳和有人托举的引体向上等练习。

（3）运用增加阻力的方法。如上坡跑、负重跳、穿沙衣移动、持铃挥臂等。

（四）速度素质的训练特点

神经过程的灵活性，肌肉快速收缩与放松的能力及运动员的意志力是构成速度素质的前提条件。排球专项速度素质训练具有如下特点。

1. 早期改善神经过程的灵活性

在移动过程中，某块肌肉一会儿作为协同肌，一会儿又作为对抗肌进行工作，在这种情况下，神经过程的灵活性有决定性的作用。只有当兴奋与抑制过程以最快速度交替进行、神经肌肉系统得到相应调节时，才能与最佳用力相结合，达到很高的动作频率。

神经过程的灵活性是极难通过训练加以提高的。有研究表明，其在发展对光刺激的反应速度方面变化最小，这种反应时间在 12 ~ 14 岁期间总共只缩短 3.4%，此后，这一指标就趋于稳定，有时甚至有所下降。苏联的符拉索夫 1971 年有关问题的研究也曾有类似的结论，他发现光刺激的反应速度在 8 ~ 12 岁发展最快。因此，神经系统的训练应在早期进行。

2. 通过提高练习的强度和最大动员能力提高速度训练的效果

运动员在完成速度练习时，要最大限度地动员自己的力量，使动作的频率快、幅度大，达到自己最高的速度水平。因此，采用大的、接近极限的强度，对发展速度有很好的效果。

在我国优秀运动队身体训练中，不少教练员已经认识到这一特点并对运动员的速度训练强度提出明确要求。但是，发展速度绝不仅在于练习的强度。在大强度练习之间穿插上等（约 85% 左右）强度训练也是必须的，对于技术动作掌握不太好的排球运动员来说尤其是这样。

3. 速度训练要与专项技术的训练紧密结合

排球场上的速度有特殊的表现形式，信号感强烈，短距离为主，且多变化。速度训练的手段若能与专项技术相结合，则更能使速度素质发挥于技术之中。

4. 速度训练应从少儿开始，做到早期化

少儿时期神经的灵活性高，是发展速度素质的最佳时期。苏联学者 A・波德列瓦耶夫等通过对少年女子排球运动员速度素质的研究认为：“多年来的实践证明，到成年时期再来培养移动速度，那就比较困难了，且效果不大。只有在童年和少年期进行这种培养才是最合适的。”其研究结果证明系统从事排球运动的青少年，女子速度素质增长最快的是 12 ~ 13 岁。接近 14 ~ 15 岁时，速度素质的水平就趋于稳定，16 岁稍有下降，而到 17 岁又重新有所提高。”德国科隆体育学院教授葛欧瑟撰文指出，少儿“7 ~ 13 岁通过训练可以很好地提高动作频率。”“7 ~ 13 岁提高最快，说明周期性速度（移动速度）要求力量较小，主要取决于中枢神经系统的条件。即阻力较小时，动作频率主要取决于协调性。”两位学者的结论是一致的，说明速度素质应从少儿时加以训练。但在青年时期，由于力量素质的增长，速度效果也会提高。表现在移动步频稳定的情况下，步幅有所增长。所以，即使到了成年，也不要放弃速度训练。

（五）发展排球专项速度素质的方法与手段

排球专项速度素质可归结为完成各种击球动作的起动速度、动作速度和扣球的挥臂速度。发展这些专项速度素质的基本方法一般有重复训练法、间歇训练法、变换训练法、游戏训练法和循环训练法等。以下介绍一些常用的练习手段及方法。

1. 提高反应速度的练习

（1）根据信号起动冲刺练习。可进行3米、6米、9米等不同距离的练习，多次重复。

（2）游戏——全队转移：6人一组，分两组沿两个半场的进攻线站立，接收信号后，两组交换位置，比哪一组先到。

（3）游戏——抢球：队员成纵队站在进攻线后，看信号冲刺去抢端线上的三个球。谁最先抢到就可以将球存入本队的球筐内、比赛结束后比哪队抢得的球数量最多。

（4）教练员任意抛球，要求队员跑动去接，接球后抛还给教练员。反复做8~10次。

（5）游戏——照镜子：两人相对站在场上任何一条线的两侧。一人做移动，另一人紧跟，不使对方“逃脱”。

（6）游戏——贴膏药。

（7）游戏——老鼠钻洞。

（8）守门员。教练员连续给五个球，守门员一一将球接住。

（9）队员连续防守3~5个扣、吊相间的球。

（10）面对墙壁，接教练从背后抛到墙上的反弹球。

2. 提高移动速度的练习

（1）各种小碎步移动

① 原地小碎步跑计时。

② 小碎步各个方向上的3米移动。

（2）多种步法移动

① 36米多种移动步法练习：队员站在进攻线上，看信号向前移动3米，双手摸及中线。后退至进攻线。重复一次。左（右）侧移动单手摸中线，再右（左）侧移动单手摸中线，再右（左）侧移动单手摸进攻线。重复一次，转身冲刺钻网到对场单手摸进攻线后迅速转身跑回单手摸出发的进攻线。这个方法可以分解重复练习。

② 前进、后退4×3米。

③ 左、右侧移6×3米。

④ 6米往返×2。

⑤ 前进后退3米接左、右侧移动3米×2。

⑥ 左右侧移3米接6米冲刺。

（3）提高挥击速度的练习

① 徒手挥臂扣球

② 挥臂扣击标志物。

③ 扔投小石子、棒球或垒球。

④ 投掷羽毛球。

二、力量素质的训练

力量素质是指肌肉工作时克服阻力的能力。人体的所有活动都是对抗阻力而产生的。因此，力量素质是决定运动成绩的重要因素。

决定排球运动竞技水平的弹跳力、弹跳耐力、移动速度及移动耐久力都是以力量为基础的。因此，排球运动员应特别重视力量训练，提高力量素质，高水平的力量素质对于提高技术水平、减少伤害事故具有重要意义。

（一）力量素质的分类

力量素质因其表现形式不同可划分为绝对力量、相对力量、速度力量和力量耐力等力量素质类型。

绝对力量是指不考虑运动员体重所表现出的力量。绝对力量在运动员面临高强度对抗时起到至关重要的作用。

相对力量是指每千克体重具有的力量，其大小用绝对力量与体重之比来表示。

速度力量是指单位时间内发挥出最大力量的能力。如扣击排球、投掷羽毛球等。

力量耐力指长时间克服阻力的能力。

（二）影响力量素质的因素

1. 骨杠杆的机械率

骨杠杆的机械率取决于肌肉群的牵拉角度。这个“角度”对于一个技术定型的运动员来说变化不大，因而能表现出稳定的力量。但对于不同性别和身高的运动员来说（即使是身高相同，但存在某些素质条件个体差异），角度的差别就比较大，所表现的力量也不尽相同。例如苏联运动员沙宾扣球起跳时，膝关节最小角度为 80 度左右，绝对弹跳高度 94 厘米，波兰运动员西利耶起跳时膝关节最小角度为 100 度，绝对弹跳高度只有 82 厘米。

2. 肌肉的生理横断面。

骨肉横断面越大，力量也越大。肌肉横断面增大是由于训练引起的肌纤维变粗（并非肌纤维增多）。排球运动员的下肢肌肉需要较大的横断面，因为要把自己的身体推向空中和迅速移位。因此，需要较大的绝对力量或相对力量。而上肢运动只需要克服较小的阻力，不要求很大的肌肉横断面。

3. 神经系统的协调能力

参加工作的主动肌、协同肌及对抗肌的协调能力，主要依靠神经系统灵活性。除此之外，还有主动肌本身的“内协调能力”对力量的发挥影响比较大。所谓“内协调能力”就是肌肉收缩时动员“运动单位”参加工作的能力。这在很大程度上取决于训练水平。研究表明，高水平运动员可动员 80% ~90% 的运动单位参加工作，一般人只能动员 40% 。

4. 肌纤维类型

白肌纤维收缩速度快、张力大，是力量素质的主要因素。白肌纤维所占比例越大，肌肉的力量特别是爆发力就越强。

（三） 力量素质训练的特点

1. 提高力量素质要求不断提高刺激强度

肌肉对于外界施加的刺激，会产生适应性的反应。一定强度的刺激，引起一定的生理反应。大强度或极限强度的刺激，可以使肌肉产生更多的超量恢复。作为运动员的训练如果不逐步达到大的或极限的强度，则训练的效果就比较差。

发展肌肉力量的生理过程是：刺激—反应—适应—增加刺激—反应—适应—增长力量。从这一过程不难看出，进行肌肉抗阻力的训练，可以增长肌肉力量。如果阻力施加得合理（达到极限或较大强度），力量的增长就比较快。而增长了力量的肌肉，必须再增加更大的刺激，力量才能得到继续增长。所以，发展力量要遵循极限负荷与逐步增加刺激强度的原则。

2. 力量训练要有专项特点

针对力量训练是否具有专项化特点的问题，曾有过激烈的争论。尽管两种方法都有效，但迄今为止，科学论据还是强烈地倾向于支持力量训练应专门化的理论。力量训练专门化观点的学者认为，“力量训练的练习应在运动解剖学形式，肌肉收缩速度，肌肉收缩类型和收缩力量上尽可能地摸拟实际从事的运动动作”。有人甚至认为力量训练很大程度上是技巧的产物。美国塞尔的实验证明：“训练效应甚至在训练时的关节角度上也存在着专门化。”塞尔进一步推论断定：“既然在简单的动作中也存在着动作形式的特异性（即专门化），在许多运动项目更为复杂的动作中，这种特异性将更为显著。这种特异性的生理学基础是神经系统适应在力量训练的反应中起着主要的作用。”

因此，排球运动员进行力量训练时，一定要选择与专项技术相结合的动作方法，并力求在动作结构、动作速度等方面与专项动作相同。

3. 排球运动员力量训练应以动力性练习为主要手段

力量训练的方法是多种多样的，主要有动力性练习、静力性练习、等动练习等三种。训练实践中，排球运动员主要采用的方法是动力性练习的方法。

静力练习曾经被认为是提高最大力量的有效手段，但现代训练理论认为：力量训练最显著的特点是与专项动作及素质特点相结合。当然，静力练习也有它的独到之处，如，可以有选择地训练某一肌群，可作为康复的一种手段，并且，不需要复杂的器材等。

等动练习可使运动员动作的任何阶段都表现出极限或接近极限的力量，可以达到其他负重练习达不到的效果。但目前并未在排球运动员力量素质训练中得到广泛应作，其主要原因是还没有设计出适合于排球运动员使用的专门器材。

动力性练习时，肌肉处于动力状态下进行的练习，力量可以得到很大的发展。动力练习的不同阶段可以根据运动员的力量能力来安排适宜的运动量，动作的速度可以在很大范围内变化。这样有助于增加参与工作的肌纤维的数量，也能使完成力量动作时的速度接近比赛的速度。因而动力性练习是排球运动员发展力量素质的主要方法。

4. 力量增长与消退的规律

据研究，每天都进行一次力量训练，可以取得 100% 的效果。如果两天、五天及间隔时间较长进行一次训练，效果就会降低；如果 14 天以上进行一次力量训练，基本上没有效果。由此，每周进行 2 ~ 3 次力量训练是必要的。科学家实验：每天训练一次，20 周达到 100% 效果，在停止训练后的 30 周，力量即降到开始水平。每周训练一次，50 周的训练，效果只能达到 75%。但若 60 周不练，还能保持 60% 的效果。说明短期进行突击力量训练，可以收到较高的效果，但消退也很快。细水长流的训练效果虽然不是很高，但消退也慢。力量素质增长与消退的规律，为我们安排训练提供了依据。

5. 女性及青少年力量训练的特点

通过训练，女性力量会得到增长，但女性最大力量不及男性的 40%。因此，女性排球运动员应进行力量训练，但最大力量应与男性进行区别。女性运动员进行力量训练时，应从女性的生理和心理特点出发，避免伤害。如，女性应该回避做躯干严重后屈的练习。旨在增强躯干肌肉力量的，以坐姿或卧姿为主的脊柱放松练习较适宜。当然，为了专项的需要，适当的下肢和上肢力量练习也是必要的。

青少年时期可以进行力量训练，但应十分谨慎，重视力量训练的年龄特点。8 ~ 13 岁，发展全身各部位一般力量，多采用动力性练习、克服自身体重的练习。这个时期主要通过肌肉组织的内协调去增加力量，不应出现肌肉组织的肥大。13 ~ 15 岁是性发育的第一阶段，身高明显增加，采用对脊柱有负荷的力量练习时应特别小心。此时，可以采用轻器械的负重练习，如哑铃、轻杠铃等。这个时期可以通过增大肌肉体积和肌肉内协调两种途径来增长力量。16 ~ 18 岁可以逐步承担最大的力量负荷。在整个青少年阶段进行力量训练时，都要考虑到青少年骨化过程尚未完成的特点，还要特别注意区别对待。

（四）力量素质训练的方法

力量素质分为最大力量、速度力量、力量耐力三种不同的类型。最大力量是指机体克服最大阻力的能力；速度力量是指单位时间内发挥力量的能力；力量耐力指力量练习克服疲劳的能力。

力量训练的方法多种多样，对于排球运动员来说最主要的是动力性抗阻练习。排球运动员从事力量训练的主要目的是以力量素质为基础，进而提高运动员的弹跳力、移动速度、动作速度和比赛耐力。发展力量的目的不同力量训练的方法手段也不同。

1. 最大力量素质的训练方法

发展最大力量素质应用大的或极限负荷强度、较小的负荷量。有机体对负荷的承受特点是练习的负荷强度大，负荷量就必然小；负荷强度小，机体则可承受较大的负荷量。

在抗重力阻力的练习中负荷强度与练习重复次数的关系见表 7 –2。

表 7－2　练习强度与练习重复次数间的对应关系

负荷等级	负荷强度（%）	重复次数
极限强度	90～100	1～2
次极限强度	85～90	2～3
大强度	65～85	4～7
中强度	40～65	8～12
小强度	40%以下	13～25

在训练实践中，练习强度与重复次数的搭配组合与训练的目的是紧密相连的。

采用较大强度（75%）、多重复次数（6～8次）的反复练习，主要是改善肌肉的内协调。采用极限强度（90%以上）、少重复次数（1～3次）的练习以提高肌肉的绝对力量。中小强度、多次重复次数的练习，主要发展肌肉的力量耐力。

最大力量素质又称为绝对力量，绝对力量与体重的比例称为相对力量。相对力量训练的目的是使力量增加而肌肉的横断面积不增加或少增加。排球运动站在选择发展力量的方法时，应该考虑到自己的情况，如果肌肉还没有得到很好的发展，最好以发展绝对力量为主，以促使身体健壮起来。如果已是肌肉丰满，则应采用发展相对力量的方法来使自己跳得更高。发展相对力量应采取强度大、重复次数少的方法进行。因为强度大的刺激可以改善肌肉的协调能力，也就能够动员更多的“运动单位”参加工作。由于大强度刺激可使神经冲动的频率增大，更利于各“运动单位”的同步化。

2. 速度力量素质的训练方法

影响运动员速度力量的主要因素是力量和速度。通过提高力量可以提高速度力量，通过提高速度也可以提高速度力量。实践经验证明：通过提高力量来提高速度力量是一个有效的途径，因为发展力量比发展速度快得多。

排球运动员下肢、躯干速度力量的提高除采用绝对力量和相对力量训练之外，还有“超等长练习”。有研究证明，超等长练习能更有效地提高速度力量。

超等长练习是指肌肉先做被动拉长的离心收缩，然后紧接着完成一次主动的向心收缩。其典型的练习形式是跳深练习。跳深练习是排球运动员发展速度力量素质常用的一种有效的方法。跳深练习如果高度较低，主要发展小腿后群肌肉，高度较高时主要发展股四头肌。

一般的超等长训练模式为：

——强度：不负重，但强度要大（如100%或更大）

——次数：6～10次

——间歇：较充分

——动作要求：爆发式

——50～85厘米高度，着地时要用前脚掌

——85厘米以上高度，着地要用全脚掌

排球运动员挥臂动作速度力量的训练，不能采取通过发展力量来提高速度力量的方法，而主要是抓发展动作的速度。

从理论上说，负荷越大，动作的速度越慢；负荷越小，动作的速度越快。因此，上肢速度力量的训练应以轻器械为主，同时要注重改进身体的协同能力。下面介绍几种具体方法。

（1）投掷体垒球及小石块

（2）持哑铃片做扣球模仿挥臂

（3）篮球、足球或手球单手肩上投远

（4）杠铃连续前上举或头后肩上举

（5）两人远距离对打羽毛球

（6）力量耐力素质的训练方法

发展力量耐力的方法的特点是：负荷强度小，重复次数多，练习时间长。负荷量一般在25%以下，主要是红肌参加工作，从而达到发展耐力的目的。耐力训练的次数要求达到极限的程度，组数不一定太多。下面介绍几种具体方法。

（1）穿砂衣移动

① 看教练员手势向前、后、左、右等方向移动

② 36 米多种步法移动

（2）穿砂衣跳跃

① 原地全蹲跳起

② 跳绳（连续跳）

③ 立定跳远

④ 连续跳过 10 个低拦架

⑤ 连续跳上跳下高台

（3）轻杠铃练习

① 40 ~60 千克杠铃全蹲轻跳起

② 20 ~40 千克杠铃半蹲跳

③ 20 ~40 千克杠铃足弓跳

三、耐力素质的训练

排球运动是一种以有氧耐力为基础，以无氧耐力为主导的竞技体育项目。排球运动员耐力水平的高低，对运动成绩具有很大的影响。

（一） 耐力素质训练的特点

1. 耐力提高快消退也快

经常性的有计划地进行耐力训练，短期内即可取得较好的效果。如果 3 周停止训练，心血管系统的功能就会下降到原来水平。故排球运动员除日常正常训练之外，每周应进行

1～2 次专门的耐力训练。

2. 耐力训练要从少年开始

排球运动员所需的耐力以有氧耐力为基础，从少年时期适当地进行有氧耐力的训练，有助于提高运动员的心脏容积、最大吸氧量和恢复能力。这些因素也是健康机体的标志。因此，打好耐力训练的基础对提高专项运动成绩与维护机体健康十分重要。

3. 耐力训练有明显的年龄特点

8～13 岁的少儿只能进行有氧耐力训练，短于 3 分钟的耐力练习对儿童是不适当的。只有在性成熟阶段后才能进行无氧耐力训练。

成人进行有计划的有氧和无氧耐力训练，能够有效地改进和提高耐力素质。

排球运动员的耐力突出表现为移动、跳跃的耐力，以保持移动速度和弹跳高度的稳定性。同时排球比赛的时间很长，神经系统抗疲劳能力也显得非常重要。因此，训练中应有明确的针对性。

（二） 耐力素质的训练方法

耐力训练的主要方法有循环训练法、重复训练法和间歇训练法，这些方法都能有效地发展耐力。排球运动员采用这些方法发展耐力时，必须与专项需要紧密结合，练习动作必须要与专项练习紧密联系。发展排球运动员耐力素质有如下训练手段。

1. 各种跑的练习

（1）越野跑。

（2）定距离跑：800 米、1500 米、300 米跑等。

（3）定时间跑：12 分钟跑、8 分钟跑、5 分钟跑等。

（4）法特莱克。

2. 各种球类游戏

（1）小场地足球比赛。

（2）篮球人盯人比赛。

（3）手球人盯人比赛。

（4）地滚球比赛。

（5）橄榄球比赛。

3. 跳跃耐力练习

（1）连续摸高：20～30 次一组，重复 6～8 组。

（2）连续跳跃跨栏架：10～15 次一组，重复跳 5～8 组。

（3）跳绳：3 分钟一组 6～8 组。

（4）个人连续扣抛球：10～12 次一组 3～6 组

4. 移动耐力训练

（1）看教练员手势，半场各种步法连续移动。

（2）极限或极限连续防守。

（3）走鸭步。

四、灵活性及协调素质的训练

灵活性是迅速而及时地改变身体或身体某部分运动速度和运动方向能力。灵活性是运动员按照自己的意志控制有机体协调而准确地完成各种复杂技巧的协调能力的体现。因而协调能力是灵活性的核心，灵活性与协调能力互为表里。

灵活性是由力量、速度、爆发力和协调能力结合而成的。排球场上，快速变换方向，从一个动作迅速变换为另一个动作等技战术的运用，都需要有高度的灵活性及协调能力。灵活性的高低决定一个运动员的技术水平。

排球运动员的灵活协调能力表现在以下方面。

1. 球和动作的一致性。能根据不同的来球做出相应的动作。

2. 时机和动作的一致性。能在最准确的时机完成应该完成的动作，也就是通常所谓的“时空感”。

3. 准确的空间感。对空中运动着的球和人有准确的时间、位置判断，从而能做出正确的应答。

（一）灵活性及协调能力的训练特点

1. 灵活性和协调能力是综合的素质能力，在训练时应把爆发力、反应力、速度等一系列的动作和要求揉合于单个动作或编组动作之中，使它们互相促进，互为表现形式，达到灵敏协调能力的提高。

2. 由于灵敏协调能力受中枢神经系统的支配，因此，应在神经系统处于良性兴奋状态时进行训练。神经疲劳时，训练效果会明显下降。

3. 青少年在生长发育阶段，灵敏协调能力比较差，但不应当放弃训练。女子一般协调能力超过男子，但在 16 岁左右有明显下降趋势，17 岁以后可以得到恢复和提高。

4. 灵敏协调能力有很强的专项化特点。在体操器械上表现高度灵活性的人，在排球场上不一定灵活。因此，应尽可能结合专项技术来进行灵敏协调能力的训练，至少应使选择的各种练习方法尽量接近专项技术动作。

（二）灵活性及协调能力的训练方法

1. 控制性练习

（1）两臂同时分别向前、后绕环。

（2）按教练员口令，两臂做同顺序不同起始节拍的动作（此练习也可以出右手先做动作）。

① 左手前平举，右手在体侧不动。

② 左手上举，右手前平举。

③ 左手侧平举，右手上举。

④ 左手下放体侧，右手侧平举。

⑤ 左手不动，右手还原。

（3）两足开立和并拢连续跳跃，双手从体侧平举至头上击掌，最后还原。

（4）分腿跳时，双手头上击掌，并腿跳时双手侧平举。

（5）连续交换单足跳跃。前踢腿时，双手够足尖；后踢腿时，双臂上振，反复进行，一条腿前踢落地后换另一条腿后踢。

2. 结合球的练习

（1）持球躺在地板上，自己向上抛球后立即起立将球接住。

（2）将球用力向地面击打，待其反弹后钻过。反弹一次钻一次，力争钻的次数多。可以两人比赛。

（3）每人一球，连续运球从教练员拍球中穿过。

（4）转身跑将教练员扔的球背传过来（跑动中传，跳起来传）。

（5）向前冲，转身鱼跃（或滚翻）救球，再以反方向做转身动作。

（6）左手扣球和发球。

（7）左、右足单足起跳扣球。

（8）连续接教练员扣、吊和扔的“怪球”。

3. 通过障碍练习

（1）灵敏性测验：距墙 4 米处设有两个相距 1 米，直径小于 0.05 米，并可升降的立柱。两立柱顶端横架一根直径为 0.01 米的横竿（立住和横杆称为拦架），拦架与墙壁平行，在墙、柱的沿伸线上，距离墙 9 米处的地面上有一条与墙壁平行，0.05 米宽、0.5 米长的标志线（线宽不包括在 9 米内）。

栏架高度从横竿下沿到地面：女子甲、乙组为 0.75 米，男子甲、乙组为 0.80 米，男女儿童组为 0.65 米。

运动员靠墙手倒立，停稳，听信号返回。立即转身移动至栏架前钻过栏架，然后双足跳回，再双足跳过，绕拦架跑一圈，然后钻回，再双足跳过，最后跑去摸标志线（向标志线方向为“过”，向墙壁方向为“闯”）。

（2）跪撑于地，乙在甲体侧作好准备，看到信号后乙围绕甲跑一圈，双足跳过甲身体后立即作跪撑，甲再重复乙的动作。如此各做 5 次。

（3）五个队员把皮筋拉成边长 2 米的正方形，皮筋高度男子约 70 ~ 80 厘米，女子 50 ~ 60 厘米（视运动员情况而定）。

一人做练习。先站在正方形之内，看信号双足跳出，落地后立即钻入并用鱼跃或前扑去触碰正方形中的标志物。按逆时针（或顺时针）方向做一周，计时。

四人做练习。每人站四边形的一面，看信号后按上述方法顺时针方向连续进行，可以互相追逐。

4. 绳球练习

（1）队员站成圆圈，当球飞来时迅速做规定动作，收腹跳过、俯卧、仰卧、兔跃、原地鱼跃及原地向后转身鱼跃等。做完规定动作后应立即站好，准备做下一个动作。

（2）单人在垫子上连续做向前鱼跃、向后鱼跃、前空翻等动作。

（3）可以再加一人在其对面做练习，也可以四人在四个方向做。

5. 垫上练习

（1）前滚翻接后滚翻。

（2）鱼跃前滚翻，跃过 1 人、2 人或 4 人。

（3）前滚翻接跪跳起接绕腿坐。

（4）直腿前滚翻接后滚翻推起成倒立。

第三节　排球运动员专项运动能力的训练理论与实用方法

一、弹跳力的训练理论与方法

（一）弹跳力训练的意义与特点

弹跳力即指运动员的跳跃能力。它是运动员速度、力量、协调能力的综合表现，也是各运动专项评定爆发力的重要指标。弹跳力是排球运动员最重要的专项身体素质，在某种程度上决定着运动员运动水平的高低。因此，教练员和运动员都应特别重视弹跳力及弹跳耐力的训练。

从力学的观点看，决定弹跳力的因素是速度和力量。发展速度素质或力量素质都能有效地提高运动员的弹跳力。由于增长力量比较容易，提高速度比较困难，目前我国排球运动员弹跳力的训练多侧重于力量素质的训练。

弹跳力虽以力量、速度为主要素质基础，但身体的协调能力和起跳技术也不容忽视。常见有速度、力量指标都不低的运动员弹跳力水平却不高，其原因多在协调能力和起跳技术方面。在跳跃动作练习和技术练习中，教练员应仔细观察每个队员起跳的各技术环节并及时纠正其错误动作。

在全过程多年训练的基础训练阶段，发展弹跳力的力量素质训练应重视数量刺激，以促使运动员增大肌肉，发展力量；在专项提高阶段，则应重视强度刺激，以促使肌肉质量的提高，达到提高力量的目的。

力量训练具有专门化的特点。因此，作负重下蹲练习时，动作结构与动作要求都应与专项运动技术的跳跃动相同或接近。有研究表明，如果力量训练的动作结构与专项技术动作结构及练习要求有较大差异，练习效果就会下降甚至出现消极转移现象。

足弓发力在跳离地前的瞬间，人体已经获得一定加速度，此时足弓的推力会更加加快起跳的速度。有助于提高弹跳高度。因此。弹跳力训练不仅要练股四头肌，而且要重视腰背肌肉及小腿力量的训练。腰背肌群的用力是在起跳动作的开始阶段，对于克服人体的惰性，提高起跳的初速度有重要作用，我国抓举运动员叶浩谈纵跳高度 140 厘米，与其强劲的腰背肌肉力量有着密切关系。

（二）弹跳力训练的方法

弹跳力是一种综合素质，在全过程多年训练过程中，要有步骤有计划地最大限度地全面发展力量素质和速度素质，特别要重视速度力量素质的发展。在此基础上，结合排球专项对弹跳力的高、快、持久的要求，利用各种跳跃练习将运动员获得的力量素质和速度素质转移到专项所需要的弹跳素质上来。以下介绍发展专项弹跳素质的跳跃练习。

1. 跳深练习

（1）60～80 厘米高台跳深练习

（2）100～120 厘米高台跳深练习

（3）高台跳下后冲刺

（4）高台跳下后立即跳起或跳起扣球

（5）半蹲姿势从高台跳下

2. 各种徒手跳跃练习

如蛙跳、跨跳、纵跳、交换跳、助跑起跳等。

3. 利用各种场地器材的跳跃练习

如摸篮板、跳皮筋、摸高器、地上画线、跳绳等。

拓展知识——沙地跳跃练习

原地起跳的动作过程可划分为缓冲和蹬伸两个阶段。缓冲阶段可划分为缓冲前期和缓冲后期两个时相；蹬伸阶段可划分为蹬伸前期和蹬伸后期两个时相。

缓冲前期：运动员屈髋、屈膝、屈踝下蹲，人体重心借助重力下降，各环节肌肉被动拉长。此时，重心位移的加速度和速度方向相同。

缓冲后期：运动员屈髋、屈膝、屈踝等环节肌肉开始离心收缩发力，制动重心下降。当人体离心收缩支撑力与人体重力相等时，重心下降的加速度为零，人体重心下降的速度达到最大值；随后，离心收缩支撑力超过人体重力，人体重心下降的速度为零，人体重心下降至缓冲的最低点。整个缓冲动作过程结束。

蹬伸前期：运动员从缓冲的最低点开始，伸髋、伸膝，肌肉从离心收缩转入向心收缩。人体重心运动的加速度与速度方向一致，在蹬伸力所产生的加速度的作用下，人体重心向上运动的速度不断加大。

蹬伸后期：继续伸髋、伸膝、伸踝，完成整个蹬伸动作。

沙地跳跃练习是指在沙地上进行的各类跳跃练习，沙地跳跃练习可以有效地提高腿部肌肉的力量，提高弹跳高度，其机理在于：

由于沙质松软，运动员在缓冲后期肌肉离心收缩制动过程中，制动反作用力受到一定程度的损耗，运动员为了获得足够的制动力，缓冲后期离心制动时增大了制动动作的幅度，从而使缓冲后期时值延长；蹬伸后期，肌肉在与硬地纵跳一样尽最大意志努力收缩完成蹬伸动作时，沙地的介质阻力与硬地相比减小了，使得蹬伸后期蹬伸动作的动作幅度有了明显的增加，从而使蹬伸后期时值延长。而运动员经过沙地跳跃训练后，回到硬地起跳保持了沙地起跳动作结构的动力定型。

另外，在松软的沙地上进行跳跃练习，增大了缓冲制动的动作幅度和蹬伸动作的幅度，而且同时增大了蹬伸期腿部各环节特别是踝关节的充分蹬伸的加速度与速度。运动员通过一定时期的沙地跳跃训练，在沙地大幅度起跳动作结构模式下，使蹬伸动作的加速度和蹬伸动作的力量得到有效提高。运动员恢复到硬地完成起跳动作时，不仅保持了沙地起跳动作结构的动力定型，加大了起跳动作的蹬伸幅度，而且使通过沙地跳跃训练所获得的腿部蹬伸加速能力向硬地起跳产生了良性转移，从而导致缓冲后期、蹬伸前期和蹬伸后期峰值力和冲量的有效提高。

二、移动能力的训练理论与方法

（一）移动能力的特征

移动能力是指排球运动员接受信号的反应能力、应答刺激信号的选择能力、移动的动作速度、耐力和与之相适应的身体形态、各器官系统的技能总称。

排球运动员的反应能力分为简单动作反应和复杂动作反应能力。简单动作反应能力是指用早已熟悉的动作回答早已熟悉但突然出现的信号的能力。如，排球运动员用双手垫击接教练员扣球的防守练习。提高简单动作反应速度的机制在于：

1. 简单动作反应速度存在着转移的现象。即运动员对一些情况反应较快，对另一些情况也会有较快的反应。各种各样的动作速度练习可提高简单反应速度。

2. 简单动作反应速度的提高在很大程度上取决于运动员应答动作的熟练程度。

3. 简单动作反应速度与心理训练因素密切相关。如，注意力集中训练可以提高简单动作反应速度。

复杂动作反应是指对瞬间的变化作出相应动作的回答。复杂动作反应在排球比赛中大部分属于“选择”反应。一是对球的飞行路线的变化作出反应；二是选择应答动作的反应。如排球运动员用双手垫击接教练员扣球的防守练习中，教练员突然改扣为吊，运动员首先是对吊球动作作出反应，然后选择接吊球的防守动作，并用确定的防守动作，如滚翻或前扑完成救球练习。

复杂反应能力的提高机制在于：

①以简单反应能力为基础。

②全面、熟练地掌握某种特定信号刺激的各种可能的应答动作。

排球运动员的复杂反应能力只有主要通过结合球的技术性练习加以提高，才能最大限度地提高训练的效果。

移动速度是指单位时间内完成某个移动动作或移动某段距离的能力。移动的速度耐力是指保持移动速度的能力。

移动的速度和耐力主要取决于完成移动动作的肌肉的力量、爆发力和耐久力。因此，提高移动速度能力的机制在于：

① 用负重练习提高完成移动动作的肌肉力量、速度力量。

② 用负重练习或增加助力的练习提高移动动作的完成和速度。

③ 用大量的重复性练习提高移动动作的协调能力和耐力。

（二） 移动能力的训练内容与手段

1. 反应能力的训练内容与手段

排球运动员的反应能力是指对排球场上根据双方队员行动的变化和球飞行的位置、速度的变化所迅速作出选择性应答的能力。这种能力通常叫做“综合反应时”。

科研工作者测定排球运动员的综合反应时不如短跑运动员快，并不是因为神经反应（即传导）慢，而是由于其肌肉收缩的速度比短跑运动员慢。而田径运动员在排球场上综合反应时不如排球运动员快，这是因为田径运动员没有全面熟练地掌握排球运动员所具备的应答动作。因此，简单动作的反应能力主要取决于对完成反应动作的肌肉的收缩速度；复杂反应能力主要取决于对刺激信号的应答动作的熟练程度。

反应能力中的神经过程的提高是很慢的，主要取决于先天的遗传，而且有随年龄增长而减慢的趋势。由于排球运动信号感十分强烈、对反应速度要求很高，故应早期加强训练。

2. 反应能力训练手段示例

（1）根据信号起动冲刺练习。可进行 3 米、6 米、9 米等不同距离的练习，多次重复。

（2）游戏——全队转移：6 人一组，分两组沿两个半场的进攻线站立，接收信号后，两组交换位置，比哪一组先到。

（3）游戏——抢球：队员成纵队站在进攻线后，看信号冲刺去抢端线上的三个球。谁最先抢到就可以将球存入本队的球筐内，比赛结束后比哪队抢得的球数量最多。

（4）教练员任意抛球，要求队员跑动去接，接球后抛还给教练员。反复做 8 ~ 10 次。

（5）游戏——照镜子：两人相对站在场上任何一条线的两侧。一人移动，另一人紧跟，不使对方“逃脱”。

（6）游戏——贴膏药。

（7）游戏——老鼠钻洞。

（8）守门员。教练员连续给 5 个球，守门员一一将球接住。

（9）队员连续防守 3 ~ 5 个扣、吊相间的球。

（10）面对墙壁，接教练从背后抛到墙上的反弹球。

3. 移动速度、耐力的训练内容与手段

（1）提高移动速度的力量练习内容

单位时间内身体移动的距离就是移动速度。移动速度除了移动动作的协调性之外，还

要克服较大的身体惯性（运动员从静止状态到迅速移动）和运动冲量，这需要腿部有强大的力量素质为基础。

移动动作是两条腿轮流交替支撑完成的。每条腿的支撑动作又可分为缓冲和蹬伸两个运动过程。腿部蹬伸的力量与爆发力（速度力量）由伸髋（背部肌群的爆发力）、伸膝（大腿前、后群肌肉爆发力）、伸踝（小腿后群肌肉爆发力）等运动动作构成。缓冲能力取决于发展伸髋、伸膝和伸踝等肌群的离心收缩能力。

发展移动动作的最大力量、速度力量的方法手段与发展跳跃动作的最大力量和速度力量的方法与手段基本相同。所不同的是完成力量练习动作的要求，如关节角度有所不同，这里就不再重复叙述。

（2）提高移动速度及速度耐力的练习内容

① 各种小碎步移动

A. 原地小碎步跑计时。

B. 小碎步各个方向上的 3 米移动。

② 多种步法移动

A. 36 米多种移动步法练习。

B. 前进、后退移动步法练习。

C. 左、右侧移动步法练习。

D. 结合球的各种基本步法练习。

拓展知识——振动训练法

振动训练或振动运动（Vibration Training or Vibration Exercises）是一种利用机械来引起肌肉振荡的训练方法，依据实施方法的不同将振动运动分成直接刺激法与间接刺激法。直接刺激法是施加振动刺激的力量练习，在实施时，将振动器用手握或是橡皮带固定的方法直接放置在目标肌腹或肌腱的位置上；而间接刺激法则是将振动器放置于目标肌群的远程，振动通过身体传递达到欲训练的肌群上。

振动力量训练研究始于 20 世纪初，最早应用于医学康复，其理念最初来源于电生理学上的张力性振动反射。可以说，振动力量训练经历了由医学走向体育健身的过程，张力性振动反射是对肌肉和肌腱进行局部振动刺激所引起的不随意肌肉的反射性收缩。

振动训练的机制研究：振动刺激最早是在医学中被应用，世界上最早对振动刺激进行研究的生理学家是约翰逊（Johnston）。随着研究的深入，振动刺激逐渐被应用到运动训练中，从而产生了一种新的力量训练方法——振动力量训练。从查阅的文献资料来看，国内外学者普遍认为：振动力量训练原理首次提出张力性振动反射时，就是通过振动刺激并激活肌肉本意感受器，再经过单突触和多突触的神经反馈调节，反射引起不随意收缩的肌肉收缩，从而导致肌肉力量的增长。在张力性振动反射的基础上，我国学者王兴泽等人提出了弹簧振动的传递效应理论。有研究表明，振动训练引起肌肉适应机制主要包括两个方面：一是振动反射能引起肌梭初级出入神经末梢的兴奋，主要是Ia传入神经，导致反射性肌肉收缩；同时对振动的反应，实际上就是肌肉紧张性增加了，一旦受到刺激，许多运动性纤维就会发出信号到达运动神经，增加肌肉活性。二是在振动中，肌肉的负荷增加了，这是通过正弦波位移产生的加速度来实现的。振动刺激可以产生加速度，而加速度使人体处于“失重”或“超重”状态，使得运动员的负荷量在不断变化，尤其在“超重”阶段，运动员所承受的负荷量要远大于实际承受的负荷量。再就是振动刺激对提高运动单位的募集量和改善肌肉协调性有很好的作用。可以通过加大频率刺激高阈值的II型纤维和低阈值的I型纤维，同时激活就能有效地提高肌肉收缩力的上升梯度。振动训练在生理作用的机制上，包含了弹性能的储存与释放以及牵张反射，两者交互作用而产生力量的结果。而且振动训练避免了身体与地面的冲击，属于闭锁链的运动形式；相对传统的重量训练而言，这似乎有益于降低运动伤害发生的风险。

影响振动训练效果的主要因素研究：振动力量训练对于肌肉的作用效果主要取决于振动特征与振动训练方案。振动特征包括振动的频率、振幅和运用方法；训练方案则包括训练类型、训练强度、训练量、间歇时间和训练频率。

三、手臂挥击能力的训练理论与方法

（一）手臂挥击能力的特征

手臂挥击能力是挥臂的力量、速度、耐力和与之相适应的身体形态、技能的总称。手臂挥击能力是决定排球运动员扣球和发球技术水平的关键因素。手臂挥击的动作结构是躯体、上臂、前臂和手掌等多个运动环节共同组成的一个鞭打动作。鞭打动作的生物力学特征是，发力的顺序依次进行，鞭打动作的力量、速度、冲量、动量等由上个运动鞭打动作末端环节的运动速度带动并达到最大值。

排球运动员在跳起扣球时，腰部首先发力，然后肩带肌群、上臂肌群、前臂肌群依次发力。腰部发出的力量通过肩带传递到上臂，并与上臂肌群的力量累加，然后向前臂传递，再通过与前臂的力量累加传递至手掌，使手掌的动作速度达到最大值。手掌触球后，将鞭打动作的动量传递到球体上，将球击出。

球被击出后运动速度取决于参与鞭打挥臂各环节的质量（重量）和鞭打动作结构末端的挥甩速度即挥臂速度。而挥臂速度取决于参与鞭打动作的各环节肌群的力量、爆发力及挥臂动作的协调能力。

因此，发展和提高腰部肌群、肩带肌群、上臂肌群、前臂肌群的绝对力量、爆发力（速度力量）和挥臂动作的协调性是提高手臂挥击能力的关键所在。

（二）发展手臂挥击能力的训练内容与方法示例

发展挥臂动作各环节力量的内容示例如下。

1. 腰部的屈伸：负重前屈起、负重后屈起等。
2. 肩带的外展与内收：负重前收臂、负重后伸臂、负重水平侧举等。
3. 上臂屈伸：负重推举、引体向上、负重屈前臂、负重头后前伸臂等。

（三）发展挥击整体动作的挥臂速度和协调能力的训练内容与方法示例

1. 挥臂击球。
2. 挥臂扣击标志物（如树叶）。
3. 扔投小石子、棒球或垒球。
4. 投掷羽毛球。
5. 牵拉皮条挥臂。
6. 前抛实心球。
7. 持铃挥臂。

拓展知识——悬吊训练

1. 悬吊训练的基本原理

悬吊训练应用力学原理，将绳子变换成不同的角度，使人体应对不同的负荷强度，而且两根绳子使人体处于悬空状态，受试者的神经时刻都处于绷紧状态。在悬吊训练动作中，人体平衡是靠肌肉收缩固定环节而实现的，将人体看作一个力学系统，肌肉收缩产生的力是内力，其中肌张力是人体内力的主动力，它是人体保持平衡的必要条件，同样也是人体产生主动运动的前提；将重力、地面支撑反作用力、悬吊绳的拉力看作外力，那么，人体平衡的力学条件是所受合外力为零，遵循静力学原理。在悬吊训练中，力的大小主要决定于神经与肌肉的协调能力及大肌群与小肌群的协作能力，力的方向在悬吊训练中主要指悬吊绳对人体的拉力方向，方向不同，将对人体产生不同的效应。另外，悬吊训练还运用了运动学原理，悬吊训练中的各种动作是人体整体或人体局部环节的机械运动，人体运动是主体，是运动学研究的主要对象，同时，悬吊训练动作是人体各环节在时间和空间上的合理变化，时间和空间是运动着的人体存在的根本条件。当身体以平行于地面的水平位在悬吊设备上作运动训练时，重力基本呈切线位通过各个关节，这种有异于平常的方式会对关节周围的局部稳定肌产生更好的刺激和激活作用。

2. 悬吊训练的作用

提高核心稳定能力：悬吊训练遵循渐进式难度递增模式，训练时力的作用点基于不稳定的支撑平面上，不稳定的支撑条件加大了训练的难度，提高了参与工作肌肉的投入，加大了对机体的刺激尤其是核心区域深层小肌群的刺激，进而提高运动员的核心力量。

提高神经肌肉控制能力（协调能力、平衡能力、本体感受功能）：肌肉收缩是神经与肌肉共同作用的结果，神经系统对力量的影响表现在肌肉的协调工作方面。悬吊训练大多在不稳定支撑状态下进行，不稳定支撑需要运动员在进行力量训练的同时对身体平衡和动作稳定性进行控制，这由人体运动器官中的本体感受器参与，运动员在多次重复的对肌肉紧张度的控制以及对多块肌肉不同紧张度的调节中形成神经对肌肉的准确支配能力。

提高专项运动能力：功能训练能更好地贴近专项动作，更好地与专项结合提高专项能力。悬吊训练能更好地与专项相结合，设计与专项动作相近的动作进行模拟训练。核心稳定性的提高和神经肌肉控制能力的提高能稳定脊柱和骨盆核心肌群，保证高质量技术动作的完成；提高能量输出，形成有效的动量传递；改善脊柱和骨盆核心肌群控制力和平衡性，提高运动技术效果；提高能量输出，形成有效的动量传递；提高肢体协调工作效率，形成进行更加协调、流畅的技术动作，从而更好地提高运动能力。

预防受伤，促进损伤后的恢复：绝大多数损伤的出现是因为身体出现薄弱环节，在运动中无法达到要求的运动负荷而产生的。悬吊训练开发了一个独立的诊断系统，用来诊断出薄弱环节，然后对薄弱环节有针对性地进行训练，以减少损伤的产生。

丰富健身模式：力量素质是人体身体素质的重要组成部分，是人类赖以生存的重要基础。悬吊训练设备能给人们提供各种形式的力量训练，装置中有适合任何一个健康体能爱好者的水平。现在的悬吊装置有许多不同的形式，或立于地面上，或吊在天花板上。同一种训练器具也可以用于各种运动，该器具不会占用很多的空间，可广泛应用于大众健身。

第四节　排球专项体能训练的方法与原则

一、优秀排球运动员体能训练过程特征

（一）体能训练过程的生物学和训练学基础

1. 体能训练的生物学基础

生物适应是通过运动训练提高运动员体能的生物学基础。生物适应是指有机体与外界环境不断取得平衡的过程。生物适应具有普遍性、特殊性、连续性和异时性等特征。生物适应的普遍性是指，有机体各器官系统对任何种类、任何形式的外界刺激都能产生适应性反应；生物适应的特殊性是指，有机体对不同性质的刺激产生不同性质的适应性反应；生物适应的连续性是指，有机体对各种刺激产生的适应性反应是一个连续的过程；生物适应的异时性是指一次性刺激使有机体所产生的适应性变化需要一定的时间，不同的刺激产生生物适应现象所需要的时间不同。生物适应及其固有的特征为体能训练的有效性、体能训练过程的连续性、体能训练内容方法的针对性提供了生物学基础。

2. 体能训练的训练学基础

体能训练内容的多样性、训练内容之间的联系性和层次性是体能训练过程组织与实施

的训练学基础。构成运动员体能的身体形态、机能、运动素质等多种因素之间存在着广泛而密切的联系，而每一种体能因素的内部结构都表现出鲜明的层次性。一种身体运动能力的高低，受着多种因素的影响，而其中的各个因素的发展水平又取决于若干因素发展的状况。例如，一名排球运动员的助跑摸高的高度，是由其身高、臂长、红白肌纤维比例、力量、速度、协调和起跳技术等多个方面因素决定的。其中，力量、速度和协调能力的发展需要分层次、分阶段系统进行，才能收到良好的训练效果。体能训练内容的多样性、训练内容之间的联系性和层次性要求体能训练过程组织与实施必须具有系统性、阶段性和计划性。

因此，根据体能训练的生物学和训练学原理组织实施体能训练过程，必须科学地确立体能训练过程的结构、必须正确地划分体能训练过程的阶段和周期、必须周密细致地制定体能训练的训练计划。

（二）体能训练过程的基本结构

体能训练的基本任务是要充分挖掘运动员的机能潜力，最大限度地提高其体能能力。体能训练过程时，运动员的运动能力总是已经处于某一特定的状态之中，而通过体能训练过程，能使运动员的体能发展到一个新的水平，即实现体能从起始状态向目标状态的转移，如图 7－2 所示。

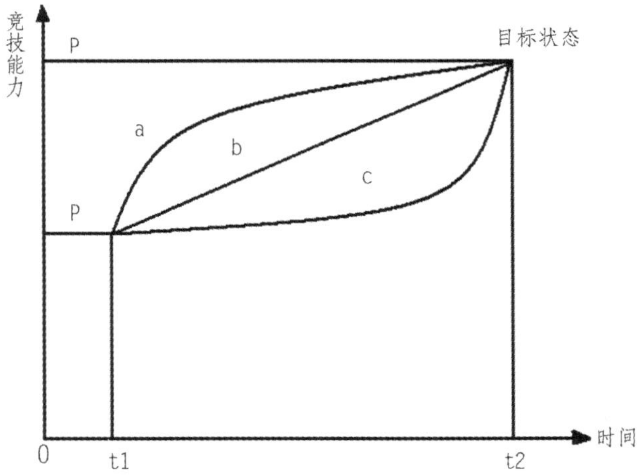

图 7－2　竞技能力状态的转移通路

为了实现这一目标，就必须认真分析体能训练过程的基本结构，深刻认识体能训练过程的基本特征。完整的体能训练过程有着自身的客观规律，是按照一定的结构形式组织起来的（图 7－3）。

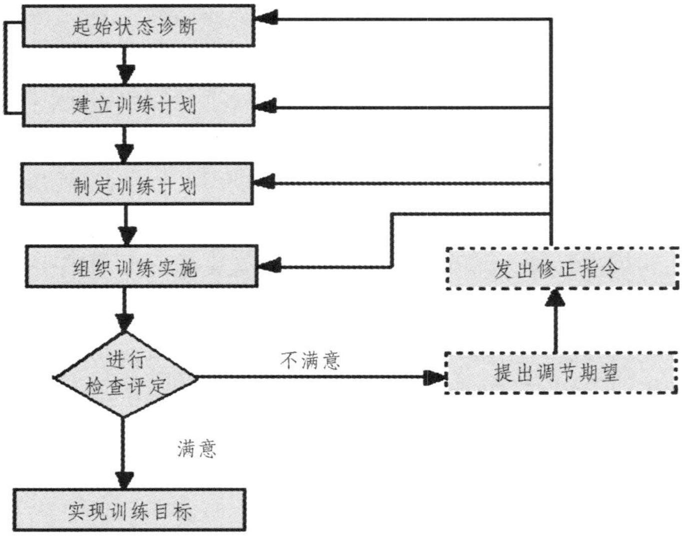

图 7－3　体能训练过程的基本结构

如图 7－3 所示，在一个完整的体能训练过程中，对运动员体能起始状态诊断是训练过程的出发点；训练目标的建立，则是为体能训练过程确定了一个多层次相互联系的目标状态体系，是整个运动训练过程进行的目的，也是对运动员体能训练过程发展的状况作出检查评定的标准；根据运动员的体能现实状态、所确定的训练目标以及训练的条件等因素制定的体能训练计划，是对整个体能训练的进程所预先作出的理论设计。而进一步通过计划的实施，将一预先作出的理论设计付诸实践，并对之进行检验，通过若干特定指标的测定对训练的效果进行检查评定，将评定的结果与训练的目标状态进行比较，找出差异，据以对相应的环节进行必要的调整与修正，以使训练获得满意的效果，进而实现预定的目标。

（三） 体能训练过程阶段性与周期性

人体对训练刺激的生物适应过程，不仅是长期的，也是有阶段的。机体对一次适宜训练负荷的应激，可以分为工作、疲劳、恢复、超量恢复、训练效应消失等几个阶段（图 7－4）。在更长一些时间的跨度内，如几个月至一年的训练过程中，运动员机体能力的变化同样经历着形成、保持和消失三个不同的阶段。

为了在大赛中创造优异成绩，教练员总是力求通过科学的训练与安排，使运动员在体能上作好充分的准备，在比赛中最大限度地动员机体的机能潜力。但是，运动员的体能不可能始终处于最佳状态。在高度的紧张动员之后，机体必须要进入一个调整阶段，以便在生理上和心理上得到充分恢复，然后重新动员起来进入新的训练阶段（表 7－3）。

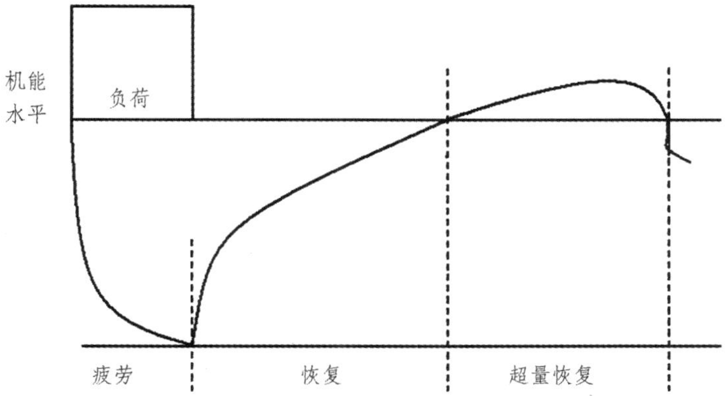

图 7 –4　机体负荷的应激反应（依雅可夫列夫，1957）

表 7 –3　体能发展及其与训练期相应的阶段划分

阶段	生物学基础	任务	时期
形成	适应性机制	提高一般和专项体能	准备期
保持	各系统高度协调	提高专项体能，创造新成绩	比赛期
消失	保护性机制	积极恢复消除心理/生理疲劳	过渡期

运动员体能形成、保持、消失及其对应的准备期、比赛期和过渡期三个连续的阶段，就构成了一个完整的体能训练周期。

在连续长时间的体能训练过程中，人体运动能力的变化，是由各个体能训练周期联接而成的。若干个课的训练周期组成了周的训练；若干个周的训练周期（或叫小周期）构成了阶段的或月的训练周期；若干个月的或阶段的训练周期构成了年度的训练；若干个年度的训练周期构成了区间性的多年训练；若干个区间性的多年训练周期则构成了运动员整个运动生涯的全程性多年训练过程。

教练员在组织实施体能训练过程中，必须首先掌握各种训练周期的序列结构，要能根据排球专项特点，选择适宜的年度和周的周期类型，并且注意保持各训练周期之间的有机衔接。

（四）体能训练的计划性

凡事预则立、不预则废。排球运动员体能的多样性、联系性和层次性，规定了其体能训练过程必须具有明确的计划性。

体能训练计划是对于未来的体能训练过程预先作出的理论设计。制定训练计划，可以使体能训练目标具体化，统一训练活动参加者的认识和行动，并可以为有效地控制训练过程奠定必要的基础。

在制定计划时，既要考虑到运动员的起始状态，又要考虑体能训练的客观规律。体能训练的客观规律包括：体能训练过程的连续性与阶段性、多变性与可控性，运动员有机体对训练负荷的适应性与劣变性，训练活动组织的个体性与群体性等基本特征；排球运动员体能的结构特点和发展特点。还要考虑组织实施训练活动的客观条件提供的可能，如场地、器材、营养和恢复等条件。

按体训练计划时间跨度的大小，可将其分为多年体能训练计划、年度体能训练计划、大周期体能训练计划、周体能训练计划及课体能训练计划。每一个上位的训练计划都是由若干下位的训练计划组合而成，如，多年训练计划由二至十几个年度训练计划组成，周训练计划由七天或三至二十次课训练计划组成。多年训练计划和年度训练计划主要用于安排较长时间的系统训练，属于具有全局性、战略性规划，计划的内容也是框架式的，不需要过于详细，它在实施过程中要求相对稳定。周训练计划与课训练计划都是训练实施的具体计划，其内容比较详细，并在训练中有较多的变化或调整。

各类训练计划有着不同的基本任务，在训练的方法手段，训练负荷的量度与节奏，训练活动的组织与实施等方面均有各自的特点。然而，其训练计划的内容与结构具有一个基本相同的模式，如图 7 –5 所示。

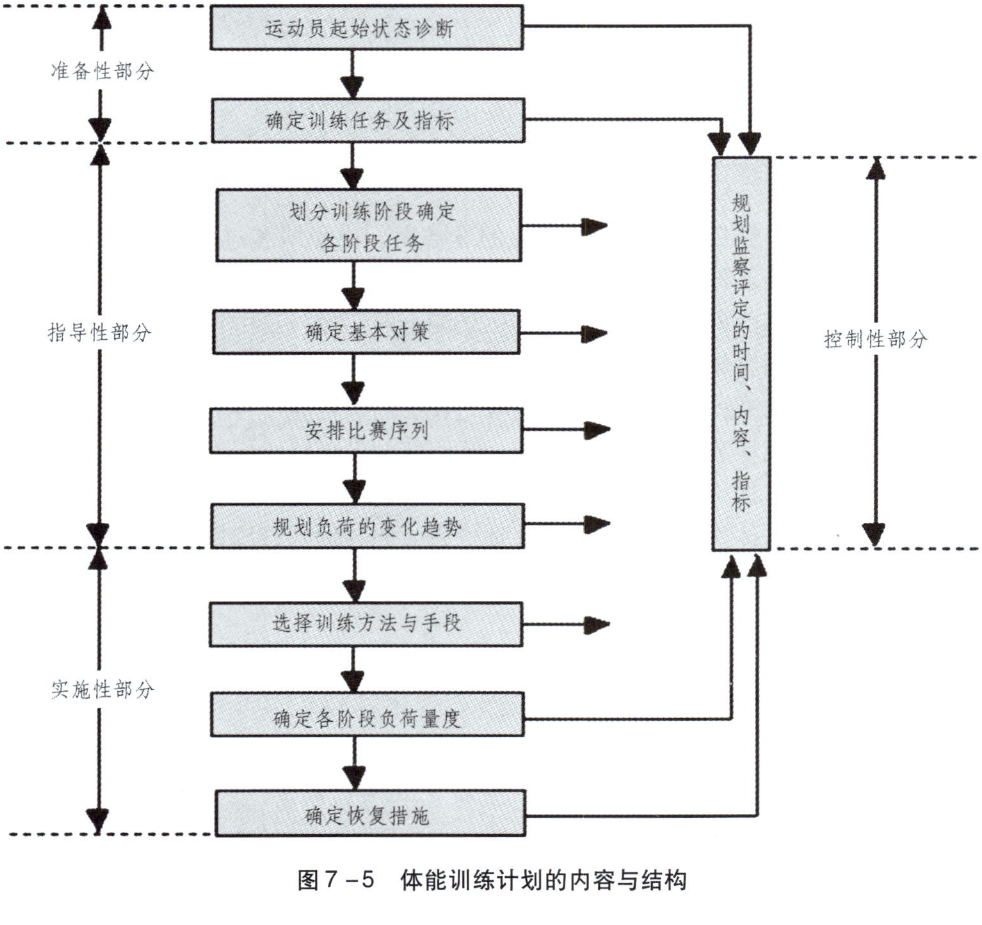

图 7 –5　体能训练计划的内容与结构

二、排球专项运动员体能训练的方法

（一）持续训练法

1. 定 义

持续训练法是指在相对较长的时间里，用较稳定的不太大的负荷强度，不间歇地连续进行练习的方法。

2. 特 征

（1）负荷强度小、用力程度低、不必尽最大努力。

（2）负荷重量也相对较小。

（3）持续时间较长。

（4）动作连贯、不间歇。

3. 作 用

（1）提高有氧力量耐力。

（2）提高参与完成动作的环节间肌肉用力的协调能力。

（3）有助于学习、掌握、巩固、提高力量练习动作的技术。

4. 运用要求

（1）控制好负荷强度与负荷量。

（2）准备期用于提高有氧耐力，掌握力量练习技术。

（3）比赛期用于机体恢复。

（二）重复训练法

1. 定 义

在不改变动作结构和负荷数据的情况下，反复进行练习，每次（组）练习之间的间歇时间，能使机能基本恢复的一种练习方法。

2. 特 征

（1）负荷强度大 90% ~100%，负荷量小。

（2）负荷因素不变。

（3）负荷结构不变。

（4）间歇时间长。

3. 作 用

（1）提高最大力量、速度力量、最大速度。

（2）提高 ATP、CP 无氧供能能力。

（3）提高肌肉用力的内协调能力。

4. 运用要求

（1）控制好负荷强度与负荷量，特别是在负荷重量不大的情况下，负荷量过大会改变练习的性质。

（2）控制好间歇时间，使机能基本恢复。

（3）准备充分，避免伤害，提高兴趣。

（三）间歇训练法

1. 定　义

在一次或一组练习之后中，按照规定的间歇时间和积极性休息方式进行休息，在运动员机能未完全恢复的情况下，进行下一次（组）练习的一种练习方法。

2. 特　征

（1）负荷强度大，负荷阻力小。

（2）负荷因素、结构可变也可不变。

（3）间歇时间短，机能不完全恢复。

3. 作　用

（1）提高最大力量、速度力量、最大速度耐力。

（2）提高糖酵解（乳酸）无氧供能能力。

（3）提高肌肉用力的内协调能力与动作间的协调能力。

4. 运用要求

（1）控制好负荷强度与负荷量，特别是在负荷重量不大的情况下，负荷量过小会改变练习的性质。

（2）控制好间歇时间，使机能不完全恢复。

（3）避免伤害，加强医务监督、提高心理准备程度。

（四）变换训练法

1. 定　义

在练习过程中，有目的地变换训练负荷、动作组合以及变换练习的环境与条件等情况下进行练习的一种训练方法。

2. 特　征

（1）负荷可变，如变速跑。

（2）动作组合可变，如排球串连练习。

（3）环境可变，方法界定不严。

3. 作　用

（1）提高兴趣。

（2）提高对不同训练环境与条件的适应能力。

（3）提高动作的灵活性。

4. 运用要求

（1）目的明确。

（2）方案预先设计，练习要预先熟悉。

（3）避免注意力分散。

（五）循环训练法

1. 定　义

根据训练的具体任务，建立若干个练习站点，运动员按规定的顺序、路线，依次完成每站所规定的练习和要求而周而复始地进行练习的一种训练方法。

2. 特　征

（1）每站具有不同的负荷结构。

（2）各站的负荷结构固定。

（3）站点不同、负荷结构不同，作用不同。

（4）循环训练中，可使用持续、重复、间歇训练法。

3. 作　用

（1）提高最大力量。

（2）速度力量。

（3）力量耐力。

（4）提高三种供能能力。

（5）提高肌肉用力的内协调能力与动作间的协调能力。

4. 运用要求

（1）目的明确。

（2）方案预先设计，练习要预先熟悉。

（3）避免经常变动。

三、排球专项运动员体能训练的原则

训练适应是排球运动员专项体能不断提高的生物基础，只有对运动员施加不断增加的、系统的、有针对性的运动负荷，才能使运动员的专项体能产生循序渐进的生物适应，最终达到训练目标的要求。

排球运动员专项体能不断提高的生物刺激，来源于训练负荷、比赛负荷和生活环境的影响。而有目的、有意识并能进行有效控制的生物刺激来源于系统的运动训练。

训练刺激与运动员有机体产生训练适应之间，存在着不以人的意志为转移的客观规律。在运动员进行的专项体能训练过程中，认识并遵从刺激与适应间的客观规律，就能取得预期的训练效果。反之，则会南辕北辙、事倍功半，甚至会对运动员的身体和心理造成伤害。

在长期的训练实践中，人们对排球运动员专项体能训练的负荷与适应之间的关系有了逐步深刻的认识，已总结出一套排球运动员进行身体素质训练必须遵循的、行之有效的原则。

（一）训练适应原则

训练适应原则是指运动员专项体能的提高是由运动训练造成的有机体与施加负荷的外环境不断取得平衡的过程而产生的。

有刺激就会有适应，但只有当刺激达到与个人竞技能力相应的强度和起码数量时，才能出现身体素质不断提高的适应过程。训练刺激是由一定的刺激强度和刺激量所构成。负荷量和强度越接近个人竞技与负荷能力的最佳值，适应过程完成得就越快，效果也越好。因此，排球运动员的身体素质应进行定期的测量与评定，以掌握各种变化的信息，以便及时调整刺激量和强度的指标，并据此及时修正个人专项体能的训练计划。

（二）负荷与恢复相统一的原则

没有负荷就没有训练，没有恢复就没有提高。良好的训练适应过程是负荷与恢复交替得当的结果。机体由于负荷消耗了能量，因而会产生疲劳，使机能暂时下降。在恢复过程中，不仅被消耗了的能源物质能得到补偿，而且这种恢复还会超过起始水平（即所谓超量恢复）。超量恢复是提高机能和成绩的基础。排球运动员在专项体能训练过程中，可以采取“大强度体能训练与轻技术相交替”或“一种体能不同部位练习相交替”及“几种体能穿插进行”等方式进行训练过程中的“休息与恢复”。大负荷训练之后，还应有充分的静止休息，甚至需要借助于其他生物学和医学手段或措施进行恢复。

（三）逐步提高运动负荷的原则

适应过程可以增强运动员身体或心理承受负荷的能力。在长期的训练过程中，逐步增加运动负荷，运动员的专项体能和竞技能力就会逐步获得提高。如果训练的负荷量总是一成不变，运动员很轻松地即可完成，并不感到怎么疲劳，那么，训练效果便会越来越差，其专项体能和竞技能力也就无法得到提高。可见，系统地提高运动负荷非常重要。排球运动员在进行身体训练时常常忽视这一点，这是其专项体能和竞技能力提高慢的主要原因。

（四）持续训练原则

由于机体对外界环境具有很强的适应性，因此，如果负荷减少太多或完全中断，则训练所产生的适应就会消退。大量减少或中断训练，就会破坏运动成绩的持续提高。因此，排球运动员的体能训练应当在全过程多年训练中长期进行，不能间断。即使在休整期，也应保持一定的专项负荷，完全没有训练负荷的时间也不宜太长。

（五）负荷结构定向化原则

负荷结构是指不同负荷因素的搭配组合。负荷结构的定向化原则是指不同的负荷结构和运动员有机体产生不同的训练适应。

因次，选择负荷结构的方向很重要。数量大，刺激强度小到中等的负荷，主要增强力量和力量耐力；数量小，刺激强度次大到最大的负荷主要增强力量和爆发力。小和中等刺激强度的负荷能为提高少年运动员负荷能力打好基础，也能提高力量和爆发力，故少年运动员可以从中、小力量练习开始训练。成年运动员由于发展力量的目的不同，应选择不同的负荷结构。

（六）训练负荷调整原则

训练负荷是由负荷强度和负荷量构成，而负荷强度和量又由诸多因素构成，因此，可根据训练目的的需要，通过变更构成训练负荷的不同因素，对训练负荷进行有效的调整。

负荷因素主要包括以下内容。

1. 刺激强度

刺激强度用每一次刺激的强弱或每一组刺激在单位间里的做功量来表示。如一次下蹲杠铃的重量或10秒内所跑的距离。

2. 刺激密度

刺激密度是指一组训练中负荷阶段和休息阶段时间上的比例关系。如，在3分钟内完成五次30米跑，以跑一次30米用5秒计算，跑5次共负荷20秒，休息2分40秒。

3. 刺激量

刺激量是指刺激的时间及重复次数。如，在15分钟内进行15组36米多种步法移动的训练，每组重复3次，即在15分钟内完成30次36米每种步法移动训练。

4. 训练次数

每周训练几次应根据距离重大比赛时间的长短和运动员的年龄、水平来决定。

近年来，人们对于各种负荷因素之间的变换关系及各种负荷因素对发展专项体能的影响已较为清楚。因此，教练员可以借助改变负荷因素组合的办法来调节训练负荷。如，在冬训中各种负荷因素都趋于高指标；赛前应突出强度，刺激量可以减少；休整期各负荷因素都应趋于低指标。

第五节 优秀排球运动员的体能训练水平测试与评定

体能测试与评定是考察训练效果的重要手段，是体能训练的一个重要组成部分。近年来，对体能测试在测定项目的确定和指标标准两个方面进行过许多研究。下面介绍及几种常用的测试与评定的方法。

一、生理生化指标的测试方法

用生理生化指标测试法能反映通过体能训练后机体机能的状况。美国队常用12分钟跑对队员有氧供能能力进行评定。对无氧供能能力的评定可通过能量供应的特点设计一些短跑冲刺测试，时间一般在30～90秒之间。通过这些测试，一方面可以提高运动员的身体素质，另一方面可以用于测试比较，经过一段时间的训练后再测试，可看出训练是否达到预期的目标。

这里先介绍用心率储备进行体能训练强度测试的方法。

心率的测定主要是测腕脉，也可测耳脉，测 15 秒的脉搏后换算成每分钟的心率。最大心率的简便计算方法是：用 220 减去年龄。

例如，18 岁可能达到的最大心率为 220 - 18 = 202 次/分，25 岁可能达到最大心率为 220 - 25 = 195 次/分。

利用这一公式就可判定队员的训练情况。例如，一名 18 岁的队员，训练时如果其心率为 150 次/分，那么，该队员只用了其最大心率 202 次/分的 74%。再如，一名 25 岁的队员，如果其训练心率为 150 次/分，那么，该队员则用了其最大心率 195 次/分的 77%。

心率储备（HRR）= 最大心率 - 安静心率

查表 7 - 4 值可看到具体的评价标准。

表 7 - 4　不同体能水平队员的练习方法

训练水平	训练水平低	训练水平中等	训练水平高
最小的心率	40% HRR	60% HRR	70% HRR
要达到的心率	60% HRR	75% HRR	80% HRR
不宜超过的心率	75% HRR	85% HRR	90% HRR

假定一运动员训练水平高，年龄为 25 岁，她安静时心率为 50 次，她的心率储备是：

心率储备 = 195 - 50 = 145（次/分）

目标心率 = 50 +（145 × 80%）= 166（次/分）

最小目标心率 = 50 +（145 × 70%）= 151.5（次/分）

最大目标心率 = 50 +（145 × 90%）= 180.5（次/分）

通过上述计算表明，该运动员在训练中，心率要达到 166 次/分，其负荷强度才有效。也就是该运动员的目标心率在 151.5 ~ 180.5 次/分之间，而 166 次/分的心率效果最好。前苏联队在进行弹跳训练时，就采用达到心率储备的情况来进行判断和调控每个队员的训练。

再介绍一种伊文考夫无氧测试法，该测试在欧美被普遍应用，是国际排联认可的一种测试方法。

具体方法：在排球网上相隔 5 米之处做两个标记，先测出 1 分钟内向两边移动能碰到的次数，然后马上记录测出 10 秒钟的脉搏次数，休息 1 分钟，再重复一次，共进行三次测试，并记录其脉搏次数，代入公式中，求 K 值。

K 值越大越好（表 7 - 5）。

$$K = \frac{\text{三次触标次数之和}(A + B + C)/3 - \text{三次脉搏之和}(A + B + C)/3}{\text{第三次的脉搏次数} / \text{第一次的脉搏次数}}$$

表7－5　伊文考夫无氧供能能力评定表

性别	差	较好	好	很好
女	<2.0	2～3.5	3.6～5.0	75.0
男	<3.0	3～4.5	4.6～6.0	76.0

还可以在专业人员的指导下采用血乳酸分析方法了解队员的无氧乳酸能力，还可以通过测量肺活量、测量动力血流量、尿检和遥测心率等测试方法对运动员机体各系统的机能水平进行评定。

二、形态指标测试方法

身体形态指标测试主要是对某些与专项有关的身体形态特征进行测量与评定。如臂长、坐高、指距等，还可以对通过体能训练后身体形态发生变化的指标（体脂比）进行测试。据加拿大的一项测试结果，体重与体脂比关系密切。体脂下降，体重也会随着下降，而弹跳随着体重、体脂的下降而上升。一般是体重下降5千克，弹跳提高7～8厘米。因而，许多教练员都很重视这个指标。测试体脂的方法，一是用水下测量法测试体脂比重，另一种简便的方法就是用卡尺测量皮脂厚度。

三、身体素质测试法

（一）杠铃负重蹲起的最大重量

队员负杠铃下蹲至120度角直立。对某个重量可以做三次就需再加重量，直到只能完成两次为止。运动员的最大负荷量＝能蹲起的两次的杠铃重量＋蹲起两次杠铃重量×10%

（二）20米跑计时测试

20米跑的速度测验是一项重要指标，一般用时2秒多。这个测验所测的是无氧非乳酸功能水平。一般场馆的20米直道很容易找到。

（三）弹跳高度的测试

一般来说，拦网高度要比扣球高度低10厘米左右。如果两者高度差不多，就说明该队员的助跑起跳能力比较差。拦网高度的测量应双手原地摸一定高度的板子连续三次，并计算平均值。

（四）跳深的测试

近年来，欧美等国对超等长训练颇为重视，跳深是其中的一种练习方法。这种训练方法对弹跳能力的发展至关重要。但对肌肉、关节的刺激大，特别是有伤的队员应小心，因而不是每个人都可以采用的。通过这样的测试就可以确定该队员能否采用跳深练习方法。让运动员做一次拦网起跳，记录其高度，再从30厘米高的高度跳下后跳起拦网，若两者高度相同，说明了该运动员的肌肉能力已达到了可做跳深训练的要求。如果达不到原地拦网的高度，应做一些基础训练后才能采用这一训练方法。

（五）立定三级跳或多级跳测试

在沙坑前6~8米处设一块起跳板，队员面向沙坑，站在适合自己能力的起跳板上，第一跳双脚起跳，其他动作与三级跳远相同。或采用多级跳，每人测两次，以最远的成绩计算。

（六）腰腹肌的仰卧收腹测试

队员仰卧在木板或板凳上，被带子捆住膝关节部位，看测试者手势（同时开表计时）做30次仰卧收腹。要求用左手摸右脚尖，用右手摸左脚尖，第30次摸到脚尖为止停表。两臂可以自由摆动，手未能触及异侧脚尖或仰卧时双肩胛骨未能触及木板均不计算在内。

（七）挥臂速度测试

目前没有适合成年人较好的测试手段，少年运动员多采用羽毛球掷远法。以往男子运动员有采用手榴弹掷远方法，女子运动员可采用实心球掷远的方法来测试。

（八）灵活性的测试方法

灵活性的测试方法有9米往返跑、蛇形跑等，还可以根据场地的情况进行设计。如，在排球场边线两侧放上多种标志，然后穿梭似地来回跑动，或从球场的一端做一个滚翻跑到另一端，然后跑到网前做一个起跳：5个前滚翻和5个后滚翻，然后站起来等。这些测试都以时间为衡量标准，并积累数据进行比较。

（九）柔韧性测试

对腿部后肌群柔韧素质的测试主要有体前屈和体后屈，体前屈的测试通常是队员站在一个高台上手向下伸，测手能超出脚面的距离；或平躺在地板上，脚不动，起上体，两手前伸，看手能超出脚多远。

（十）速度耐力测试

六球测试法是测试排球运动员速度耐力的常用方法。

队员在短线中间准备，看到信号后跑去拿回放在边线上的球，跑动路线如图7－6所示。六个球离队员的距离分别是7.5米、12.82米、18.55米，全程为155.48米。要求队员按顺序将6个球全拿回，最好在40秒内完成。男子最快可达30秒，女子达36秒。常见队员在做此练习时，跑到第三个球时就已感到喘嘘，上气不接下气，这说明他们的内部供能系统无法适应如此强度的训练；也常看到队员当拿到第六个球抛回终点时倒在地上，这说明他们缺乏这方面的训练，应进一步提高这方面的能力。

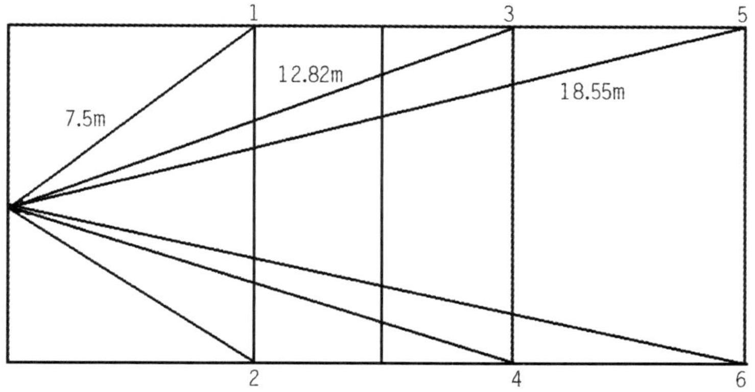

图 7-6 六球测试法场地图

本章思考题

1. 简述排球运动员专项体能的构成内容及评定方法。
2. 排球运动员专项体能包括哪些方面，其与一般体能的关系是什么？
3. 专项体能对排球运动员竞技能力的提高有何作用？
4. 选择某一专项运动能力分析该运动能力对排球运动员有何影响？应如何进行训练？
5. 以循环训练法为例，为某一排球专项运动员设计一份体能训练计划。
6. 简述排球专项体能训练的原则。
7. 如何评定优秀排球运动员的体能训练水平？

参考文献

[1]黄汉升．球类运动——排球[M]．北京：高等教育出版社，2001.

[2]葛春林．最新排球训练理论与实践[M]．北京：北京体育大学出版社，2003.

[3]田麦久，刘大庆．运动训练学[M]．北京：人民体育出版社，2012.

[4]国家体育总局青少年体育司．中国青少年排球训练教学大纲[M]．北京：北京体育大学出版社，2012.

[5]王瑞元．运动生理学[M]．北京：人民体育出版社，2002.

[6]曾凡辉，等．运动员科学选材[M]．北京：人民体育出版社，1992.

[7]吴中量，李安格．球类运动——排球[M]．北京：高等教育出版社，1997.

[8]李艳．试析沙地跳跃练习提高弹跳力作用的动力学机制[J]．北京体育大学学报，2002，(04).

第八章　排球运动员心理竞技能力与训练

本章概要

本章节主要分为三个部分，第一部分是从排球运动员的专项心理特征方面进行叙述。第二部分为排球运动员心理竞技能力诊断，其中，包括排球运动员心理竞技能力所包含的内容及排球运动员心理竞技能力测试量表与方法。第三部分内容是排球运动员心理技能训练的方法。通过本章节的学习，可以对排球运动员的专项心理特征有所了解并能对排球运动员的心理技能进行评价，进而有针对性地进行训练。

第一节　专项心理特征

排球运动员的心理活动特征，是指在一定的遗传素质的基础上，通过长期的专项运动实践而形成和发展起来的从事排球运动所必须具备的各种心理活动的特征。通过对排球运动员所从事的专项实践活动本身固有特征的分析（主要是活动的结构和活动赖以实现的条件），可以在一定程度上揭示其心理特征。

一、排球运动的活动结构和活动条件

排球运动的活动结构和活动条件决定了排球运动员的专项运动心理特征。

从排球运动的活动结构上看，排球运动是一种由运动员运用各种技术动作组合成的具有身体间接对抗和心理直接对抗性质的竞技运动项目。发球、垫球、传球、扣球和拦网等基本技术动作是排球运动中的基本活动结构单位，也是实现各种战术行动的具体方法。构成排球运动的行动按其具体的目的可分为两大类，即进攻的行动和防守的行动。在实施进攻或防守行动时，各种不同战术行动的运用与动作的组合方式，取决于双方特点以及排球运动中各种具体的主客观活动条件，这就是排球运动的活动结构。

从主客观活动条件来看，排球运动中运动员所要实现的各种技术动作和战术行动，是在规定的场地上和一系列的竞赛规则的限制条件下、在对手的积极对抗条件下进行的。完成任何一种技术动作和战术行动都必须受到自身的生理和心理因素的制约，都必须受到时间、空间和对抗条件的限制，都必须具有准确性、目的性、全面性、迅速性、突变性、协调性、协同性和紧张性。在排球运动中，运动员所要实现的各种技术动作和战术行动，是在与对手的心理直接接触并在自己和同伴的积极配合、协作活动，与对手积极对抗的条件下进行的，完成任何一种技术动作和战术行动都将受到对手的积极阻碍和干扰。因此，必须具有强烈的战术意识，必须迅速、准确地感知和判断，灵活、果断地抉择，主动、适时地反应。在排球运动中，运动员在比赛中所要实现的各种技术动作和战术行动，都是在高度紧张和异常激烈的竞争过程中完成的，特别是排球竞赛是具有短时间的高强度运动与短时间的间歇交替组成的长时间活动，活动的结果以记分定胜负，基本不受时间限制等特点。因此，运动员完成任何一种技术动作和战术行动都必须与其情绪、意志和个性品质相联系。在排球运动中，运动员对各种主观刺激，是以其相应肌肉系统的协调活动形式组成各种基本技术动作作出应答的。它是以动作的多样化、精细化，动作结构的变异以及简单反应和复杂反应的迅速性、准确性、灵活性和敏捷性为特征的。

从运动员对各种主客观刺激的应答过程来看，它是由知觉刺激物、归纳动作类型（表象再认）、了解与揭露对方的意图并作出预见、选择相应有效的应答动作及实现动作等因素组成。其中，最重要的是对外界刺激物准确迅速地感知、预见和应答的能力。

此外，排球运动的专项心理特征还与排球运动竞赛不断朝着高水平的方向发展有关。当今国际排球运动竞赛正朝着技术全面精尖快速化、能攻善守全能化、战术综合突变化、技术风格打法类型多样化、竞争对抗白热化的方向发展。这种发展方向将从不同角度和不同层次对排球运动员的专项心理特征提出更高的要求。

鉴于排球运动员的专项心理特征不仅表现在认知、情感和意志等心理过程的各个方面，也表现在个性心理特征的各个方面，它们是排球运动员专项心理特征中不可分割的两个方面。

二、排球运动员的认知心理特征

在排球运动的实践活动过程中，因其自身具有的项目特点，它要求运动员在完成各种技术动作和战术行动时，稳定而有效地集中、分配和转移自己的注意力；通过自己的各种感觉器官准确而又迅速地感知人、球、网和场地的各种时空关系以及自身运动的情况；在瞬息万变的情况下，正确地判断场上变化状况与动向，识别与预见对手的战术意图；精确地把握时机，适时地采取对策，迅速而又准确地调节自己的行动来实现自己的战术行动等。这就需要排球运动员形成和具备各种空间知觉、时间知觉、运动知觉的准确性，球感，注意的集中、分配、转移，思维的敏捷性、灵活性和正确性等心理能力或心理品质。这些心理能力或心理品质构成了排球运动员的感知过程的心理特征、思维过程的心理特征和注意的心理特征。

（一）感知过程的心理特征

排球运动是以各种形式的击球为核心，并以球来实现直接对抗的。击出球的飞行的路线及落点是由来球的速度（发球除外）、击球的高度、角度和击球的力量决定的。击出球的飞行路线及落点则由所击出球的力量决定。运动员欲使击出的球以一定的速度沿一定的线路飞行来实现自己的战术意图，就必须根据来球速度，以恰当的角度和时机、合适的力量以及合理的空间位置将球击出。因此，为了实现运用某种击球技术动作的目的或实现某种战术行动的意图，任何一种形式的击球过程（除发球外），都由众多环节同时或联合组成。例如，准确地感知和判断对手的空间站位，击球的姿势，击球的高度、角度与力量以及来球的速度和不断变化着的各种时空关系；迅速地起动并快速移动至理想的击球位置；根据条件的可能和自己的需要，依据自己与来球、场地的各种时空关系，调整好身体姿势和方位，使自己的身体形成合理的准备姿势并与来球、场地等构成最佳的时空关系；借助全身的协调用力，特别是上肢、手腕和手指各大小肌肉群的主动用力，以恰当的角度和一定的力量将球击出，使球按自己的需要速度、线路与落点飞行。在上述全过程中，直接参与和调节控制击球动作的心理机能有视觉、肌肉运动觉、平衡觉、听觉、触觉、机体觉等。其中，关于球和对方活动的各种时空知觉信息，主要由运动员的视听觉和肌肉运动觉的心理机能活动提供。关于自身与来球、场地的各种时空关系以及准备击球的姿势等信息，主要由运动员的肌肉运动觉、平衡觉、视觉、触摸觉等的心理机能的活动提供。所有这些心理机能的活动又必须在大脑皮层统一的分析综合活动下有机地进行。可见，运动员有效地完成各种击球动作，必须依赖大脑皮层与众多心理机能的协调活动，并由这些心理机能的不同组合与协调活动，构成各种人、球、网、场地的各种空间知觉、时间知觉和运动知觉。各种击球技术动作的效果取决于这些心理机能的活动水平。与此同时，这些心理机能的特定组合方式经过长时间的排球运动专项训练，便会发展成排球运动的专门化知觉能力——“球感”。

良好的“球感”能帮助运动员对人、球的各种时空特性和物理特性以及击球时人的运动学特性进行精细的分化。排球运动中的“球感”，主要包括“球性感”和“手感”。“球性感”主要指的是运动员对排球的各种特性，诸如球的形状、大小、轻重、弹性、重力、阻力和不同角度与不同力量击球时球的空间运动速度、方向与线路变化等特性在感知时进行精细分辨；“手感”主要是指在完成击球动作中人的运动生物学特性，诸如完成各种击球瞬间时对相应肌群活动的方式精细分化。因此，“球感”在排球运动中具有重要作用。

“球感”是一种精细分化了的复合知觉。“球感”是技术水平获得高度发展并出现竞技状态的心理标志。运动员形成了良好的“球感”，就能使其注意力从完成击球动作过程中解放出来，将注意力全部指向与集中到解决迫切任务的技战术上去。因此，“球感”是高水平运动员突出的心理特征之一。“球感”具有不稳定性的特点，可因长期终止训练，或情绪过于紧张、或身体状态过度疲劳而减弱。经常进行有球的专项训练，可防止“球感”的衰退。

（二）注意心理特征

由于排球运动是一项对抗性竞技运动项目，它具有比赛的双方相互制约，各种击球技术动作门类繁多，战术多变，运动员所需完成的动作又属开放性技能，加上比赛过程中速度快、变化多以及比赛不受时间限制，往往需要较长的时间才能决定胜负等专项运动的特点，所以它对运动员注意的强度和稳定性有着极高要求。它要求运动员的注意中心始终高度指向和集中于技术动作和战术配合，并在任何情况下都能作出正确的判断和及时的抉择，表现出最合理的高质量动作。在瞬息万变、稍纵即逝的紧张比赛中，运动员的注意强度减弱、稳定性下降或注意分散，哪怕只是瞬间，都会导致动作反应迟缓，动作质量下降甚至造成动作失误或贻误战机。因此，注意活动的强度大而且稳定性高是高水平排球运动员必备的心理特征之一。

此外，排球运动还具有短时间的一次高强度运动与短时间的一次间歇交替和众多影响击球质量的因素等特点，它对运动员注意的转移和注意的分配提出了较高的要求。它要求运动员的注意活动在比赛过程中有意识地随着比赛情况的转移而转移，即有意识地随着运动—间歇的交替而实现注意的转移，以便能迅速、正确地估计瞬息变幻的动向，应付对手的突然袭击和高质量地去完成运动与间歇这两种活动方式。它要求运动员在比赛过程中有意识地把注意分配至与比赛活动有关的客体上，进而能及时把握各种情况的变化，不失时机地实现自己的战术意图。因此，注意的转移、注意的分配，也是排球运动员重要的心理品质之一。

（三）思维过程的心理特征

排球运动竞赛是在双方相互制约和各种瞬息变幻的技战术动作对抗条件下进行的，要求运动员必须注意力高度集中和迅速正确地感知、分析与判断任何一种细小的变化，因此，运动员必须具备相当程度的思维能力。运动员的思维活动应具有行动性、灵活应、敏捷性及预见性等特征。

排球运动的特点决定了运动员在比赛过程中所采取的技战术对策，必须是在及时的运动情况中对对手的运动能力及其所采取的技战术意图作出正确的判断与预见，所采取的对策不仅要在迅速的行动中实现，而且还要在行动中不断地校正。运动员的思维活动是以双方的技战术行动为主要内容，并且通过行动加以表现的。这种行动既是思维过程的起点，也是思维过程的终点。这就是排球运动员思维活动具有行动性的特性。思维活动的行动性不仅使运动员的思维获得了敏捷性和灵活性，而且也使运动员的思维活动本身获得了实效性，即运动员把技战术的决策付诸行动后，立刻就能看到实际效果。

排球比赛的特点决定了运动员对变化着的运动情景的分析、判断和自己即将采用的技战术行动的抉择必须是在“一瞬间”完成。因此，在比赛过程中的思维活动必须具有敏捷和灵活性特征。具有思维敏捷性特点的高水平运动员，往往能在情势危急的情况下当机立断、巧妙解围，从而创造优势，变被动为主动，抓住战机，出奇制胜。同时，选择合理的技战术决策，并能及时和迅速地依据临场情况的变化而机智、灵活地运用各种技战术，使技战术的运用活而不乱、恰到好处，正是高水平运动员优良心理品质的一个重要标志。

排球技术动作完成的时间极为短促，实现战术行动的速度又极快，加上比赛时场上情况瞬息万变，为了有目的地运用技战术并及时地采取相应对策，就要求运动员对比赛的临场情况具有高度的预见性。排球运动竞赛中，运动员只有迅速、及时地对对手的技战术目的与意图作出正确的判断和预见，才能不失时机地采取合理的对策，调整自己的技战术行动。根据排球运动的客观规律，彼我双方的运动能力、攻防特点、打法类型、技术风格和临场情况所发生的瞬息变化，能准确预见到各种可能发生的情况，准备好各种应变策略，不失时机地抓住战机等临场表现，正是运动员思维活动高度发展的标志。

二、排球运动员情绪和意志特征

在排球运动的实践过程中，运动员在比赛中所完成的各种技战术动作，都是在高度紧张、竞技异常激烈的条件下进行的。它势必与运动员极度紧张的生理与心理活动联系在一起。这就要求运动员在丰富多彩、鲜明强烈和复杂多变的情感体验活动中形成和发展稳定的情绪状态、自我控制和始终保持增力情绪状态的能力，以及一系列专项运动所必备的意志品质。这些能力和品质构成了排球运动的情绪过程和意志过程的心理特征。

排球运动是一项能使运动员产生较为深刻的情绪体验的运动。运动员的情绪特点是受各种主客观因素和排球运动本身固有的特点所制约的。运动员参加排球竞赛的任务是要战胜对手；比赛过程中各种主客观条件变化大、节奏快、活动剧烈，机体要忍受极度紧张的状况；比赛战局常常起伏不定，顺境与困局难往往并存并能迅速转换；场外的观众又表现出各种不同的态度与倾向。所有这一切复杂的现实状况势必与运动员对比赛意义的认识、期望、当时的生理状态等因素交织在一起，于是，便产生了各种复杂多变的情绪体验。这些都作为一种极其活跃的因素影响着运动员的竞技状态。排球运动员的情绪体验一般有下述几个方面的特点。

首先，情感和情绪体验经常是围绕着成功与失败而变化着。成功的强烈愿望常常笼罩着运动员的整个“心灵”，但他们有时又不能摆脱可能失败的焦虑情绪。

其次，情绪体验异常强烈与鲜明。运动员的高涨情绪，就其发生而言，是由神经系统的强烈兴奋所引起的，但高涨情绪的产生总是与运动员对比赛意义的认识和对结局的估计以及其他各种因素或想法相联系的。一般来说，对比赛重要意义有深刻的理解，期望水平较高而对手的实力又强，主客观的困难多，则各种想法就多，情绪体验就会强烈。这种状态通常是赛前的情绪特点。随着比赛时间的临近，这种变化则可能变得愈强烈，也可能趋向稳定。它是随体能状况、技战术的实力和心理状态为转移的。

第三，情绪体验的性质变化迅速。情绪体验的性质迅速变化，是与场上的比分变化、优劣的转换、技战术应用的效果等多种因素相联系的。如，每得一分或每失误一次均可能出现积极的增力情绪或消极的减力情绪的迅速转化。优、劣势的转化可成为情绪体验向相反性质转化的原因。

总之，运动员的情绪体验和特点是有规律地产生和变化着的。它的产生和变化都会直接影响运动效果。运动实践证明，积极的增力情绪状态是争取胜利的重要心理因素；反之，则是失败的主要心理原因。因此，对于高水平排球运动员来说，在比赛过程中必须保持积极的增力情绪状态，并使之处于较高的稳定水平，同时，也必须具备和发展情绪状态的自我控制和调节能力。这种稳定性与控制调节能力则主要依赖于运动员的意志。

组织性、纪律性、独立性、主动性以及坚定、果断、顽强、沉着、勇敢、坚韧、自信等意志品质是任何一个排球运动员所必备的。竞技运动水平提高的速度和双方实力相当的比赛能否取得胜利，很大程度上取决于运动员意志品质发展的程度。因此，运动员意志品质的培养和发展对排球运动员从事专项与竞赛具有十分重大的意义。

四、排球运动员个性心理的特征

个性心理特征是一个人的各种心理活动特征的综合，是一个人的认知、情感和意志过程以及能力、气质、性格等表现特点的相对稳定的统一。它标志着人与人之间的心理差异。个性心理特征是在个体遗传素质的基础上，通过个人的社会实践活动形成和发展起来的，又通过个体的各种心理活动表现出来，它制约着人的各种心理活动。

排球运动的专项运动特点和专项运动心理特征，对排球运动员在精神运动特性、气质类型和性格特征等方面同样也有一定的要求，这些要求就构成了排球专项运动员的个性心理特征。

从精神运动的特性来看，排球运动的活动结构、条件以及训练、竞赛的各种特点，对运动员心理过程的强度、速度、稳定性以及心理活动的指向性和表现方式方面提出一定的要求。这些要求具体表现在，排球运动员必须具备很强的、高度灵活和平衡的神经过程。神经过程的强度决定了在强的、长时间的刺激作用下神经系统的耐力。神经过程的灵活性是发展下述能力的条件：在技战术情况改变时迅速改变自己的行动结构的能力；在与对手对抗中变换动作的速度、节奏以及战术措施的能力。神经过程的灵活性还与运动员的速度能力的发展相联系，更多地表现在运动的速度、感觉运动反应的速度和爆发性的动作中，并能使运动员发展快速进入紧张活动的能力。神经过程的平衡性，保证了在紧张因素的作用下有完全适宜的反应和运动员在竞赛活动中的稳定性。

从气质特征上看，人的气质特征是以个体精神运动特性为基础的，是精神运动的特征，三种气质类型即胆汁质、多血质、粘液质及其中间型为最理想的排球运动的气质类型。

从性格特征来看，性格是一个人对待现实的态度和行为方式方面较为稳定的个性心理特征。排球专项运动的结构、条件以及训练比赛的特点，决定了高水平排球运动员所应具备的性格特征，在对待现实态度方面应该是：对待专项运动活动的态度是具有目的性、事业性、主动性、独立性和创造性等；对待集体与他人的态度是具有集体主义精神、同情心、坦率性、原则性、热情与急公好义等；对待自己的态度是具有自我批评的精神、自尊心、自律性、谦虚、克己等。在行为方式方面应该是：乐群、喜欢与他人合作，聪慧、富有才识、理智性强、自持其力、独立积极，情绪稳定、知己知彼、自律严谨，具有较强的攻击性并敢于负责，行为现实、行为得体、合乎常规、富于创造与预测、精明能干，勇敢果断和自立自强等特征或品质。

第二节　排球运动员心理竞技能力诊断

运动员的心理诊断是指运用心理学的技术与方法对运动员的心理能力、个性特征和心理状态进行衡量与评定。作为一名运动员所必要的基本能力包括体能、技能和心理三个方面。心理作为一种技能，与体能、技能一样，通过一定的针对训练是可以提高的。

进行心理技能的训练，就应该首先了解心理技能是什么？它包含了哪些具体能容。只有对心理技能有了清楚的了解，才能使心理技能的训练更具有针对性。平常，我们在训练或比赛时常常会提到“某某队员心理素质好”“我们要发扬拼搏精神”和“某个球队比赛作风顽强”等。比赛获胜或发挥实力的时候我们往往会说成是因为“拼劲足”“敢打敢拼”和“比赛作风顽强”等。拼搏精神、比赛作风只是一个比较抽象的语言，对教练来说，这些语言包含了比赛中的所有心理内容，说起来很方便。然而，从运动员角度来讲，这些语言使他们很难理解，比如：比赛打得不好是因为比赛作风不好，拼劲不够。因此，为了提高作风和拼劲所采取的方法就是拼命练、猛练，甚至罚防守、跑圈等。之所以这样，是因为我们对运动员的心理竞技能力所包含的内容缺乏了解，缺乏了解就不能用语言来表达，就不好对运动员的心理进行诊断。

一、排球运动员心理竞技能力内容

关于运动员心理竞技能力所包含的内容，许多专家学者进行了大量的研究并给出了不同的答案。排球运动员心理竞技能力主要包括果断力、自控能力、协作精神、自我实现和比赛斗志五个方面。其中，果断力包括准确判断、快速调节自己、大胆运用技战术、不怕失误、当机立断等内容；自控能力包括情绪调节、集中注意力、自信心稳定、沉着冷静；协作精神包括团队精神、适应裁判、人际关系、互相鼓励、包容性；自我实现包括承受痛苦、挑战自我、目标明确、自信、意志坚定；比赛斗志包括渴望胜利、取胜欲强、比赛兴奋度、重大比赛斗志等。

二、排球运动员心理竞技能力测试

进行排球运动员心理技能训练，首先要对运动员心理技能有一个准确的评价，然后根据评价结果进行针对性的训练。表8－1是排球运动员心理技能测试量表。

排球运动员心理技能测试量表

姓名________调查日期________性别________年龄________单位________

运动年限________运动等级________是否主力：1. 主力　2. 主要替补　3. 替补

以下是对排球运动员心理技能的一些描述，请阅读每个问题后按自己平时的感觉进行判断，并在您认为最合适的“□”内划“√”。回答无对错之分，请认真阅读、填写。

	从来没有	偶尔没有	有时这样	常常这样	问题这样
1. 即便是困难的时候也能迅速做出决定	□	□	□	□	□
2. 一到比赛时自己不能控制自己	□	□	□	□	□
3. 具有团队精神	□	□	□	□	□
4. 敢于战胜强手	□	□	□	□	□
5. 越临近比较越兴奋	□	□	□	□	□
6. 关键的时候能够准确的做出判断	□	□	□	□	□
7. 情绪调节很慢	□	□	□	□	□
8. 能和队友互相鼓励进行比赛	□	□	□	□	□
9. 能够承受身体的痛苦和疲劳	□	□	□	□	□
10. 越到重要的比赛越有斗志	□	□	□	□	□

续表

	从来没有	偶尔没有	有时这样	常常这样	问题这样
11. 根据场上情况能够快速做出调节	□	□	□	□	□
12. 比赛时经常受外界影响注意力不能集中	□	□	□	□	□
13. 能够适应裁判	□	□	□	□	□
14. 以挑战自我的心态去迎接比赛	□	□	□	□	□
15. 有创造良好运动表现的强烈动机	□	□	□	□	□
16. 关键球时能大胆的运用技、战术	□	□	□	□	□
17. 比赛中会因过于看重胜负而不能集中精力	□	□	□	□	□
18. 能够正确对待别人的态度	□	□	□	□	□
19. 总是带着自己的目标参加比赛	□	□	□	□	□
20. 越是大比赛越有斗志	□	□	□	□	□
21. 不怕失误敢于果断行动	□	□	□	□	□
22. 自信心很容易动摇	□	□	□	□	□
23. 能够正确对待别人的失误	□	□	□	□	□
24. 意志坚定	□	□	□	□	□
25. 我非常渴望胜利	□	□	□	□	□
26. 比赛中能当机立断	□	□	□	□	□
27. 比赛时有时会失去冷静	□	□	□	□	□
28. 与教练、队友关系很融洽	□	□	□	□	□
29. 具有实现自己目标的信心	□	□	□	□	□
30. 在赛前总有绝对想赢的欲望	□	□	□	□	□

具体测试步骤如下：第一步，运动员根据测试量表中的导语对表中每一个问题进行选择。第二步，根据评分说明和评分方法计算各分量表的得分及总得分。第三步，将各分量表得分在排球运动员心理技能曲线图中标出点并将其点划线连接。第四步，进行心理技能评价。根据评价说明来判断运动员心理竞技能力的好坏。

第三节　排球运动员心理竞技能力训练法

一、放松训练

（一）肌肉的放松

1. 深呼吸练习法（3分钟）

用4秒时间吸气，用4秒时间憋气，然后用8秒时间慢慢地吐气，也就是按4－4－8的节奏进行。特别是吸气时腹部鼓起，稍微使全身增加点力量，吐气时腹部一边收缩一边使全身放松。

2. 肌肉的紧张、放松重复练习法

无论是谁，在紧张时都会面部僵硬、肩部紧张，通过肌肉的紧张和放松的重复练习，可以达到放松肌肉的效果。

（1）拳头的放松

① 以快乐、舒适的心情坐在椅子上，然后去感觉右手的拳头、手、前臂的紧张。(10秒)

② 放松，右手手指松弛，去感受与紧张时的不同。(20秒)

③ 用左拳重复做同样的动作，握着左拳使身体其他部位放松。(10秒)

④ 放松，确认紧张和放松的不同。

⑤ 两个拳头猛力紧握，使前臂紧张，体会这种感觉。(10秒)

⑥ 放松，伸展手指有一种力量撤去的感觉。手和手臂更加放松。

（2）手臂的放松

① 屈肘手臂用力，使劲使肘紧缩并确认这种紧张感。(10秒)

② 放松，手臂伸展，再一次感觉它们的不同。(20秒)

③ 下面伸展手臂，去感觉二头肌部位的紧张。(10秒)

④ 放松，手臂放回原来舒适的位置。(20秒)

（3）肩的放松

① 快速缩肩，保持紧张。（10秒）放松记住肩落下时力量放松的感觉。颈部和肩放松。

② 再一次缩肩，使肩转动。肩上下、前后运动。感受肩和后背上方的紧张。(10秒)

③ 使肩半放松。(10秒)

④ 使肩放下，放松，从肩到后背的肌肉全部放松。(20秒)

（4）脸部的放松法

① 额头

◎身体的肌肉全部松弛，安静地、舒适地向后靠。皱额头，更加皱额头。(10 秒)

◎放松，使皱纹伸展，随着放松的进行，想象着从额到头的皱纹消失。(20 秒)

◎下面把脸颦蹙起来，皱眉。(10 秒)

◎放松，使紧张散去，额的皱纹伸展。(10 秒)

② 眼

◎把眼紧闭、更紧，能感觉到紧张。

◎闭着眼睛把力量撤去，使眼睛放松。眼睛很舒适地闭着，将注意力集中于放松意念上。

③ 下巴

◎下巴合上，牙齿紧咬，体会下巴张得非常大时的紧张感觉。(10 秒)

◎放松，轻轻地上下唇分离，确认唇的放松。(20 秒)

④ 舌

◎舌尖使劲向上顶住上腭，确认有没有紧张。(10 秒)

◎放松，舌返回到以前舒适的位置。(20 秒)

⑤ 唇

◎撅嘴，上下嘴唇紧闭，更紧。(10 秒)

◎放松，比较紧张和放松时的不同。感受整个面部的放松。也感受额、头、眼、下巴、舌、唇的放松，放松不断的进行。(20 秒)

二、利用意念训练法

（一） 果断力训练

在比赛中，既果断又不怕失败非常重要。

◎首先试着回忆你在过去的比赛中不怕失败、敏捷果断发挥的情景。(1 ~2 分钟)

◎在脑海中描绘你在本次比赛中，能敏捷、果断而有决心完成比赛计划的情景。(1 ~2 分钟)

（二） 自信训练

自信就是能顺利完成某种行动的信念。有自信的选手相信自己的成功，进行必要的行动时信赖自己能力。相反，如果没有自信，看到对手很强以及受到周围环境的影响，心情就会变得不安，在比赛中也会变得笨拙和丧失果断力。因此，自信和果断力的训练非常必要。

面对任何比赛都具备能发挥自己实力的自信非常重要。

◎默念“为了这次比赛我能做到得的全部做到了”（自己的技术水平发挥了就行）。(1 ~2 分钟)

◎默念“自己能做到”（有完成目标的信心），在心里描绘自己充满自信进行比赛的情景。(1～2 分钟)

（三）自我实现

比赛的目标并非单纯追求胜负，应针对队员的技术面、体力面和心理面的发挥，确立一个具体的参赛目标。这非常重要，因为即使比赛输了，但如果达到了预定目标，也应算成功。换言之，面对胜负目标的同时，要确定一个发挥的目标，目的是调动队员发挥实力的积极性，并激发其向可能性目标挑战的欲望，以期自我实现。

◎闭上眼睛，在脑子中对这次比赛结果的目标和发挥的目标进行确认并形象化。(1～2 分钟)

◎对自己说“一定能完成自己的目标”（向可能性目标挑战)。(1～2 分钟)

（四）比赛斗志

比赛就是心的较量，具有强烈的比赛斗志非常必要。面对强大的对手、大比赛以及重要比赛，不示弱、保持积极主动的心情非常重要。在此基础上，考虑在怎样的比赛场合、怎样来行动、怎样发挥自己的技术，也很有必要。

◎回忆过去你最有斗志、最积极、最有主动性的比赛，将这一情景在你脑子中描绘出来。(1～2 分钟)

◎在脑子里描绘你在这次的比赛中不消极、积极主动发挥的场景。(1～2 分钟)

（五）忍耐力

在比赛中，面对艰苦的竞争，忍耐力非常必要尤其是当身体状况不佳时、比赛要输时、身体有痛苦时等，忍耐力的好坏往往成为左右胜败的重要能力。

◎回忆你在过去的比赛中最能发挥忍受力的情景。(1～2 分钟)

◎在脑海中描绘出比赛要输的时候你发挥忍耐力的方法。(1～2 分钟)

◎描绘在这次比赛时发挥你惊人忍耐力的情景。(1～2 分钟)

（六）取胜欲望

在比赛中，队员如果不想赢，往往就赢不了，但过于想赢又不一定能发挥出最好的水平。在赛前，应将取得胜利、赢球作为目标练习；开始比赛时，应对自己说“将迄今为止所练习过的发挥出来就行”。但是，在胜负关键的时候，必须要激发“绝对能赢”这种强烈的欲望。

◎对自己说，这次的比赛“绝对赢”，为了取得比赛胜利，将迄今为止练习过的东西全部发挥出来。(1～2 分钟)

◎设想胜负关键的时候，在心里默念“绝对能赢”。(1～2 分钟)

三、排球训练中心理与实战相结合练习法

（一） 安排实战和接近比赛练习

对抗时，要求队员记住每得一分都是第一分，最重要的得分就是第一分。比赛从20∶20开始打。因为从0分开始时，队员往往对15分以前不够重视，不能够完全投入比赛。

（二） 三对三“抢10”后攻对抗

三对三对抗，发球是站在某一方后边的队员隔网发过去的，可以两方交替发球，也可一方发两个或若干个后再换对方发球。

（三） 发球练习

规定队员发10个球为一组，共发8～10组，教练员进行记录。每组10个球里不能有失误，特别是当队员发至第8个球以上时，教练应不停地给其施加压力。

（四） 三对三发球对抗

六人一组，三人接发球，三人发球。10个球为一组，接发球队员的标准是6∶3∶1，即6个到位球，3个一般球，1个失误球。没达到这个标准算发球方胜，完成这个标准算发球方输，输的一方接受惩罚。

（五） 给二传制造心理压力

将二传放在2号位，教练员发5个球，要求二传传出背后2号位、3号位快球、4号位进攻，5号位后排攻，6号位或1号位后攻（自由人不在场上）。在接教练员发的5个球里，二传必须为每个队员传1次球。同时，安排三人拦网进行对抗。这对二传提出了很高的要求，也给了二传很大压力。二传既要考虑一传的质量，又要考虑球的分配和弧度，甚至包括对方拦网的情况等。

（六） 拦网训练

发10次球，对方打一攻，拦网必须拦死1球，有效拦网3个，在每一个轮转里都有同样的要求。

总之，结合实践的心理训练方法有很多，教练员可根据实际情况来进行设计和安排。应多注重接近实战和统计比较。更重要的是，教练员要对运动员的心理训练引起足够的重视。因为心理训练是一个经常性地工作，不是通过一天的训练就能达到目的，它必须通过长时间的积累。

本章思考题

1. 排球运动员专项心理特征包含哪些内容?
2. 排球运动员心理竞技能力主要包括哪些内容?
3. 如何认识排球运动心理技能训练的重要性?
4. 结合技术训练设计出几种心理技能训练的方法?

参考文献

[1]全国体育院校教材委员会《排球》教材编写组．排球运动[M]．北京:人民体育出版社．1999.

[2]古松．排球运动员心理技能测试问卷开发[J]．体育文化导刊,2011,(7).

[3]德永幹雄．ベストプレイのメンタルトーニング —心理的競技能力の診斷と強化[M]．大修館書店,1997.

[4]葛春林,等．最新排球训练理论与实践[M]．北京:北京体育大学出版社,2003.

第九章　教学训练文件制定

本章概要

本篇排球教学训练文件的制定共包含两节。第一节教学文件的制定，以北京体育大学教育学院排球普修课为例，系统介绍了排球教学大纲、教学进度、教案的编制依据及案例分析。第二节训练文件制定，以北京体育大学排球专项训练队为例，介绍了排球训练文件制定的意义、特点、目的、主要依据和不同种类训练文件的案例分析。通过这一部分的学习，可以明确排球教学文件和训练文件制定的依据和方法，通过案例的分析，可以学会如何制定好这些文件。

第一节 教学文件制定

教学文件是排球教学的主要依据，制定教学文件是排球教学工作的重要环节。制定切实可行的排球教学文件，可使教学工作有明确的目标，有助于教师全面地考虑和安排教学工作，充分发挥教师的主导作用，确保教学目标的实现。不同类型的排球课程可能有不同的教学文件。排球普修课程教学文件主要包括：教学大纲、教学进度、教案三种。

一、教学大纲

制定教学大纲时，我们首先是明确教学目的，制定合理的教学目标。然后从教学目的和不同教学目标实现的需要出发，进行教学设计和计划，合理处理教学内容，包括选择主要教学内容、次要教学内容、不同方面的教学内容，以及不同教学内容安排的学时比例等。最后对教学结果进行评价，并提出如何在教学过程中根据体育教学的规律和原则对教学过程进行有效控制的措施。这些是教学大纲要完成的任务。

（一）教学大纲的组成部分

教学大纲是教师组织教学的依据，是检查教学工作和评价教学质量的重要依据，也是制定其他教学文件的依据。教学大纲是多年教学经验的总结，是科研成果运用于实践的结晶。由学校或教育部门根据社会对人才的需要统一制定，或者由学校按照国家颁布的培养方案，结合学校的实际情况、针对学生的特点制定。教学大纲相对稳定，并具有一定的权威性。经过一个教学周期后，根据实施情况可能需要进行调整或修订。它规定了本课程基本内容和要求，由《大纲》说明、《大纲》本文和考试办法三部分组成。

1. 《大纲》说明

“说明”是教学大纲的开头部分，在这一部分里，简明扼要地对该门课程的作用和地位、制定大纲依据、教学指导思想、采用的教法、基本理论与基本技战术的要求加以说明。

2. 《大纲》本文

《大纲》本文包括：教学目的和任务，该门课程与培养目标的关系，理论、知识、技术、战术、能力培养和素质教育的总任务。

教学的基本要求：根据实际情况重点选择内容。

学时分配：总时数，周学时，各类教材的授课学时和占总学时的比例等。

教学内容：理论部分、实践部分和能力培养部分。

教学措施：为完成教学任务而提出的组织形式、方式、方法的具体措施。

教材与参考资料：采用的教材和与大纲规定内容有关的参考书。

3. 考试办法

规定考试的内容、方法、标准、评分方法和要求等。同时，要制定能力考核标准、方法，进行专门能力考核。

（二） 编写教学大纲应注意的几个问题

1. 要符合人才培养方案整体优化的要求

首先应符合该课程在人才培养方案中的地位和作用，即通过该门课程的学习要达到的目的和要求，依据专业培养目标选择教学内容；其次应注意该门课程与人才培养方案中其他课程（选修课及后续课）之间的联系，在内容的选择上尽量避免与其他课程的重复。要考虑排球学科自身的特点，注意在培养目标的总前提下使课程教学内容既要科学、合理、紧密衔接，又要防止遗漏、重复。

2. 根据不同的人才培养规格、不同层次的教学目的，选择不同的排球运动知识体系

排球运动知识体系包含许多方面的内容，如基本理论、基本技术、基本战术、竞赛规则、竞赛的组织方法、专项体能及其训练、专项心理特征及其养成、技术战术教学训练理论与方法、排球运动科学研究等。

3. 要具有较高的科学性、思想性和实践性

科学性是指课程内容体系的完整性、编排的合理性，深度、广度和难度符合教学目的要求；思想性是指知识、技能教育与素质教育相结合，能够反映现象、事实和规律的认识发展过程；实践性是指注意理论与实践相结合，重视能力的培养和素质的提高。

4. 要体现先进性

课程教学大纲制定要符合时代要求，要突出体现教育教学观念的更新和教育思想的转变。应尽可能反映学科发展的最新成果，根据课程的性质和学生的接受能力，适当地介绍本门课程所属学科范围的新成果。

5. 要合理安排教学内容，注重培养学生能力

教学大纲除了明确规定该门课程的基本内容外，还应充分体现优化课内、强化课外、激发学生主动学习的精神，要从“广而博”中选择、重构“少而精”的教学内容，注重培养学生的创新精神和实践能力，同时要着重提高学生的自学能力。

6. 要保留原有特色、固化教学成果

在保留长期教学实践经验的基础上，把近年来教学改革的成果固化到新教学大纲中，体现教学改革的精神，根据学科的发展方向及与相关学科的关系更新课程内容。

7. 要突出主干课程，开发精品课程

校级、系（院）级主干课程、精品课程的教学大纲应在课程内容更新与拓宽上有所突破，在课程的教学环节的安排上有所创新，力求在课程教学中贯穿“知识、能力、素质协调发展”的思想，突出培养学生的创新精神、创造能力。

（三）教学大纲案例

体育教学专业排球普修课教学大纲。

课程性质

本课程是为体育教育专业学生开设的专业必修课，64 学时，4 学分。

课程目标

通过本课程的学习，使学生基本了解排球运动的基本理论知识；初步掌握排球运动的主要技术和战术，并在比赛中能初步运用；初步掌握排球竞赛的组织方法；了解排球主要技战术的教学方法，初步具备排球技战术的教学能力。初步了解沙滩排球、软式排球的比赛方法。

教学内容

（1）理论部分

章节名称	教学内容	基本要求
第一讲：排球运动简介及发展 排球运动简介 1.1 排球比赛方法及特点 1.2 排球运动起源及传播 排球运动发展概况 2.1 世界排球运动的发展 2.2 我国排球运动的发展 2.3 沙滩排球及软式排球	群众性、技巧性、集体性、休闲性等。 排球运动的起源，传入亚洲及欧洲的情况。 世界排球运动发展的情况，特点，趋势，世界大赛简介。 中国排球运动发展概况，我国对世界排球运动的贡献。 沙滩排球和软式排球的比赛方法，与室内硬排球的区别。	通过本讲教学，使学生对排球运动有一概括了解，重点讲授排球运动的现状、发展趋势和中国对世界排球运动的贡献。
第二讲：排球竞赛工作 竞赛的组织工作 竞赛制度、编排和成绩计算方法	赛前准备工作，竞赛期间的工作，竞赛结束工作。 循环制，淘汰制，混合制及各赛制的编排、赛程安排、成绩计算方法。	通过本讲学习，使学生初步掌握排球比赛的组织工作，重点讲解单循环制的编排、赛程安排和成绩计算。
第三讲：基本技术及教学 准备姿势与移动 发球 垫球 传球 扣球 拦网	准备姿势，主要移动步法。 正面上手飘球，勾手飘球，正面上手发球，下手发球。 正面双手垫球，体侧垫球，背垫球，垫球技术的运用：接发球垫球，接扣球垫球。 正面双手传球，背传球，传球技术的运用：一般二传，调整二传。 正面扣球，扣球技术的运用：4 号位扣球，2 号位扣球，扣调整球，扣半快球。 单人拦网，双人拦网。	通过本讲学习，使学生了解各项技术的分类，动作方法，动作要领，教学顺序，教学步骤，常犯错误及纠正。重点为常用技术。

续表

章节名称	教学内容	基本要求
第四讲：基本战术及教学 排球战术基本理论 阵容配备 进攻战术 防守战术	排球战术的概念，战术分类。 “四二”配备，“五一”配备，位置交换。 “中一二”进攻阵型及其变化，“边一二”进攻阵型及其变化。 接发球及其阵型，接扣球防守阵型及其变化。	通过本讲学习，使学生初步了解排球运动的主要战术，重点讲解与学生水平相当的战术，初步了解主要战术的教学步骤。

（2）实践部分

教学内容	主要教材	次要教材	基本要求
技术部分			
准备姿势及移动	半蹲准备姿势，并步、滑步、交叉步移动。	低蹲准备姿势，跨步、跑步、综合步移动。	动作放松，起动快，制动好。
发球	正面上手发飘球，勾手发飘球。	正面上手发球，下手发球。	抛球稳，击球准，手法正确，用力适当。
垫球	正面双手垫球，接发球垫球。	侧垫球，背垫球，接扣球垫球。	触球部位正确，全身协调用力，双臂伸直。
传球	正面双手传球，一般网前正面二传。	背传，调整二传。	手形正确，击球点合适，全身协调用力。
扣球	4 号位扣球，2 号位扣球。	扣调整球，3 号位扣半快球。	步法熟练，击球手法正确，起跳时机合适。
拦网	单人拦网。	双人拦网。	手法正确，起跳时机合适。
战术部分			
防守战术	5 人“W”接发球阵型，单人拦网防守阵型。	双人拦网“心跟进”防守阵型。	明确各位置分工与职责，取位基本正确，注意弥补接应。
进攻战术	“中一二”进攻。	“边换中”接发球进攻，“边一二”进攻。	二传分球合适，换位及时，攻手随时准备进攻。

学时分配

	教学内容	教学时数	教学形式	百分比（%）
理论部分	排球运动简介及发展	1	课堂讲授、观看录象等	9.4
	排球竞赛组织工作	1		
	排球基本技术及其教学	2		
	排球基本战术及其教学	2		
实践部分	主要技术	26	教学实践课	87.5
	次要技术	10		
	主要战术	8		
	次要战术	4		
	教学比赛	8		
考试	技术考试	2		3.1
合计		64		100

考核方式

（1）考核的依据

根据教学目标，本课程主要考核学生技术、战术的掌握程度和比赛能力，兼顾考查学生基本理论知识和主要技战术教法的了解程度。

（2）考核内容

理论知识：占20%

比赛实战能力：占10%

平时成绩：占10%

技术水平：占60%

（3）考核方法及要求

①理论知识考核

采用作业形式，内容包括竞赛的组织编排；主要技战术从不会到会的基本教法；常见错误及纠正方法。根据作业质量分别评分。

评分标准

优秀	良好	一般	及格	不及格
19～20分	16～18分	13～15分	11～12分	10分以下

②比赛实战能力的考核

根据学生在平时教学比赛中技术、战术的表现水平给出成绩。

评分标准

优秀	良好	一般	及格	不及格
10 分	8 ~ 9 分	7 分	6 分	5 分以下

③平时成绩考核

根据学生的学习态度，出勤，回答课堂提问等情况评定成绩。

评分标准

优秀	良好	一般	及格	不及格
10 分	8 ~ 9 分	7 分	6 分	5 分以下

④技术水平考核

考发球、垫球、传球、扣球四项技术，每项技术 15 分，其中，技评 5 分，达标 10 分。

考核方法

发球：学生任选正面上手飘球、勾手飘球和正面上手大力发球中的一种，在发球区内将球发入对方场区，每人发 5 个球。

垫球：两人连续对垫。

传球：两人连续对传。

扣球：学生在 4 号位，3 人一组轮流扣教师抛起的一般高球。

评分标准

发球　技评：抛球占 1 分，挥臂动作占 2 分，击球手法占 2 分。

　　　达标：每个球 2 分，根据速度和弧度给分。失误为 0 分。

垫球　技评：击球点占 1 分，手臂触球部位占 2 分，协调发力占 2 分。

　　　达标：

30 次	28 次以上	26 次以上	24 次以上	20 次	19 次以下
10 分	9 分	8 分	7 分	6 分	5 分以下

19 次以下，每少 2 次，减 1 分。

传球 技评：手型占2分，协调发力占2分，击球点占1分。
达标：

30次	28次以上	26次以上	24次以上	20次	19次以下
10分	9分	8分	7分	6分	5分以下

19次以下，每少2次，减1分。

扣球 技评：助跑起跳占1分，挥臂动作占2分，上旋击球手法占1分，起跳点和起跳时机占1分。
达标：每个球2分，根据扣球力量给分。擦网减速得1分，失误为0分。

必要说明

①认真研究教学内容，合理制定教学进度，经常交流教学经验。

②启发学生学习和练习的主动性和积极性。根据不同年级学生的实际水平，可适当增减主要技战术的教学内容。

③在条件许可的情况下，教学比赛尽可能采用班级之间进行的形式，这样既可以调动学生的积极性，又可以培养竞争意识，促进学习和技术的交流。

④在技战术教学中，教师应注意每教一项技术或战术，都要进行教法的总结以及常见错误的纠正。

⑤要求学生参加三级裁判员的学习与考核。

二、教学进度

教学进度是把教学大纲规定的教学内容和学时分配，具体落实到每一节课的教学文件。它是根据教学大纲规定的排球知识、技术和技能等内容以及认知学习的基本规律而设计的逻辑序列，是教师撰写教案的重要依据。

教学大纲是制定教学进度的指导性文件，根据教学大纲规定的教学内容、学时分配和考核内容等编写教学进度。将总的教学目标、教学内容以及教学评价分解到每次课中，合理安排教学内容的顺序，正确处理不同教学内容、教学形式与课次之间的关系，这些是教学进度要完成的任务。制定教学进度的方法有阶段螺旋式、循序渐进式、名称式教学进度三种。

（一）教学进度形式

1. 阶段螺旋式

阶段螺旋式的进度是将教学过程分为紧密联系的四个阶段，基本技术、串联配合、全队战术、比赛等几个教学内容和过程。每个阶段都有其独立性，同时又是下个阶段的基础，突出了主要教材的教学，逐步加深和扩大了教材内容。

四个阶段的任务不同，教学时数分配的比重也有所侧重，一般第一阶段为35%，第二阶段为30%，第三阶段为20%，第四阶段为15%。

安排教学进度时应注意：技术内容安排由多到少，主要教材要早出现；战术内容安排由少到多，主要战术也应早出现；安排技战术教法时，必须符合运动技能形成的规律；第一阶段就安排简单比赛，增加了实战机会，以利于技战术能力的培养。

2. 循序渐进式

循序渐进式教学是将教材内容按照主次和难易程度科学地分配于全教学过程。首先，重点学习主要技术，并一直贯穿到教学阶段的后期，然后逐步扩展学习内容，增加战术教学。以主要技术和战术为主线，一般教材和理论课的讲授则根据它们与主要技战术的关系分别安排于教学过程中。安排进度时，要把新教材与复习教材结合起来，把攻与守结合起来，把技术与战术结合起来，把提高技战术水平与培养各种能力结合起来。

安排进度时应注意：主要教材应出现得早，使学生有充分时间学习、掌握主要技术，为学习战术奠定基础；基本知识、技术和战术密切结合，加强各教材间的相互联系；由主要教材带动一般教材，理论教学指导技战术教学；主次分明，每次课都有明确的教学内容，便于备课。

循序渐进式教学进度表见表9－1。

表9－1　排球课教学进度

类别	周次 / 课次 / 教学内容	一		二		三		四		五	
		1	2	3	4	5	6	7	8	9	10
理论部分	排球运动概述	△									
	排球基本技术及教学										△
	排球基本战术及教学										
	排球比赛规则	△									
	排球竞赛组织成绩计算										

续表

类别	周次 课次 教学内容	一		二		三		四		五	
		1	2	3	4	5	6	7	8	9	10
技术部分	准备姿势、移动		△	○	○						
	下手发球		△	○							
	上手大力发球				△	○	○				
	勾飘发球				△	○					
	上飘发球										
	正面垫球		△	○	○						
	移动垫球			△							
	侧面垫球					△	○				
	背垫球										△
	变方向垫球					△	○				
	接发球垫球						△	○			
	接扣球垫球										△
	正面传球 ……,			△	○	○					
基本战术	5 人接发球阵型										
	“中一二”接发球进攻										
	单人拦网防守 ……,										

注：△为新授教材；○为复习教材

名称式教学进度只规定每次课的主要教学内容，其他内容可以由教师根据学生的实际情况和教学条件选择安排，更加灵活可行。

名称式教学进度格式见表 9－2。

表 9－2　排球课教学进度表

课次	教学内容	课程形式
1		
2		
3		

案例：排球64学时普修课进度表（表9-3）

表9-3　排球普修课教学进度表

课次	教学内容	课程形式
1	△准备姿势、移动；△正面上手传球；△正面双手垫球	
2	准备姿势、移动；正面上手传球；正面双手垫球；△侧面下手发球	
3	移动传球；移动垫球；△扣球挥臂动作	
4	移动传球和垫球；扣球挥臂动作；侧面下手发球	
5	△变方向传球；△变方向垫球；传、垫串联；△勾手发（飘）球	
6	△助跑起跳；△接发球垫球；勾手发（飘）球	
7	助跑起跳；接发球垫球；传垫比赛	
8	△网前二传；△完整扣球；△“一三二”接发球阵型	
9	网前二传；△一传、二传串联；完整扣球	
10	△4号位扣球；△侧面垫球；一、二传串联	
11	△调整传球；4号位扣球；传垫比赛	
12	调整传球；△上手发球；△传扣串联	
13	△接扣球垫球；△背垫球；上手发球	
14	理论课：排球基本技术及教学	
15	接扣球垫球；△背传球；△扣调整球	
16	背传球；△2号位扣球；△“中一二”接发球进攻；接扣球垫球；教学比赛	
17	机动	
18	△单人拦网；上手发球；2号位扣球；中一二进攻	
19	单人拦网；上手发球；△单人拦网防守阵型	
20	单人拦网防守阵型；△边换中接发球进攻	
21	△“边一二”接发球进攻；△3号位扣半高球；△垫传扣串联；单人拦网	
22	理论课：排球基本战术及教学	
23	3号位扣球；△双人拦网；教学比赛	
24	双人拦网；“边一二”接发球进攻；△双人拦网“心跟进”防守阵型	
25	边一二进攻；△防调扣串联	
26	防调扣串联；双人拦网“心跟进”防守阵型	
27	理论课：排球运动概述、规则、竞赛的组织与编排	
28	教学比赛，裁判实践	
29	教学比赛，裁判实践	

续表

课次	教学内容	课程形式
30	教学比赛，裁判实践	
31	复习考试技术	
32	技术考试	

注：△为新授教材

3. 制定教学进度的注意事项

（1）制定教学进度既要考虑各项技术、战术自身的教学顺序，又要考虑技术之间，技术和战术之间的关系，还要考虑教学的重点和难点。

（2）技术内容安排应由多到少，主要教材要早出现，让学生有充分的时间练习和提高，并为战术学习奠定基础。战术内容安排应由少到多，主要战术也应早出现。战术意识的培养要贯穿于课程的始终。

（3）进度的安排既要主次分明、互相搭配，又要将新授教材与复习教材密切结合，攻、防技术结合，技术、战术结合，技战术学习与技战术运用结合，提高技术与培养技能结合，理论与相关技战术实践结合。

（4）进度的安排要突出重点教材，其授课时数要多，以确保学生真正掌握。次要教材适当安排，介绍性教材根据教学对象的实际水平由教师选择安排，或在实践课中安排，或在理论课中观看录像。计算出各项教学内容在该学期出现的次数，按主要教材内容出现的课次，系统地安排到每次课中去。将其他教学内容按课次系统地搭配到每次课中去。

（5）每次课以安排一个新教材、一个复习教材为宜，最多不超过三个教材。安排一个重点教材，一个次要教材或介绍性教材，一两个复习教材。内容明确，便于备课。

（6）每次课教材内容的安排要考虑学生的学习负担和身体承受能力。要注意不同难易程度教学内容以及不同运动负荷教学内容的互相搭配。

（7）要正确安排各项教学内容的排列方式。根据教材内容的特点、季节气候、场地设备以及学生基础和全面教育的需要而定。

三、教　案

教案是每次课的具体计划，是根据教学进度规定的内容、教学的实际情况而编写的。它包括：课的任务和具体要求；教材内容安排；教学步骤；练习方法；课的各部分内容；每一项练习的次数和组数；时间的分配和各项组织教法等。

（一）教案的基本格式

排球技术课教案一般分为准备、基本和结束三个部分。

准备部分：用 15 ~ 20 分钟的时间。主要明确本课的任务、要求、安全提示，使学生的注意力迅速集中到教学课堂，使身体器官进入兴奋状态，克服生理惰性，为基本部分做好心理、身体准备。准备活动安排与课的主要任务相呼应，可通过准备活动发展专项素质和培养学生能力，动作由慢到快，排球课的准备活动要遵循运动负荷由小到大逐渐上升的原则。

基本部分：大约用 70 ~ 75 分钟时间。该部分是课的主体，首先要明确本次课主要任务和教材的重点与难点。在安排基本部分的内容时注意教材之间的相互联系，要把新授教材安排在基本部分的前半部分。排球实践课要加大课的运动密度，使学生多做练习。要十分注重安排教法步骤，选择实用性强、符合学生水平的练习方法。采用科学的组织教法也是备课的重点之一。同时，在教学中要有意识的培养学生能力。

结束部分：一般为 5 分钟左右。有组织地结束教学活动，使全身或局部肌肉得到放松，使学生逐渐恢复到相对安静状态；讲评学习纪律、学习质量和教学任务完成情况；布置作业和预习第三节训练工作。

（二）优秀教案案例（表 9－4）

授课周次________周__1__次　授课对象__________　日　期__________

课的任务　1. 学习并初步掌握准备姿势、移动步法；2. 学习并初步掌握正面双手传球、垫球的技术动作；3. 培养学生的学习兴趣

部分	时间	教学内容	分量	组织教法
准备部分	15 分	（一）课堂常规：检查出勤，队列 （二）课的任务、要求，提问，见习安排 （三）准备活动 1 双人操 角力－压肩－背对背转腰－背对背体侧屈－背靠背挎肘互背－拉手蹲跳。 2 游 戏 根据气温和学生身体状况而确定游戏的内容。	2 分 5 分 8 分	队形： 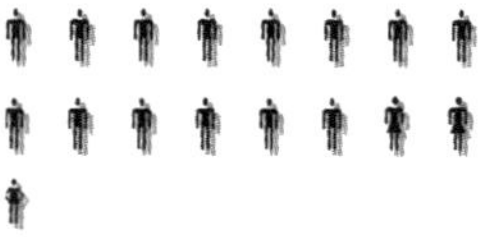 要求：快、静、齐。 教法：两人一组如图所示。  要求：动作幅度要舒展用力，使身体充分活动开。

续表

部分	时间	教学内容	分量	组织教法
基本部分	70分	（一）学习准备姿势和移动 1 示范 2 讲解：动作要领（准备姿势：屈膝提踵，含胸收腹，保持微动，蓄势待发） （移动：重心低而平稳，起动迅速，制动及时） 运用时机— 3 练习：原地徒手练习	15 分	教法：由教师做示范动作。 ×××××××× 要求：注意力集中，快速发应并做出动作。
		（二）学习正面双手传球 1 教师示范并讲解：动作要领（准备姿势、迎球、击球、手型、用力） 运用时机— 2 练习方法 ①一人持球举高，一人传击，体会动作和手感。 ②头上自传（低球－高球－低球）。 ③两人一组，自传在传出。 ④两人一组，一抛一传。 ⑤两人一组，连续对传。 ⑥两人一组，隔网对传。 ⑦教师纠正错误动作并请动作规范的学生演示。	30 分	教法：由教师做示范动作。 要求：认真观察动作。 教法：两人共同完成的练习，之间的距离要在 4 米以上。 要求：注意力集中，认真体会动作。
		（三）学习正面双手垫球 1 教师示范并讲解 动作要领（向前上方蹬地、抬臂，以小臂垫击来球，使插、夹、抬、蹬连贯完成） 运用时机— 图例：（垫球手型、垫击部位）  2 练习方法 ①一人持球，一人垫击，体会动作和手感 ②头上自垫（低球－高球－低球） ③两人一组，一抛一垫 ④两人一组，连续对垫	25 分	教法：由教师做徒手和结合球的示范动作。  要求：认真体会动作要领。 教法：①②项练习每人一球，③④项的两人练习要相距 4 米以上的距离。 要求：抛球的学生也要尽量认真地抛到准确位置。

续表

部分	时间	教学内容	分量	组织教法
结束部分	5分	（一）整理器材：练习球、摇把等。 （二）整理活动：牵拉、放松、按摩、心理调整。 （三）课堂总结：课的任务完成情况； 表扬优点与提示不足； 布置课外作业、预习内容等。		教法：圆队形或体操队形教师居中指导。 • 要求：充分放松。
见习生安排			场地与器材	
课后小结				

（三）撰写教案的注意事项

1. 分析教材的重点和难点

根据教学进度中当次课的主要教学内容，认真分析教材的重点和难点，以便确定课的任务，合理分配课时、选择练习方法。

2. 明确课的任务

教案中首先要确定课的任务。衡量课上得好坏，就是要检查课任务完成得如何。在确定课的任务时，既要有技术方面的，还要有教育和技能方面的；既要考虑学生的实际情况，还要考虑上次课的任务完成情况。确定的任务应该是大多数学生经过努力能够完成的，而且要明确、具体，便于检查。

课的任务的描述要简明扼要，具有针对性。如，技术、战术教材一般用“学习”“初步掌握”“改进”“熟练”和“提高”等；技能和素质方面的内容一般用“培养”“加强”“促进”“发展”和“增强”等。

3. 合理选择练习方法

选择练习方法时要考虑各项技术、战术的教法步骤，选择实用性强、符合学生实际水平的练习方法。选择练习方法时还要考虑以下方面：能够很好地完成课的任务；有利于增加触球次数；提高课的练习密度；注重练习效果，一次课中不宜安排过多的练习方法；选择练习方法要与学生分组、运动负荷安排、场地器材使用等结合起来考虑；要时刻考虑安全因素。

需要注意的是，应充分利用准备活动时间，选择合适的练习方法，不仅可以达到热身的目的，还可以增强球感，提高控制球能力，培养集体主义精神和竞赛意识，发展柔韧性、小肌肉力量、灵敏性和协调性等身体素质。

4. 明确各部分时间分配、练习分量及要求

各部分或每个练习的时间安排，需要考虑以下因素：课内容的重点；课内容的难易程度；练习方法的难易程度和学生对练习方法的熟练程度；练习的次数和组数与练习时间呈正比；还要把对练习进行的示范、组织和评价时间考虑进去。

教师对每个练习都应提出数量或质量的要求。提要求时，应注意与课的任务吻合，使学生能够完成，并注意区别对待。

5. 确定学生的分组

学生练习分组形式可以有以下几种形式。

（1）依据队列自然分组，一般队列队形呈两排或四排，也可能是三排，身高由高到低。可以同列、同排、或列与排的结合进行分组。这种分组简单、省时，身高均等。

（2）依据性别分组。同性别分组有利于根据性别选择不同的练习方法，提出不同的练习要求。混合性别分组有利于调动学生练习的积极性，发挥不同性别之间的优势，相互促进、相互弥补。在对身高和体能要求较高的练习中应使用同性别分组。如扣球、扣防对抗以及较高水平的比赛练习时。

（3）依据学生水平分组。相同水平分组，有利于根据不同水平提出不同的练习要求。给有困难的学生组给予特别的指导帮助；为水平较高的学生组增加练习难度，以调动其积极性，促其更高发展；“以好带差”分组可以促进学生间相互交流与帮助，既能发挥学生榜样的作用，又可以提高学生的能力，同时能提高整体的技术战术水平，还可以增加水平稍差学生的自信心，让这些学生在同伴的带领下完成串联和比赛，享受排球运动乐趣。这种分组适合在课程学习的中后期使用。

（4）依据专位分组。主要可以分为二传组、主攻组与副攻组，这种分组有利于学生专门技能的提高，也符合排球比赛中职能分工的实际需要，特别要重视对二传学生进行专门的训练。在排球普修课中，一般分成二传组和攻手组即可，实际运用时，还可以变换学生的专位，促进学生相互间的理解，促进技术全面发展。这种分组适合在课程的后期使用。

（5）学生自愿组合分组。这种分组有利于学生间的相互交流，克服一些心理障碍。这种分组形式适合在课程初期使用，或在期末考试时有些项目允许学生自由组合。

需要注意的是，分组形式的选择要根据一堂课的教学内容和课任务的需要；要考虑提高学生的练习积极性，不伤害学生的自尊心；一堂课中学生练习的分组尽量一致或便于改变分组人数，防止由于过多的变换分组浪费时间，影响课的练习密度。分组人数安排时，要考虑在场地和球等条件允许的情况下，尽可能地增加学生的练习次数和触球次数，有利于提高技术的熟练程度。

6. 考虑课内容及练习之间的衔接

备课时要科学地安排教学内容，把新授课教材安排在精力最旺盛，注意力比较集中的时候。可以先复习旧教材，再学习新教材。也可以穿插进行，或先学习新教材。要考虑排球运动的特点、教材之间的关系、技能掌握的规律和上课的时间等因素。练习之间衔接紧凑可以减少时间的浪费，提高练习密度。

7. 合理安排场地器材

既要充分利用场地，又要保证必要的练习空间，防止出现伤害事故。备课时，应考虑学生人数，球的数量，场地大小，是否有诸如挡网、墙、篮板等可利用。

8. 合理安排练习密度及运动负荷

合理安排课的运动量，使运动负荷高峰出现在基本部分。运动负荷的控制要由小到大、逐步上升。也要安排不同强度、性质的练习互相交替。使学生得到适量的休息和调整。

在认真思考练习方法的选择、练习的分组、教学内容及练习之间的衔接、场地器材条件等问题后，练习密度就有了基本保证。

第二节 训练文件制定

排球训练工作的任务：传授排球运动的技术、战术、竞赛组织、心理等训练理论与方法，介绍排球运动发展态势；培养学生分析问题和解决问题的能力，发展创造能力；培养学生顽强拼搏精神和良好的体育道德品质。

一、排球训练计划的定义

排球训练计划是对未来排球训练过程所预先作出的理论设计。这种设计是在以往训练实践的基础上不断加以总结、吸取成功经验和抛弃失败教训，以利于提高运动水平的一种科学手段。

二、排球训练计划的特点

1. 连续性和阶段性。
2. 多变性和可控性。

三、排球训练计划的目的

制定训练计划的目的在于科学、合理、迅速地提高运动训练水平。通过训练计划，可使全队有统一的认识和行动，以明确目的、端正态度、调动积极性，并可对各阶段训练进行诊断，对各个环节做出评定，以便进一步修改、充实和完善训练的全过程。

四、制定训练文件的意义

加强科学训练首要的任务就是制定切实可行的训练计划，训练计划是对未来训练过程预先做出的理论设计。

一个球队的育成，一个运动员的成长，具有阶段性和长期性的特点，必须有相应科学的训练计划。制定训练计划能使教练员、运动员明确训练任务和总结训练工作，避免训练工作的盲目性。

五、训练计划的分类

（一）根据训练组织安排特点的分类

1. 个人训练计划。
2. 集体训练计划。
3. 混合型训练计划。

（二）根据时间的长短分类

训练文件主要有：多年训练计划、全年训练计划、阶段训练计划、周训练计划和课时训练计划。

1. 多年训练计划（即长远规划或远景规划）

多年训练计划是一个多年的总体设想和指导性计划。是制定全年训练计划的依据，具有战略意义。其内容包括：总任务、总目标和队员的年龄、性别、思想作风、体能、技术、战术、心理、智力、特点等，以及本队的技战术指导思想、战术风格、发展创新的设想，逐年应达到的目的、指标、要求及为实现这些目标、指标所采取的步骤和措施。

在制定多年训练计划时，应考虑以下几点。

（1）深入研究、分析当前国际、国内排球运动发展的趋势和动向以及排球运动发展的内在规律和特点。

（2）明确本队的技战术指导思想，并结合本队的特点，注意新技术、新战术的运用。

（3）考虑本队队员的年龄、思想作风、体能基础、技战术水平、特点、发展潜力以及今后可能训练的年限等。

（4）考虑排球规则的发展和修改趋势，合理运用技战术。

（5）考虑到后备力量的来源和新老交替。

（6）在整个训练过程中，要随时收集训练和比赛信息，并及时对计划做出修改。

2. 全年训练计划

全年训练计划是以一个年度为一个周期的训练计划，是制定阶段训练计划的依据。其内容包括：全年训练周期的划分，训练的总任务、总目标，本年中对思想作风、技战术和体能等方面的具体要求；全年训练的重点和比赛的安排；各周期的训练重点以及体能、技战术、比赛的比重；提出技战术训练和体能训练指标，安排好各周期运动负荷。

全年训练计划的周期划分，一般有单周期（全年为一大周期）、双周期（全年为两大周期）和三周期（全年为三大周期）。

3. 阶段训练计划

阶段训练计划是全年训练计划中某个阶段的计划，是与竞赛任务联系最密切，也是具体执行的计划，是制定周计划的依据。制定周期计划要依据全年计划，参考上一个周期计划的执行和完成情况以及比赛中暴露的问题，本周期训练地点、条件，以及是否参加集训和比赛任务等。

制定周期训练计划的内容应包括：

（1）确定训练时间、任务、内容、比重及运动负荷安排，区别对待措施，考核内容、方法和要求等。

（2）任务和指标（包括思想教育、技术、体能和比赛指标）。

（3）技战术指导思想及队的风格。

（4）业务理论学习的内容和安排。

4. 周训练计划（小周期）

周训练计划是一周的训练的详细安排。周训练计划的具体内容应包括：每天训练的次数和时间，重点训练内容和一般训练内容，技术、战术、体能训练和心理训练安排的比重，运动负荷的大小及训练手段等。

5. 课时训练计划

课时训练计划（教案）是每一堂训练课的安排。其内容应包括课的主要任务，准备、基本、结束部分的内容、重点、运动负荷、要求、时间分配、措施和课的小结等。

六、制定排球训练计划的依据

（一）从本队的实际情况出发制定计划

（二）从国内外排球运动发展趋势制定计划

（三）从排球运动有关发展规律制定计划

1. 从得失分规律考虑

排球比赛胜负的得失分规律是：多得分、少失分，首先得满胜局分。加强得分技术训练，提高失分技术和关键环节的训练；加强关键球、关键局和开局训练。

2. 从攻防转换规律考虑

排球运动攻中有防，防中有攻，攻防随时转换。应树立以攻为主的训练指导思想，形成自己的特点和风格。加强一攻、反攻、推攻和保攻各个环节的训练。

3. 从规则发展规律考虑

有利于公平竞争，有利于攻防从平衡→不平衡→平衡，有利于观众欣赏，有利于电视台转播，有利于比赛时间控制，排球规则正向着竞技排球、观赏排球和大众排球方向发展。

4. 从比赛制度规律考虑

排球比赛制度一般有循环制（单循环、双循环、分组循环等）、淘汰制（单淘汰、两败淘汰、任取淘汰等）、混合制（先分组循环后交叉赛、先分组淘汰再循环）和主客场制等（主客场单赛制、双赛制）。比赛时间和地点既可集中，又可分散，或进行拉练式比赛。为此，应熟悉有关比赛制度，平时应加强适应性训练。

5. 从参加竞赛和主要对手状况考虑

6. 从比赛时间、地点、气候、设施和竞赛规程要求考虑

7. 从竞技状态形成的规律考虑

训练的主要目的是使运动员获得最佳竞技状态，在比赛中取得优异成绩。竞技状态形成与发展的过程是：首先获得竞技状态，之后保持竞技状态，最后是竞技状态的暂时消退。这三个循环阶段是有规律的。获得竞技状态应具备的条件是：提高运动员的健康水平，全面发展运动员身体素质和意志品质，改进原有和掌握新的动作技能与技巧，提高各器官的机能能力，加强专项素质和技能的训练，使其高度完善。但是，如果训练不当，伤病事故发生，生活缺乏规律，初步形成的竞技状态也会受到破坏。保持竞技状态在训练中要注意合理调节训练内容、负荷量、方法手段和训练时间等，防止偶然因素（气候、交通等）的影响。加强心理、智能和作风培养。当训练和比赛的负荷强度达到极限水平时，神经系统的调节能力衰退，故竞技状态也暂时消退。为此，要改变训练安排，向新的阶段过渡。

七、制定排球运动训练计划细则

排球运动训练计划是实现排球运动训练目标的未来训练活动的蓝图，是对未来训练活动预先作出的理论设计。因此，排球运动训练计划应给出为实现运动训练目标应做什么和怎样做的详细方法与程序。制定排球运动训练计划的一般程序包括：明确排球运动训练计划目标、运动员起始状态诊断、确定达标手段、制定计划细则、运动训练计划评审、运动训练计划审批和输出排球运动训练计划等几个子程序。

（一）怎样明确排球运动训练计划目标

排球运动训练计划是以排球运动训练目标为出发点，我们是为了实现某一排球运动训练目标才进行排球运动训练。由于排球运动训练目标比较概括和抽象，不具有可操作性，因此，当我们制定排球运动训练计划时，首先应对排球运动训练目标进行系统分析和分解，这就是明确排球运动训练计划目标。

为了对排球运动训练目标进行系统分析和分解，我们首先应在预测的基础上，将名次目标转化为竞技能力目标，然后对竞技能力目标进行系统分析和分解，再进一步将其指标化和任务化。在此基础上，还要将各层次的目标按时间序列分解。通过明确排球运动训练计划目标这一子程序，可以使排球运动训练目标更加明确、具体，并构成一个完整的、具有可操作性的计划目标体系。

明确排球运动训练计划目标的过程，是教练员对排球运动训练规律进行深层次理解和认识的过程，也是对排球队和每位运动员竞技能力情况进行系统分析和认识的过程。

（二）如何对排球运动员起始状态进行诊断

“诊断”一词源于医学术语，它是指在检查病人的症状后，判断病人的病情和发展情况。延伸到排球运动训练中，排球运动员（队）起始状态诊断是指根据排球运动训练计划目标，对运动员（队）相对应的起始状态进行检查判断，找出它与目标之间的偏差，分析存在偏差的原因和发展情况。对排球运动员（队）起始状态进行诊断，实质上是对排球运动员由起始状态向目标状态转移的“问题”的分析和判断。为了保证起始状态诊断的科学性，应使诊断具有有效性、客观性和可靠性。

（三）选择实现目标的手段

通过对排球运动员起始状态的诊断，使我们掌握了排球运动员（队）的起始状态与计划目标状态的差距和原因，此时我们的任务就是寻找和消灭差距，使整个排球队由起始状态向目标状态转移，最终实现排球运动训练计划目标的手段。这里所讲的手段是指宏观、原则的对策。这些内容应作为排球运动训练计划的说明附在排球运动训练计划中。

（四）制定排球运动训练计划细则

制定排球运动训练计划细则，就是将实现排球运动训练计划目标的手段进一步具体化。主要包括运动训练阶段的划分、训练任务和内容比重的确定，规划运动训练负荷，选择排球运动训练的方法和手段，确定恢复的措施，确定检查评定的内容、指标、时间、方法和手段，明确规定训练的时间等。

八、各种排球训练计划的制定案例分析

（一）多年训练计划案例及分析

高校排球训练队多年训练计划一般以训练大纲的形式出现，本书将以高校体育教育专业排球专项训练为例。

排球专项多年训练计划示例。

1. 课程性质

本课程是为体育教育专业排球专项本科学生开设的专业必修课。三学年共计 576 学

时，24 学分。

2. 课程目标

通过专项训练，全面发展学生的专项身体素质，使学生正确、熟练地掌握排球基本技术，达到示范标准并能在比赛中较熟练运用的水平；基本掌握主要的攻防战术阵型，理解其战术意义，并在比赛中具备一定的运用能力；了解或初步掌握较复杂或最新技战术。通过训练和比赛，获得排球二级运动员称号。培养学生勇敢顽强、吃苦耐劳、机智果断、团结合作的精神和心理品质，具有独立获取知识、提出问题、分析问题和解决问题的能力及开拓创新精神，使学生德、智、体、美全面发展，以适应现代学校体育和社会体育对人才培养的需求。

3. 教学内容

表 9 –5　教学训练内容及要求

分类	主要内容	次要内容	基本要求
1 技术部分 1.1 发球	下手发球，上手大力发球，上手发飘球，勾手飘球。	跳发大力球，跳发飘球。	根据学生自身素质和特点个人主选一种，并掌握第二种发球，发球在准确的基础上提高攻击力。
1.2 垫球	正面垫球、侧面垫球、背垫球，接发球（接大力发球和飘球），接扣球，单手垫球，单、双手挡球。	前扑、侧倒地垫球，滚翻垫球、鱼跃垫球（男），脚击球。	熟练垫球基本动作，强调判断、取位、反应和控制球意识。接不同性能的发球，提高手臂控制球能力和到位率。掌握 2 ~3 项防守技术，提高防守起球率和质量。
1.3 传球	正面传球、背传、调整传球，二传队员传一般高球、近体快球、半高球、平拉开球、短平快球、背平快球和后排攻球。	垫传球，二传队员传个人掩护和同伴掩护的战术球。	提高所有队员的组织进攻意识和传球准确性，加强调整进攻的组织能力 提高二传队员的控制球能力，达到取位快、出手稳、落点力求准确，组织快攻时主动配合攻手。
1.4 扣球	一般扣球，调整扣球，近体快球，短平快球，时间差扣球，轻扣球，吊球，后排扣球。	平拉开球，转体扣球，转腕扣球，打手出界扣球，位置差扣球，单脚起跳扣球。	正确掌握上旋球手法，提高控制球能力，扣球动作连贯节奏感较强，具备一定的变线突破能力，掌握 2 ~3 种自我掩护或同伴掩护的快攻战术打法。
1.5 拦网	单人拦网，双人拦网，三人拦网。	拦战术扣球，拦网时手臂的空中变化。	正确掌握拦网基本动作，提高判断、移动取位能力，掌握集体拦网的配合要点。

续表

分类	主要内容	次要内容	基本要求
2 战术部分 2.1 接发球组织进攻	5人、4人接发球阵型及配合，全队一传、二传、扣球、保护的串联及配合，接发球进攻打法。	3人接发球阵型及配合，变化的接发球进攻战术。	依学生的技术水平和个人特点，形成基本的、有效的接发球进攻阵型和进攻打法，掌握2种变化形式。
2.2 接扣球组织进攻	个人接扣球防守及控制球能力，单人、双人拦网防守阵型，集体防守的取位与配合。	拦网、防守、传球、扣球、保护的串联，3人拦网防守阵型，进攻点的选择。	提高个人防守技术的实效性，初步掌握拦网与防守的配合及防守之间的配合，提高防守效果，掌握2种防守阵型的变化，培养防守反击意识和能力。
2.3 接拦回球组织进攻	接拦回球的技术动作，保护扣球的基本取位。	接拦回球的配合与串联，进攻点的选择。	着重培养保护扣球的意识，学习合理的取位与配合，学会合理运用多种防守技术。
2.4 接推、吊球组织进攻	进攻打法，集体配合及串联。	接高吊球，缓冲传垫球。	提高抓住进攻机会的意识，提高接处理球的到位率，合理组织反攻。
3 身体素质 3.1 一般素质	力量，速度，协调灵敏，柔韧，耐力。		全面提高学生的各项身体素质，为专项身体素质和技战术的训练打下坚实基础。
3.2 专项素质	弹跳能力，反应移动能力，手臂挥击能力，场上灵活性，比赛耐力。		在一般身体素质的基础上发展排球比赛所需的专项素质，为技战术水平的提高打好基础。
4 心理能力	注意能力，意志品质，放松训练。	认知能力，决策能力。	培养良好的心理品质，学会简单的心理调节方法。
5 智能	排球比赛的基本规律，战术意识。	战术选择和应变能力。	能够主动参加比赛，主动选择自己的技术和战术运用，主动配合同伴。
6 比赛	队内、队外教学比赛，全校专项班联赛。	校外兄弟院校比赛。	熟练运用所学所练的技术和战术，形成队内的默契配合，在联赛中取得应有的名次，使全队学生达到排球二级运动员水平。

4. 学时分配

表 9－6　训练时数分配

训练内容	教学训练时数	教学形式	比例（%）
排球技术	180	教学训练	31.40
排球战术	150	教学训练	26.00
体能训练	150	教学训练	26.00
心理智能训练	40	教学训练	7.00
比赛	44		7.60
技术考试	12	实践考试	2.00
小计	576		100

表 9－7　各学期教学训练内容及时数分配

训练内容	第一学年		第二学年		第三学年		合计
	秋季	春季	秋季	春季	秋季	春季	
技术训练	35	35	30	30	25	25	180
战术训练	20	20	25	25	30	30	150
身体素质训练	25	25	25	25	25	25	150
心理、智能训练	8	8	6	6	6	6	40
比赛	6	6	8	8	8	8	44
技术考试	2	2	2	2	2	2	12
小计	96	96	96	96	96	96	576

5. 考核方式

（1）考核的依据

根据专业培养目标及课程要求，本课程主要考核学生技术、战术及身体素质水平，同时考核学生的比赛水平和训练作风。

（2）考核内容、方法及要求

① 考核内容及比例

训练作风，10%

比赛水平，10%

身体素质，20%

技术战术水平，60%

② 考核方法及要求

训练作风，根据平时训练和比赛中的作风表现评分，满分 10 分。

评分标准

优秀	良好	一般	及格	不及格
9~10分	8分	7分	6分	5分及以下

比赛水平，根据教学比赛和学校联赛中的水平表现及进步的幅度评分，满分10分。

评分标准

水平高或进步快	水平较高进步较快	水平一般	水平较差或进步不明显	水平差或无进步
9~10分	8分	7分	6分	5分及以下

身体素质，考核弹跳能力（助跑双脚起跳摸高）和移动能力（半米字移动），各学期考试方法及评分标准相同，采用《中国青少年排球教学训练大纲》少年甲组的标准进行评定，每项身体素质满分10分。

技术、战术水平

表9-8　技术、战术考核内容、方法及评分标准

学期	考核内容	考核方法	评分标准
第一学期	1. 隔网对传，100次。 2. 两人对垫，100次。 3. 上手大力发球，10次。 4. 4号位扣抛球，10次。	1. 学生自愿组合，不限距离。 2. 学生自愿组合，距离4~5米。 3. 发球区，发到对方场内。 4. 教师抛球，三人一组轮流扣球。	技评10分，达标5分。 技评10分，达标5分。 技评10分，达标5分。 技评10分，达标5分。
第二学期	1. 隔网6米对传，50次。 2. 三人三角垫球，100次。 3. 上手发飘球，10次。 4. 4号位扣调整球，10次。	1. 自愿组合，两边3米线外。 2. 自愿组合，距离4~5米。 3. 发球区，发到对方场内。 4. 教师在3米线附近抛球，三人一组轮流扣球。	技评5分，达标10分。 技评5分，达标10分。 技评5分，达标10分。 技评5分，达标10分。
第三学期	1. 网前二传。 2. 发接对抗。 3. 4号位扣球。	1. 在网前接抛球，传向4号位。每人传10次球。 2. 两人一组，站1、5号区接发球；另两人发球，向1号区发5次，5号区发5次。 3. 5次直线（2米）；5次斜线（对角线）。	每球2分，满分20分。 根据击球效果评分，发球、接发球每球满分1分。发、接各满分10分。 每球2分，满分20分。

续表

学期	考核内容	考核方法	评分标准
第四学期	1. 调整传球。 2. 两人连续扣防10次。 3. 扣近体快球。 4. 单人拦网。	1. 站6号向4、2号位各传5次。 2. 距离4～5米，2次机会。 3. 二传传球，每人扣5次。 4. 拦3号位扣半高球，每人5次。	每球2分，满分20分。 扣、防各每次1分，满分20分。 每球2分，满分10分。 每球2分，满分10分。 扣、防各每次0.5分。满分15分。
第五、六学期	1. 两人连续扣防15次。 2. 两人4号位防调扣。 3. 战术进攻。 4. 4对4比赛。	1. 距离4～5米，2次机会。 2. 教师在2号位扣球，每球两人换位，每人5次球。 3. 后交叉加自选一种战术，掩护、实扣分别记分，自选二传。 4. 发球进入比赛，但不计发、接分。	防、调、扣分别根据击球效果评分，每球1分。满分15分。 实扣1次2.5分，掩护合计5分。满分15分。 防守、传球、扣球分别根据击球效果评分，采用5分制评分，记录5次以上，然后计算平均分。满分15分。

5. 必要说明

（1）教师应将训练与比赛作风的培养和教书育人工作有机结合起来，并贯彻在课程教学的始终。将培养思想品德和道德规范落实到技战术训练中，提高集体主义和互助协作精神，形成个人和全队的良好训练比赛作风。

（2）教师要熟悉专业能力培养的内容及要求，在训练课中重视学生各项能力的培养，安排准备活动实习、技战术教学实习、裁判实习等，完成对学生能力培养的任务。同时，从第三学期开始，重视对训练方法的归纳和总结，帮助学生掌握简单、实用的训练方法。

（3）教师应根据学生的实际情况制定各学期的训练计划，确定各方面的训练指标，以保证本大纲规定的教育目标顺利完成。

（4）在日常教学训练中，狠抓基本功、技术难点和关键环节。提倡勤学、动脑、苦练、巧用。重视区别对待，在形成本队特点的同时，培养和发展个人特长。

（5）战术训练要从实际出发，在较好掌握技术、熟练基本战术打法的基础上，不断提高个人战术水平和全队的进攻防守战术水平。

（6）在技战术教学训练中，要加强战术意识的培养，提高学生根据实际情况，灵活运用技战术的能力。

（7）身体素质是技战术和学生健康的保障，要保证身体素质训练的质量。不断改革身体素质训练方法与手段，并与技战术训练及比赛有机结合。

（8）在教学训练中重视对学生心理品质和智能的培养，注意将专门的心理智能训练与排球技战术训练和意识训练有机结合起来。

（9）加强安全教育，落实安全措施，预防伤害事故的发生。

6. 制定多年训练计划应注意的问题

（1）训练过程要逐渐强化。总训练量要有计划地增长、运动专项给予强化、训练课的次数要逐渐增多、训练负荷要逐渐加大、加速恢复过程的补充手段、加强有比赛气氛的心理紧张程度训练和制定硬性的训练制度等。

（2）不能急于求成、拔苗助长。对青少年不能采用极大训练量，不能搞专项狭窄训练。即使对有特殊天赋的运动员，也不能搞极度紧张的训练和比赛负荷。同样，也不能过早地采用硬性制度训练。

（3）多年训练中的负荷变化，应严格遵循练负荷逐渐提高的原则。一般从三个方面进行：第一，增加总训练量；第二，增大训练强度；第三，在总训练量中增加强化训练的比例。

（4）构成运动员竞技能力的体能、技术、战术、智能和心理能力都需要经过长时间的训练才能得到改善和提高。其变化特点具有周期性或阶段性。最佳竞技阶段是训练的核心阶段，其他阶段的安排和要求都应服从该阶段训练任务的完成。

（5）对于出现过度训练或严重伤病的运动员，应采取果断措施，保证充分恢复健康和进行适当的训练调整。

（6）队伍组建调整时，注意新老队员的搭配比例。最佳竞技阶段选手约占60%，专项提高阶段选手约占25%，竞技保持阶段选手约占15%。队伍的更新方式可采取重建式或微调式。

（7）排球运动取得最高运动成绩所需要的时间一般为：三年打基础，五年见成效，八年出成绩。青少年规划可定两至三年；高级运动队定四年为好，如，奥运会、全运会均相隔四年一届。

第三节　全年训练计划案例及分析

全年训练计划在高校排球专项训练计划中表现为学年训练计划。

全年训练计划示例。

××－××年度（第一学年）教育学院××级男排

俱乐部训练计划

一、任　务

（一）了解学生的基本情况，建立师生间互相信任的关系；

（二）培养训练的自觉性和积极性，建立并维护互帮互助、融洽的团队氛围；

（三）培养基本技术；

（四）尝试发现队员的个人特点并加以培养；
（五）培养主动学习、钻研专业知识的习惯；
（六）培养基本完整的阵容，备战校联赛；
（七）备考期末技术测试，重点放在基础较差的队员。

二、教育学院××级男排目前情况

这次××教育学院男排专项队员共选拔了16名运动员，他们来自北京、辽宁、内蒙、山西和广东等地区。全队平均年龄18岁，平均身高1.79米。

这支队伍具有教好的身体素质，但技战术水平较差，各项技术和球场意识还处于有待培养的时期。

目前，××级男排普遍存在的问题主要集中在训练程度差，基本功差及比赛经验缺乏等上。

三、训练工作重点

（一）思想作风方面

进行专业教育、培养专业精神、培养集体观念与意识，鼓励队员场上是伙伴共同拼搏，场下是朋友，相互帮助、学习。

（二）技术战术方面

1. 学习传球、垫球、发球、接发球和扣球等基本技术。
2. 狠抓基本功的训练，强调细节。
3. 面向水平测试进行有针对性的技术训练。
4. 尝试发现个人特长并进行培养。
5. 培养专位二传队员，基本战术的学习与巩固。
6. 心理素质的锻炼。

（三）身体素质方面

在提高全面身体素质的基础上，对专项素质提出要求。一般素质以提高爆发力、速度力量为主。专项素质以助跑弹跳能力，原地弹跳能力及连续多次起跳能力为主。

四、训练内容比重安排

身体素质：20%；技术水平50%；战术水平30%。

五、训练进度及重点

教育学院××级男排俱乐部本学年第一学期训练进度分为了解基本情况阶段、基本技术训练阶段、赛前准备阶段、参赛阶段、调整考试阶段五个阶段。其中，基本技术阶段的训练尤为重要。

第二学期训练进度分为恢复阶段、提高阶段、参赛阶段、赛后提高阶段、调整考试阶段五个阶段，其中，提高阶段的训练尤为重要。（训练计划进度表附后）

六、训练负荷的安排

教育学院××级男排俱乐部本学年第一学期五个阶段的训练负荷量安排为：了解基本情况阶段（第1~4周）小到中；基本技术训练阶段（第5~10周）中到大再到中出现第一个负荷量最大高峰；赛前准备阶段（第11~13周）中；参赛阶段（第14~15周）中；过渡阶段（第16~17周）小；负荷强度安排为：了解基本情况阶段（第1~4周）小、基本技术训练阶段（第5~10周）小到中；赛前准备阶段（第11~13周）中；参赛阶段（第14~15周）中到大；过渡阶段（第16~17周）大到小。

第二学期五个阶段的训练负荷量安排为：恢复阶段（第1~4周）小到中；提高阶段（第5~10周）中到大再到中；参赛阶段（第11~12周）中到小；过渡阶段（第13~14周）小到中；调整考试阶段（第15~16周）中到小。负荷强度安排为：恢复阶段（第1~4周）小；提高阶段（第5~10周）小到中；参赛阶段（第11~12周）中到大；过渡阶段（第13~14周）大到小；调整考试阶段（第15~16周）中到小。

每周训练课三次（周一、三、五），负荷安排在阶段安排基础上安排为：小－中、中－大、中。以上计划内容可根据实际情况进行适度调整。

（一）制定全年训练计划应注意的问题

1. 制定单周期训练计划，其准备时期和基本时期可长达10个月左右。易出现生理和心理负荷过度积累，导致竞技能力下降。可采用单周期双高峰安排（第一比赛期和第二比赛期）。

2. 制定双周期训练计划，它有两个准备时期、两个基本时期和两个过渡时期。可在稍短的时间内做好准备，并具有较好的竞技能力。但必须抓好训练重点和内容比例安排，特别要注意心理因素的影响。对青少年的训练，要处理好训练与文化学习的关系。全年运动训练负荷高潮应安排在假期中。考试之前应调整训练安排。

3. 制定多周期训练计划，应注意科学训练方法的运用，恢复手段要有效，训练比赛条件要好，这样可以有效提高竞技能力。

（二）学期（大周期）训练计划案例及分析

1. 大周期训练计划示例

北体大教育学院××级男排训练计划进度表（××－××年秋季学期）（入学第一学期）

		第1－4周	第5－10周	第11－13周	第14－15周	第16－17周
		了解基本情况阶段	基本技术训练阶段	赛前准备阶段	参赛阶段	过渡/考试阶段
技术	发球 传球 垫球一传 扣球 拦网 防守	通过日常的训练及在适当时期安排教学比赛观察了解每一名新生在技术、战术方面的基础，以及在各方面的接受能力；并通过正面和侧面了解学生的家庭、教育等方面背景信息，为今后的教学训练奠定各方面的基础。	了解正确的技术动作，了解自己技术动作方面的缺点及正确的努力方向。	确定参赛阵容及候补人员，为校联赛做准备。 针对比赛进行专门训练，提高技术发挥的稳定性（尤其是主力队员提高要求）。 （质量的要求）	比赛中发现问题和不足，并记录。	1. 总结比赛，针对技术动作进行分析，发现问题并提出改进方案。 2. 准备期末技术考核内容： 2－1 隔网对传 2－2 两人对垫 2－3 上手大力发球 2－4 号位扣球
战术	一攻	同上。	同前一阶段。	狠抓一传，进行以2、4号位高球为主的训练。	比赛中发现问题和不足，并记录。	总结，可组织队员以开会讨论或书面形式进行。
	防反			使队员了解不同轮次不同位置的正确防守位置。		
身体	一般 专项	了解基本情况，避免受伤。	了解整体情况和发展方向。	降低负荷，保持身体素质在一定的水平。 根据比赛实际情况，提高专项耐力。	注意避免因比赛及其他原因造成的受伤情况。	调整、恢复性练习，避免受伤。

续表

		第 1－4 周	第 5－10 周	第 11－13 周	第 14－15 周	第 16－17 周
		了解基本情况阶段	基本技术训练阶段	赛前准备阶段	参赛阶段	过渡/考试阶段
比赛	安排		课上进行不同人数的训练赛。	赛前两周组织 1 至 2 次教学比赛，赛前一周不组织队外比赛。		
	目的	了解各方面情况。	队员熟悉轮次和跑位。	熟悉阵容和各轮次的跑位。		调整恢复性的教学比赛。
二传			对重点人进行传球方面的训练。	二传传一般球及近体快的训练，场上组织各轮次不同战术进攻的熟练。	观察、总结二传队员的技术掌握与发挥。	

2. 制定大周期训练计划应注意的问题

（1）准备时期要培养、促进竞技状态的形成，着重发展基础性能力，重视发展新技术和战术，演练配合。如，采用双周期的大周期训练，则冬、春大周期准备期时间较长，夏、秋大周期准备期时间较短。这个阶段训练负荷量安排较大，强度相对较小。

（2）比赛时期应注意发展专项竞技能力作为参加比赛的准备。这个阶段要安排好训练负荷节奏，使队员处于超量恢复状态。通过有关热身赛，激发队员的比赛欲望。采取有利措施，鼓励队员为取得优异成绩做出贡献，并安排好赛间的训练。训练负荷强度应较大，负荷量应较小。

（3）过渡时期应注意休息，但要保持一定的训练活动，即进行积极性休息，以达到消除疲劳的目的。安排训练方法可采用游戏法、变换法等。

（三）周训练计划案例及分析

1. 周训练计划示例

<table>
<tr><th colspan="2">教学主题</th><th colspan="2">排球基本技术</th><th>学时</th><th>6</th></tr>
<tr><td>教学目标</td><td colspan="5">1. 初步了解排球运动，激发学生的学习兴趣。
2. 学习和掌握排球的基本知识、基本技术。
3. 发展学生的速度、灵敏、耐力、柔韧等身体素质，增进学生的身心健康。
4. 在排球运动中逐渐形成热情、开朗的性格，具有进取精神，增强团结合作、交往的能力。</td></tr>
<tr><td>学习内容</td><td colspan="3">1. 准备姿势、移动步法。
2. 正面传球、垫球。
3. 正面上手发球。
4. 快速移动、慢跑、跳绳、仰卧起坐等身体素质练习。</td><td>运动负荷</td><td>1. 小—中
2. 中—大
3. 中</td></tr>
<tr><th>学时</th><th>教学内容</th><th>教学目标</th><th>教学方法</th><th colspan="2">重、难点</th></tr>
<tr><td>1－2</td><td>1. 学习准备姿势与移动。
2. 学习正面传球。</td><td>1. 基本掌握准备姿势与移动步法，并能移动找球。
2. 基本掌握传球动作，能连续自传 10 个以上。</td><td>1.（1）模仿练习。（2）结合场地的准备姿势与移动步法练习。（3）结合球的准备姿势及移动步法练习。
2.（1）徒手模仿练习。（2）传固定球练习。（3）传抛球练习。（4）自传球练习。</td><td colspan="2">1. 重点：降低重心。难点：快速移动。
2. 重点：手型、击球点。难点：协调发力，移动找球。</td></tr>
<tr><td>3－4</td><td>1. 复习正面传球、准备姿势与移动步法。
2. 学习正面垫球。</td><td>1. 基本熟练传球动作，并能基本正确运用移动步法快速移动找球。
2. 基本掌握正面垫球动作，能连续自垫 10 个以上。</td><td>1.（1）近距离对墙传球练习。（2）自传球练习。（3）移动传抛球，结合准备姿势与移动步法。（4）两人对传球。2.（1）徒手模仿练习。（2）垫固定球练习。（3）垫抛球练习。（4）自垫球练习。</td><td colspan="2">1. 重点：手型，击球点。难点：全身协调发力，移动找球。
2. 重点：手型，击球点。难点：协调发力，缓冲。</td></tr>
<tr><td>5－6</td><td>1. 结合移动步法，复习正面垫球。</td><td>1. 基本熟练正面垫球动作，并能正确运用移动步法快速移动找球。</td><td>1.（1）自垫球练习。（2）近距离对墙垫球练习。（3）移动垫抛球，结合准备姿势与移动步法。（4）两人对垫。</td><td colspan="2">1. 重点：手型，击球点。难点：全身协调发力，移动找球。</td></tr>
</table>

2. 制定周训计划应注意的问题

（1）不同训练内容和不同训练负荷应交替安排，以便在较短的时间内使运动员得到更快的恢复。

（2）不同年龄、不同训练水平的运动员，周训天数和时数也不相同。青少年每周训练4～6天，每天训练1～2次，每次训练1～2小时；高水平队最高周训6～7天，每天训练2～3次，每次训练2～3.5小时。

（3）不同周型、负荷量和强度的变化节奏也不相同，应大、中、小相结合。

（四）课训练计划案例及分析

1. 课训练计划示例

训练课周次__1__周__次　授课对象________　日　期________气温

课的任务　1. 恢复体力和球感；2. 巩固并纠正传、垫、扣、发等基本技术；3. 培养队员吃苦耐劳的精神作风。

部分	时间	训练内容及训练量	组织教法、要求（图示）
准备部分	15分钟	1. 课堂常规：检查出勤，队列 2. 报告课的任务、提出要求，安排见习生 3. 安全提示 4. 准备活动　12′ （1）徒手操 头部运动－肩部运动－阔胸运动－体转运动－腰部运动－腹背运动－弓箭步压腿－膝关节运动－踝关节 （2）游戏“大渔网”	队形：  要求：快、静、齐。 教法：体操队形，队长领操。 要求：动作幅度要舒展用力，使身体充分活动开。 教法：一人开始追人，追上的同学拉手追下一人。 

续表

<table>
<tr><th>部分</th><th>时间</th><th>训练内容及训练量</th><th colspan="2">组织教法、要求（图示）</th></tr>
<tr><td>基本部分</td><td>70分钟</td><td>1. 传球、垫球练习 20秒
（1）自传自垫、对墙传垫球 各100次
（2）两人一组对传、对垫 各100次
2. 扣球练习 30秒
（1）两人一组原地自抛扣球
（2）徒手助跑起跳练习
（2）4号位扣球
（3）2号位扣球

3. 发球练习 20秒</td><td colspan="2">教法：（1）分成两大组，两个练习交替进行，传垫球交替进行；（2）两人一组连续传、垫球。
要求：注意用正确动作击球，相互观摩纠正。
教法：（3）先由教师抛球，后由学生传球，如图
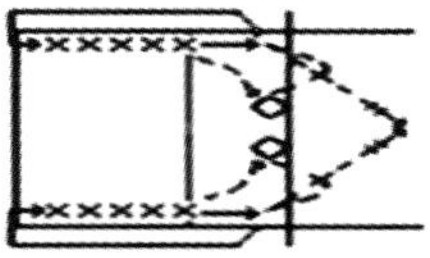
要求：动作放松，节奏正确，抛（传）球出手后再开始助跑起跳，相互观摩学习
教法：如图

要求：强调攻击性和稳定性。</td></tr>
<tr><td>结束部分</td><td>5分钟</td><td>1. 整理器材：练习球、摇把等。
2. 整理活动：牵拉、放松、按摩、心理调整。
3. 课堂总结：课的任务完成情况；优点表扬与不足提示；布置课外作业、预习内容等。</td><td colspan="2">教法：圆队形或体操队形教师居中指导。
要求：充分放松。</td></tr>
<tr><td colspan="2" rowspan="2">伤病学生安排</td><td rowspan="2">根据见习生的身体情况适当参与练习</td><td>运动量</td><td>大 中 小</td></tr>
<tr><td>强 度</td><td>大 中 小</td></tr>
<tr><td colspan="2">课后小结</td><td colspan="3"></td></tr>
</table>

2. 制定课训计划应注意的问题

（1）先安排复习教材，再安排新教材。注意轻、重技术结合，上、下肢动作结合，不要造成局部负担过重。

（2）保证训练课质量必须明确制定出训练课的目的、任务、要求，特别是训练时间、组数、次数和动作质量指标要求。

（3）高水平运动队每次课训练时间应保持在3小时左右，运动负荷相对较大，青少年训练时间应保持在1.5～2.5小时，运动负荷相对减小或降低。

（4）训练方法手段，要结合实战，联系实际，解决问题。宜增加队员的兴奋性。兴趣性，以便调动积极性。教案要文图并茂。

（5）练习形式可采用个人练习。小组练习和全队练习。严格训练、严格要求、严格管理。注意因人而异，区别对待。

（6）注意作风培养和意志品质训练。

本章思考题

1. 排球教学文件都包含哪些内容，各内容之间有什么样的关系？

2. 请你自己设定一个教学群体，撰写一份教案，使得非排球专业的教师能够根据你的教案完成一堂90分钟的排球教学任务。

3. 排球训练文件都包含哪些种类，不同种类的训练文件制定应该遵循哪些原理？

4. 请你以高校排球专业训练队为例，制定一份全年训练计划。

参考文献

[1]中央电视台科教部．学打排球(VCD),2001.
[2]钟秉枢．体育课准备活动集锦(VCD)．北京:北京体育大学,2001.
[3]葛春林,等．跟我学排球(VCD)．北京青少年音像出版社,2002.
[4]国家体育总局．中国体育教练员岗位培训教材:排球[M]．北京:人民体育出版社,2003.
[5]葛春林,吕雅君,等．最新排球训练理论与实践[M]．北京:北京体育大学出版社,2003.
[6]孙平,等．现代排球技战术教学法[M]．北京:北京体育大学出版社,2006.
[7]国家体委文史工作委员会,中国排球运动协会．中国排球运动史[M]．武汉:武汉出版社,1994.
[8]张然．排球纵谈[M]．南京:江苏人民出版社,2001.
[9]全国体育院校教材《排球》教材编写组．排球运动[M]．北京:人民体育出版社,1999.
[10]施达生,等．排球教学训练指导[M]．北京:人民体育出版社,1995.
[11]孙平．软式排球[M]．北京:中国财政经济出版社,2002.
[12]苏丽敏,等．沙滩排球[M]．北京:北京体育大学出版社,2003.

第十章　排球比赛规则及裁判方法

本章概要

本章将介绍排球比赛的场地、器材、设备的规定以及排球比赛规则，并通过介绍排球裁判员的职责分工和基本裁判手势，使学生初步了解排球运动必备的器材设备，并掌握排球比赛的基本规则与基本裁判手势，为学生进一步参与排球比赛、服务排球竞赛储备必要的理论知识

裁判员是比赛的组织者，是执行规则的“法官”。他（她）必须正确认识到，规则的目的是使双方在同等条件下进行比赛，否则将直接影响参赛队运动员技术水平的发挥；影响排球技战术的发展和排球本身具有的观赏性。因此，裁判员应具备高尚的职业道德，以“严肃、认真、公正、准确”八字方针为准则进行工作。

第一节　场地、器材、设备

一、比赛场地

排球比赛场地包括比赛场区和无障碍区，其形状为对称的长方形。（图 10－1）

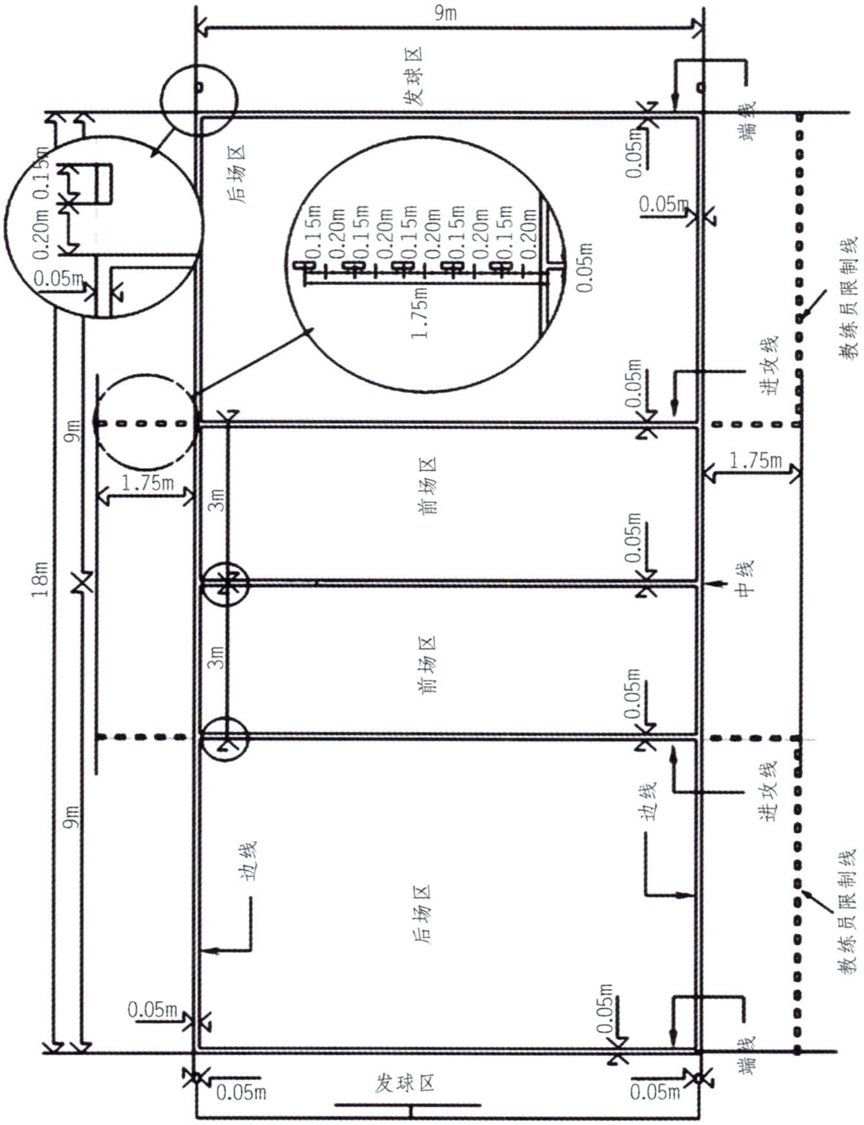

图 10－1　排球比赛场地图

（一）比赛场地的地面

比赛场地的地面必须是平坦、水平、划一。不得有任何可能伤害队员的隐患。不得在粗糙、湿或滑的场地上进行比赛。国际排联世界性正式比赛场地的地面只能是木质或合成物质的；场地界线为白色。比赛场区和无障碍区分别为另外不同颜色。

（二）比赛场地上的区和区域。（图 10－2）

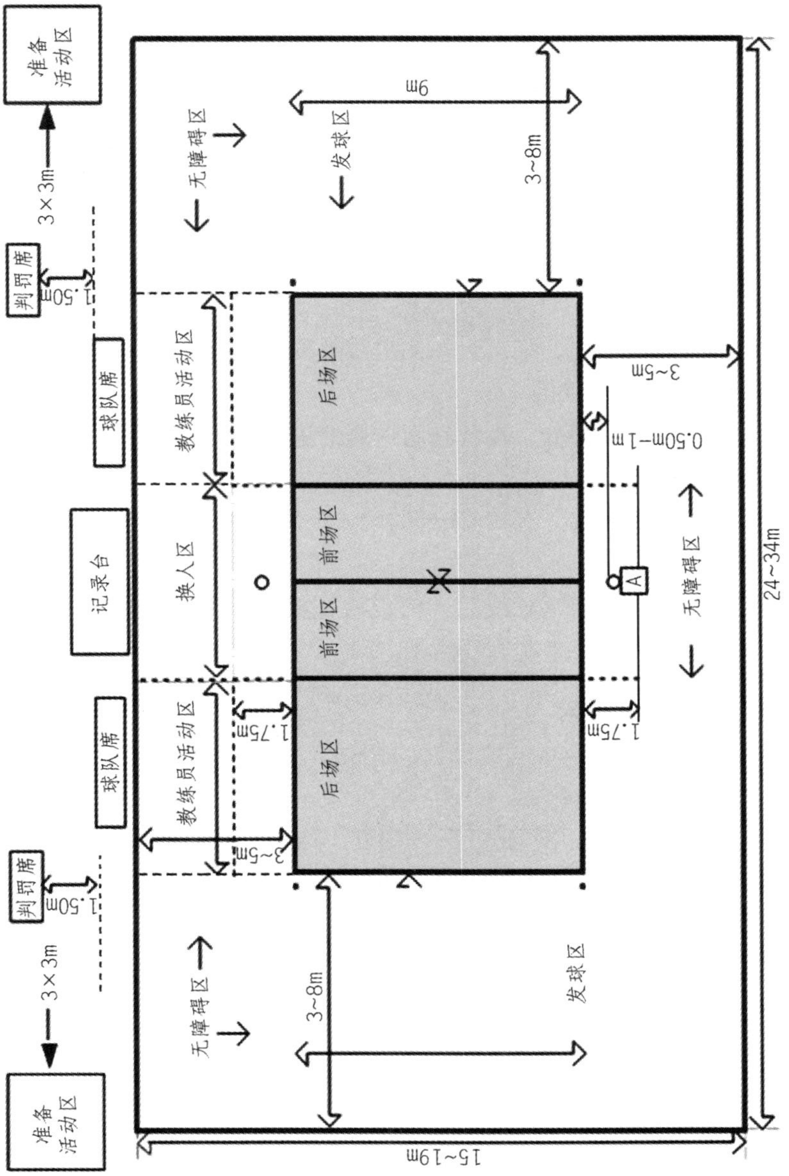

图 10－2　比赛场地的区和区域

1. 比赛场区

比赛场区为长 18×9 米的长方形。中线将其分为相等的两个场区。两条长线是边线。两条短线为端线。所有的界线宽为 5 厘米，线的宽度均包括在场区内。

2. 无障碍区

比赛场地四周至少有 3 米宽的无障碍区，比赛场区上空的无障碍空间从地面丈量至少高 7 米，其间不得有任何障碍物。国际排联世界性正式比赛，比赛场区边线外的无障碍区至少宽 5 米，端线外至少宽 6.5 米。比赛场地上空的无障碍空间至少高 12.5 米。

3. 发球区

宽为 9 米，位置在端线后。两条边线后各画一条长 15 厘米，垂直并离端线 20 厘米的短线，两条短线之间的区域为发球区，其短线宽度包括在发球区内，发球区的深度延至无障碍区终端。

4. 前场区、后场区

中线与进攻线构成前场区。中线中心线与进攻线距离 3 米。前场区向边线外的无障碍区无限延长。进攻线与端线构成后场区。

5. 换人区

两条进攻线的延长线之间，记录台一侧边线外的范围为换人区。

6. 后排自由防守队员替换区

该区域是无障碍区的一部分，在替补席一侧的进攻线延长线和底线延长线之间。

7. 准备活动区域

无障碍区外球队席的远端，有 3×3 米的区域为准备活动区。

8. 判罚区域

位于控制区域内各端线的延长线后，内设两把椅子。其长、宽各 1 米，线宽 5 厘米，为红色。被判罚出场的成员应坐在判罚席上。

（三） 场地的画法 （图 10－3）

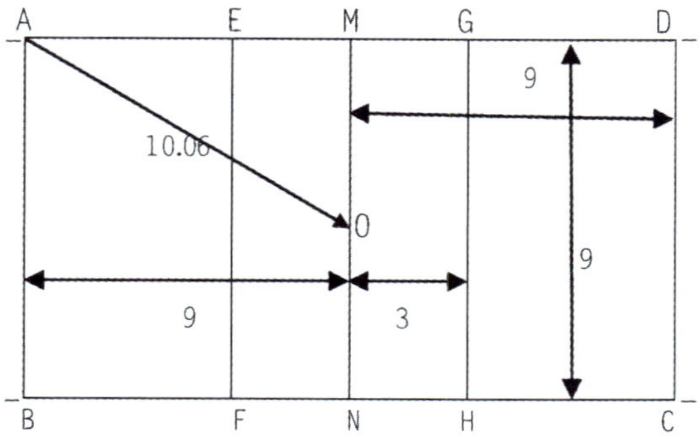

图 10－3　比赛场地的画法（单位：米）

先在场地中央画一条 9 米长的中线 MN。然后取 MN 中点 O 为圆心，以 10.06 为半径，向四个场角画弧；再分别以 M、N 为圆心，以 9 米为半径，向同侧的两个场角与前弧相交，成 4 个交点 A、B、C、D。连接 4 点便形成了场地的边线和端线。

再分别以 M、N 为圆心，以 3 米为半径，在各边线上截取 E、F、G、H 点，连接 EG、FH 形成进攻线。

最后画出发球区短线。在两条端线后边线延长上，各画一条 15 厘米，垂直并距离端线 20 厘米的短线，两条短线之间的区域为发球区。

根据比赛的要求，在每条进攻线边线两侧画 5 个长 15 厘米、宽 5 厘米、并间隔 20 厘米的虚线，虚线总长 1.75 米。

排球场地所有线宽为 5 厘米，其宽度包括在各自的场区之内。

（四）排球场地的检查方法（图 10－4）

检查场地是否符合规定标准，可将钢尺一端固定在球场的一角，然后向各点进行丈量。

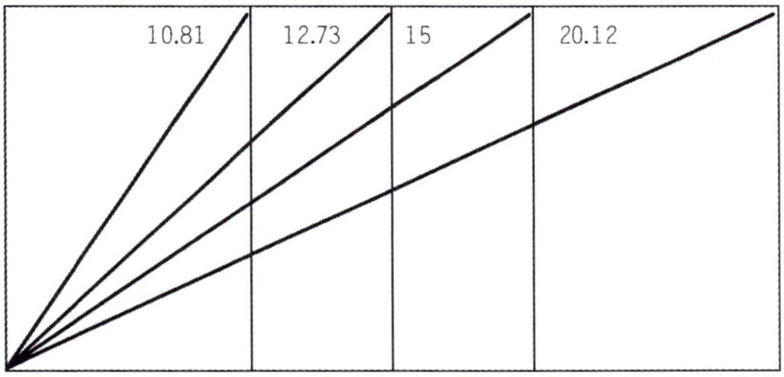

图 10－4　（单位：米）

（五）温度与照明

1. 温　度

最低温度不低于 10 摄氏度（50 华氏度）。国际排联世界性比赛的室内温度，最高不得低于 25 摄氏度（77 华氏度），最低不得低于 16 摄氏度（61 华氏度）。

2. 照　明

国际排联世界性比赛室内照明度在距地面 1 米高度进行测量，应为 1000～1500 勒克斯。

二、球网和网柱

（一）球　网

球网为黑色，长 9.50 米、宽 1 米，架设在中线的中心线的垂直面上。球网上沿缝有 7

厘米宽的双层白帆布袋。用一根柔韧的钢丝从中穿过，将球网固定在网柱上。球网的高度男子为2.43米，女子为2.24米。少年比赛网高男子一般为2.35米，女子为2.15米。一般基层比赛或儿童比赛的网高可根据情况自行而定。球网的高度应从场地中间丈量。场地中间的高度必须符合规定网高，两条边线上空的球网高度必须相等，并不得超过规定网高2厘米。

（二）网　柱

网柱为两根高2.55米的光滑圆柱。最好是能够调节高度，网柱固定在边线外0.5～1米处。禁止使用拉链固定网柱。一切危险设施或障碍物都必须排除。

（三）标志带

标志带是两条宽5厘米、长1米的白色带子，分别系在球网两端，垂直于边线。标志带被认为是球网的一部分。

（四）标志杆

标志杆是两根有韧性的杆子，长1.80米，直径10毫米，由玻璃纤维或类似材料制成，分别设在标志带外沿球网的不同两侧。标志杆高出球网80厘米，高出部分每10厘米应涂有明显对比的颜色，最好为红白相间。标志杆被认为是球网的一部分，并视为过网区的边界。

三、球

比赛用球的颜色可以是一色的浅色或国际排联批准的多色球，圆周65～67厘米，重量为260～280克，气压为0.30～0.325千克/平方厘米。国际排联世界性比赛，各大洲和各国锦标赛、联赛所使用的球必须是国际排联批准的用球。为缩短非比赛时间，正式比赛均采用三球制。为此，在一次比赛中所用的球，其特性包括圆周、重量、气压、牌号及颜色都必须统一。

四、裁判台

裁判台是一个长约80厘米、宽约70厘米，调节范围在1.10～1.20米高度之间，可站立、可坐的升降台。裁判台的前面应制成弧形并包上海绵类的护套，防止运动员受伤。裁判员执行任务时应根据自己身高调节裁判台高度，一般使裁判员的水平视线高出球网上沿50厘米左右为宜。

第二节 排球比赛主要规则

一、主要内容

我国排球竞赛现阶段执行的规则是2013—2016年的国际排联排球竞赛规则及排球竞赛规定的排球竞赛规则的解释，由中国排球协会翻译，经体育总局审定，在全国各级比赛中执行。规则的主要内容包括：比赛的性质、竞赛组织（比赛条件、参加人员、比赛方法）、竞赛规则（比赛行为、比赛间断、延误比赛）、参赛者的行为等。

二、比赛方法

每队击球三次过网（拦网触球除外）。球必须从网上击入对方场区，目的在于使球落在对方场区地面上或使球触及对方队员身体后出界。发球队胜一球得1分，失败则失1分换成对方发球。决胜局亦同，每球得分同时得球权。换发球时，该队队员按照顺时针方向轮转一个位置。比赛采用每球得分制，胜一球即得1分。比赛的前四局以先得25分，并同时超出对方2分的队为一局。当比分为24:24时，比赛继续进行至某队领先2分为胜一局（如26:24，27:25）。决胜局以先得15分，并同时超出对方2分的队获胜。当比分为14:14时，比赛继续进行至某队领先2分为胜一局（如16:14，17:15）。正式比赛采用五局三胜制。最多比赛五局，先胜三局的队胜一场。

三、比赛队的组成

一个队最多有12名成员，另加一名教练员、最多两名助理教练员；1名理疗师和1名医生。国际排联世界和正式成年比赛，记录表中最多可登记14名运动员上场参赛。

比赛队的领导：教练员、助理教练员、队长。队长上场时即担任场上队长，仅有场上队长在死球时可以和裁判员讲话。当队长不在场时，教练员或队长应指定另1名队员担任场上队长。

四、比赛行为及规则

（一）比赛状态

1. 比赛开始

裁判员鸣哨，发球队员击球。

2. 比赛中断

裁判员鸣哨，出现犯规、球落地或触障碍物等。

（二）发　球

1. 定　义

后排队员执行，在发球区内，一只手或手臂击球。

2. 发球次序

按填表顺序，发球队胜一球时由原发球队员发球，接发球队胜一球时获发球权并顺时针轮转发球。

3. 发球区的界定

前沿为端线，发球队员发球时不受位置错误犯规限制，跳发球可在发球区外助跑，但起跳点及击球时必须在发球区内；发球的一刻，场上运动员必须在自己正确的位置上。

4. 发球犯规

击球时，发球次序错误；发球时球未抛起或持球手未撤离；发球队员脚踏及发球区以外区域；发球8秒犯规；发球试图；发球掩护形式，某一队员挥臂，跳跃或左右移动成个人掩护，2名以上队员密集站立成集体掩护，球从个人或集体掩护上空飞过；作用：阻挡对方观察。发球击球后犯规（失误）：球未过网或触及本方队员身体；界外球；发球掩护发球犯规和位置错误同时发生判发球犯规。发球犯规，对方出现位置错误判位置错误犯规。判断位置错误的依据是队员脚着地的部位。（图10－5、图10－6）

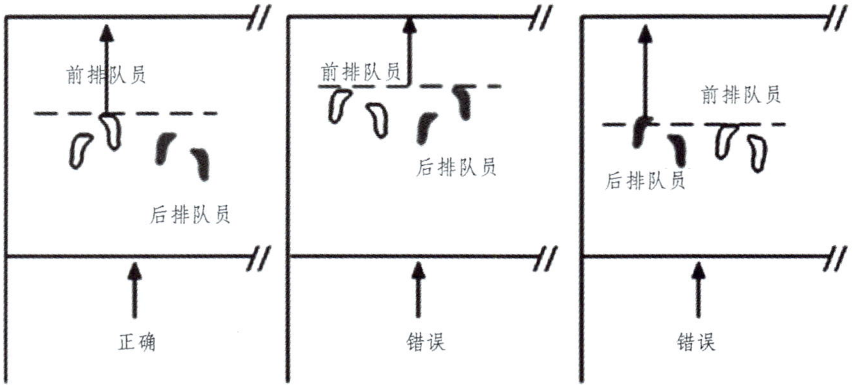

图10－5　同列队员位置关系

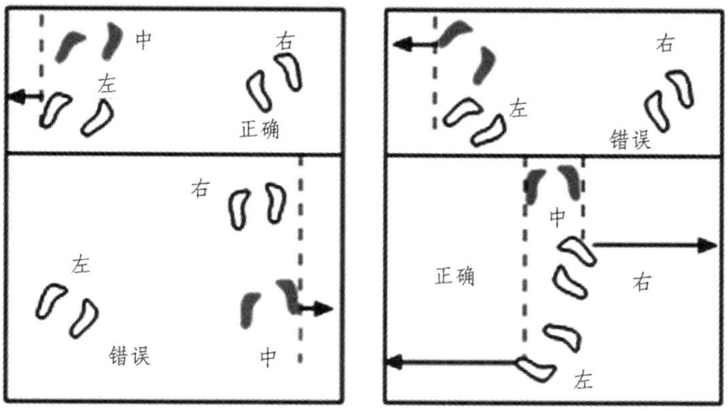

图 10 －6　同排队员位置关系

（三）“自由防守队员”的规定

1. 每支球队有权在记录表上登记的队员名单中指定最多两名特殊防守队员：自由人。国际排联世界和正式成人比赛，如果记录表中队员人数超过 12 人，则名单中必须有 2 名自由人。

2. “自由人”必须穿着与本队其他队员不同颜色的服装。

3. “自由人”可以在比赛中断和裁判员鸣哨发球之前，从进攻线和端线之间的边线处自由进出，他/她可以替换在后排的任何一名队员，不需经过换人过程，也不计在正常换人次数内，其上下次数不限，在其上下两次之间必须经过一次发球比赛过程。

4. “自由人”不得发球、拦网和试图拦网。

5. 作为特殊的后排队员，“自由人”不可在任何的位置上（包括场区和无障碍区）对整个球体高于球网的球完成进攻性击球。

6. 如果“自由人”在本队的前场区（或延长区）运用上手传球，其同伴不允许在高于球网处完成对该球的进攻性击球，但其在其他区的传球无碍。

7. 在一个队已经在记录表上登记了两名自由防守队员的情况下，当其中一名自由防守队员不能参加比赛时，该队有权利只利用一名自由防守队员。除非余下这名自由防守队员不能继续参加比赛，不允许重新制定新的自由防守队员。

（四）比赛中的击球

1. 击球次数每队最多击球三次过网（拦网除外）。第一次击球时，允许身体不同部位同一击球动作连续触球。两名或三名队员可以同时触球并计为两次或三次击球，若只一人触球，则只计为一次击球。

2. 击球的犯规：四次击球（一个队连续击球四次）；借助击球（队员在比赛场地内借助同伴或任何物体的支持进行击球）；持球（球被接住和/或抛出，而不是被弹击出）；连击（一名队员连续击球两次，或球连续触及其身体的不同部位）。

3. 双方队员网上同时击球网上同时触球比赛继续进行，仍可击球三次。球触及标志杆或同时持球，则双方犯规，该球重新进行；同时触球后，球飞向某方场区外侧判为对方击球出界；某方击球三次后又在网上与对方同时触球，则判为四次击球犯规。

（五） 球网附近的球

球必须通过球网上空的过网区进入对方场区。过网区是球网垂直平面的一部分，其范围是：下至球网上沿；两侧至标志杆及其延长线；上至天花板。球的整体或部分从延长空间进入对方无障碍区，可以在下列情况将球击回：队员不得触及对方场区；球被击回时，球的整体或部分必须从同侧延长空间通过，对方队员不得阻碍此击球。

允许球触及球网（除发球以外，球入球网后可再行击球，球击破球网或使网坠落，该球重新进行）。

（六） 球网附近的队员

1. 球网附近的队员越过球网（网上沿允许过网拦网，进攻性击球后允许手对球过网）。

2. 网下穿越允许进入对方空间；队员一只（两只）脚部分越过中线触及对方场区的同时，其余部分接触中线或置于中线上空是允许的；在不干扰比赛的情况下，队员脚以上的身体任何其他部位触及对方场区是允许的；在不干扰比赛的情况下，队员可以穿越进入对方的无障碍区；比赛成死球时允许进入对方场区。

3. 队员在球网附近的犯规

（1）对方进攻性击球前或击球时，在对方空间触及球或对方队员。

（2）从网下穿越进入对方空间并干扰对方比赛。

（3）队员整只脚越过中线进入对方场区。

（4）队员干扰比赛如下列情况（不仅如下）。

击球过程中触及标志杆及标志杆以内球网任何部分，包括：利用球网支撑，稳定身体；通过触网造成不公平的本方优势；妨碍对方进行合法击球的行为；拉网、触网。运动员靠近球或准备击球，不管是否击到球都是击球过程。但是，队员身体触及标志杆以外的球网，不算触网。

（5）触网：击球过程中触及标志杆以内球网部分为犯规。击球过程包括（但不限于）起跳、击球（或试图击球）、落地。

（七） 拦 网

1. 定 义

拦网是队员靠近球网在高于球网处阻挡对方来球的行动，与触球点是否高于球网无关，但触球时必须有身体的一部分高于球网上沿。只有前排队员可以完成拦网。

2. 形 式

拦网试图（未触及球）；完成拦网（触及到球）；集体拦网（两人或三人靠近，其中

一人触球即完成拦网）

3. 状　态

拦网的触球不算作球队三次击球中的一次，拦网触球后该队还可以击球三次，拦网后可以由任何一名队员进行第一次击球，包括拦网时已经触球的队员。

4. 犯　规

过网拦网（对方完成进攻性击球前或同时）；后排队员完成拦网（个人或参加集体拦网）；从标志杆外伸入对方空间拦网；拦对方发球；后排自由防守队员试图进行个人或参加集体拦网；拦网出界（球落对区界外、触及标志杆、触手出界）。

（八）进攻性击球

1. 定　义

直接击向对方的球（发球和拦网除外），球的整体通过球网直面或触及对方队员，则为完成进攻性击球。

2. 进攻性击球的允许

前排队员，任何高度的球；本方场地空间；后排队员，进攻线后任何高度的球，进攻区内（触球时的一部分必须低于网上沿）

3. 犯　规

过网击球；击球出界（或触标志杆）；扣发球（前场区、球整体高于网上沿）；后排队员在前场区完成进攻性击球，并且球的整体高于网上沿。

五、比赛间断和延误比赛

（一）正常的比赛间断

1. 暂　停

每局每队最多两次；每次 30 秒；可连续请求或换人连续请求；队员必须退出比赛场区；记录于记分表上。

2. 技术暂停

用于国际排联世界性比赛和国内大型比赛（全国排球联赛、全国或大型运动会等）

3. 换　人

每局每队最多 6 人次；在换人区内进行，运动员手举换人牌。每次请求可换多人次，并逐一替换；队员上下场次数位置必须合法；教练员不允许进行场外指导；记录在记分表上。

4. 换人请求方法

成死球时，裁判员鸣哨发球前；只有教练员和场上队长有权请求；请求时必须出示法定手势。

5. 局间休息与交换场区局间休息

每次局间休息 3 分钟，从上一局裁判鸣哨比赛结束时开始到下一局裁判员鸣哨发球时止。局间的工作是交换场区和填写位置表。

6. 交换场区

每局比赛结束后；决胜局某队获 8 分时（不休息，按原位置继续比赛）。决胜局没能及时交换场区，应在此错误被发现时立即进行交换，保留交换场区时两队已得比分。

（二） 不符合规定的请求 （换人、 暂停）

1. 内　容

比赛进行中请求；裁判鸣哨发球同时或之后请求；无请求权的人请求；同一队未经比赛过程再次请求换人；超过规定正常间断次数的请求（如第 3 次暂停、第 7 人次换人）

2. 处理方法

首次拒绝不判罚；再次出现，则按延误比赛警告判罚。

（三） 延误比赛

1. 类　型

换人延误时间；拖延暂停时间；请求不合法的替换；同一局中再次提出不符合规定的请求；场上队员拖延比赛。

2. 引起延误的主要原因

暂停、换人、系鞋带、擦地板。

3. 延误判罚

延误比赛的判罚对全场比赛有效。在一场比赛中，对一个队成员的第一次延误比赛，给予“延误警告”。在一场比赛中，同一队的任何成员造成不论任何类型的第二次以及其后的延误比赛，都会被给予“延误判罚”，失 1 分并由对方发球。

（四） 例外的比赛间断

1. 运动员受伤及处理，裁判员应立即中断比赛，该球重打。

2. 出现运动员受伤时，进行正常换人或特殊换人，否则给 3 分钟休息（一队员全场一次）。否则，为阵容不完整。

3. 外因比赛间断（2 小时以内），原场地：保持原比分、原队员、原位置；改换场地：保持该局开始时阵容和位置，该局重新开始，保留已结束的各局比分。

4. 比赛间断 4 小时以上，全场比赛重新开始。

六、参加者的行为及不良行为的判罚

（一） 行为要求

符合体育道德行为：

1. 了解并遵守规则。

2. 服从裁判员的判定，不得影响其判断或掩盖本队犯规行为。

3. 对裁判员判断有疑问时，只能通过场上队长提请解释，不得持续询问，必要时按规则行使场上队长的合法权力。

4. 对工作人员、对方队员、本方队员及观众要尊重、有礼貌。

5. 比赛中，同队场上场下队员可以进行交流（指导、欢呼等）。

6. 比赛队的教练员、替补队员和其他人员应在各自规定的位置上。

7. 比赛中在准备活动区的运动员不能动球。

（二） 不良行为及其判罚

1. 轻微的不良行为：对轻微的不良行为不进行判罚，但裁判员有责任用手势或口头通过场上队长给予警告。这种警告无须记在记分表上。

2. 给予判罚的不良行为：球队成员对裁判员、对方、同伴或观众的不良行为，按程度分为三类，粗鲁行为：违背道德准则或文明举止，或有任何轻蔑的表示；冒犯行为：诽谤或侮辱的言语或形态；侵犯行为：人身攻击、侵犯或威吓行为。

3. 判罚等级：第一裁判员根据不良行为的程度，分别给予判罚。判罚出场或取消比赛资格的判罚，登记在记分表上。

4. 判罚：用于全场比赛中任何成员的粗鲁行为，判对方得分并发球。

5. 判罚出场：任何成员被判罚出场都必须坐在判罚区域内，不得继续参加该局的比赛，没有另外的判处。

6. 某成员第一次出现冒犯行为，判罚出场，无其他判罚；同一成员一场比赛中的第二次粗鲁行为，判罚出场，无其他判罚。

7. 取消比赛资格：任何成员被取消比赛资格必须离开比赛控制区域，不得继续参加该场的比赛，没有另外的判罚；某成员第一次出现侵犯行为：取消比赛资格，无其他判罚；同一成员一场比赛中的第二次冒犯行为，取消比赛资格，无其他判罚；同一成员一场比赛中的第三次粗鲁行为，取消比赛资格，无其他判罚。

8. 判罚的实施：不良行为的判罚是针对个人的对全场比赛有效，记录在记分表上。同一成员在同一场比赛中重犯不良行为时，按判罚等级加一级判罚（该成员接受的判罚要重于前一次）对冒犯行为或侵犯行为的判罚出场或取消比赛资格，无须有先一次的判罚。

（三） 红黄盘的使用

1. 警告：无判罚——第一阶段 口头警告
第二阶段 判罚——黄牌

2. 判罚：判罚——红牌

3. 判罚出场：判罚——红牌 + 黄牌（同持一手）

4. 取消比赛资格：判罚——红牌 + 黄牌（分别持于不同的手）

（四） 判罚程序

1. 第一裁判员在比赛成死球时立即鸣哨。

2. 召呼被罚运动员靠近裁判台。

3. 出示适当的红、黄牌，并用规范语言明示。

4. 第二裁判员指示记录员在记分表上登记。

5. 若判罚等级未按规则执行，则由第二裁判员核实后通知第一裁判员，以便纠正其之前的决定。

6. 场下成员出现不良行为时，第一裁判员应召集队长并完成“3”的程序，同时指示队长通知被罚人员，必须站起来，举手接受这个判罚。

7. 任何成员被判罚出场都必须离开比赛场地（判罚出场），坐在替补席后的判罚区内，不得继续参加该局的比赛，教练员失去指挥权力；

8. 取消比赛资格：该成员必须离开比赛控制区域，不得继续参加该场比赛。

第三节　裁判员的工作分工及职责

一、裁判员的组成

一场比赛的裁判员由以下人员组成，第一裁判员、第二裁判员。记录员、四名（两名）司线员。

二、工作程序

1. 比赛进行中只有第一裁判员和第二裁判员可以鸣哨；

2. 第一裁判员鸣哨发球开始比赛；

3. 第一裁判员和第二裁判员确认：犯规发生并判明其性质，鸣哨中止比赛。在比赛中断期间，他们可以鸣哨表示同意或拒绝某队的请求。裁判员鸣哨中止比赛后，应立即以法定手势表明：如果是第一裁判员鸣哨中止比赛，应指出：应发球的队；犯规的性质；犯规的队员（必要时）。第二裁判员跟随并重复其手势。如果是第二裁判员鸣哨中止比赛，应指出：犯规的性质；犯规的队员（必要时）；跟随第一裁判员员指出发球队。第一裁判员不用出示犯规性质和指出犯规队员，只指出发球队。如果后排队员或后排自由防守队员进攻性击球犯规，两名裁判员都有责任按上述程序做出手势。

4. 如果是双方犯规，他们都要按顺序指出：犯规的性质；犯规的队员（必要时）；应发球的队（随同第一裁判员）。

三、裁判员的工作位置

1. 第一裁判员坐或站在面对记录台球网一端的裁判台上，其视线水平应至少高出球网上沿 50 厘米（有时根据各人习惯还可稍高些），以保证视野的开阔和对网上球观察判断的方便。

2. 第二裁判员在第一裁判员的对面（记录台一侧）、比赛场区外的网柱附近，其活动范围一般在两条进攻线的延长虚线之间。

3. 记录员坐在第二裁判员身后无障碍区外的记录台处。

4. 司线员（两名）：分别站在场区外第一裁判员右侧近端角和左侧远端角上，距场角 1 ~2 米；四名司线员时，则各自站在自己负责的那条线的延长线上，距场角 1 ~3 米。

四、裁判员的临场工作要求

裁判员的仪表与气质是执法官应有的形象，是一种成熟与信心的表现；对规则知识与基本概念的掌握是准确判断的基础；对击球的判断贯穿比赛始终，其准确性与一致性是公正的核心；裁判员的组织能力及其表现是使整场比赛顺利进行必备的条件。

五、裁判员的职责

（一）第一裁判员

他是整场比赛的组织者、领导者、管理和行使权力者（对裁判人员和比赛队成员）。具体职责权力有：

1. 比赛的最终判定权。
2. 对错误判断的改判权。
3. 对不称职裁判员的撤换权。
4. 对规则及其执行等问题的解释与处理权（包括规则中未规定的问题）。
5. 判罚权（对不良行为和延误比赛）。
6. 允许场上队长提出符合规则规定的抗议声明。
7. 对裁判辅助人员工作的管理（包括捡球员和擦地员）。

（二）第二裁判员

是第一裁判员的助手，有责任协助第一裁判员组织好比赛。但他还有自己的职权范围：

1. 需要时，代替第一裁判员工作。
2. 掌管记录员工作。
3. 监督替补席和准备活动区运动队成员的行为。
4. 允许并掌握暂停和换人的进行及次数（暂停时要求运动员离开比赛场区；换人时要求在换人区内进行，同时不允许教练员进行场外指导；将第 2 次暂停和第 5、6 人次换人告之第一裁判员和有关教练员）。

5. 人员与比赛条件的管理（捡球员、擦地员；比赛球的检查；比赛场地地面情况的检查）。

6. 向教练员索取填写好的位置表，并在开局时核对上场队员位置。

7. 发现延误比赛和不良行为及时向第一裁判员报告。

8. 比赛中第二裁判员对以下犯规作出判断，鸣哨并做出手势：网下穿越进入对方场区和空间；接发球队位置错误；队员触及球网下部和第二裁判员一侧的标志杆；后排队员完成拦网和后排自由防守队员试图拦网犯规，后排队员或后排自由防守队员进攻性击球犯规；球触及场外物体；第一裁判员难以观察时，球触及地面；球的整体或部分从过网区以外过网，飞入对方场区，或触及其一侧的标志杆。

9. 可以用手势向第一裁判员示意自己职权以外的犯规，但不能鸣哨，也不能对第一裁判员坚持自己的判断。

（三） 记录员

根据规则填写记录表并与第二裁判员进行核实。

1. 在比赛前和局前：登记比赛队队员名单及有关比赛情况，并取得双方队长和教练员签字；分发位置表；核对并登记各队位置表上场阵容。

2. 在比赛中：记录得分，监督司线员工作；掌握各队发球轮次；掌握各队暂停和换人次数，并通知第二裁判员（主要是在第 2 次暂停和第 5、6 人次换人时）；

对不符合规定的请求和不合法的请求，要及时通知裁判员（主要是换人和暂停的请求）；区别准确登记不良行为和延误比赛的“警告”与“判罚”；每局结束和决胜局 8 分时，向裁判员宣布；死球时允许教练员或队长询问暂停和换人次数。

3. 比赛结束时：登记最终结果；本人在记录表上签字；请双方队长和裁判员签字；记录或允许队长将有关抗议问题写在记录表上（指符合规则规定并事先向第一裁判员声明过的）。

（四） 司线员

主要责任是用旗（40 × 40 厘米）按规定的旗示执行其职责：球落“界内”或“界外”；球触及队员身体出界；球触标志杆或从过网区以外过网；发球队员脚的犯规。

第四节　裁判员的哨音及手势

裁判员在比赛中自始至终都是以鸣哨和手势来进行裁判工作的。裁判员对比赛中出现的各种情况做出判定后，应立即鸣哨，然后必须以法定的手势展示给运动员、记录员和观众等。

一、哨　音

鸣哨要坚决、果断、及时、响亮，鸣哨可根据场上每个球的具体情况，有长有短、抑扬顿挫。避免第一、第二裁判员之间的重复鸣哨。

二、手　势

（一）手势要准确、及时、规范、清楚、大方。
（二）裁判员手势及司线员旗示图（见表 10－2）

表 10－2　裁判员手势及司线员旗示图

名称	图示	动作姿势	出示手势者	表示的性质
持球		屈肘慢举前臂，掌心向上	第一裁判员	持球
判罚		手持黄牌（或红牌）举起	第一裁判员	不良行为的判罚（包括判罚和判罚出场）
触网		一手触犯规队一侧的球网	第一裁判员 第二裁判员	队员触网或发球没有过网
过中线	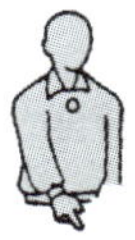	一手指向中线	第一裁判员 第二裁判员	进入对方场区或球从网下通过
触手出界		犯规队一侧的手臂屈肘上举，另一手摩擦其手指尖。	第一裁判员 第二裁判员	球触手后出界
允许发球	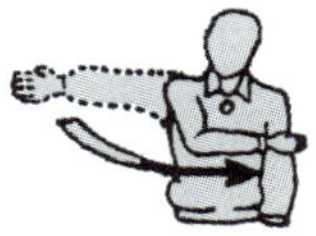	手指发球队方向，手臂向对方摆动超过球网垂直面	第一裁判员	允许发球
发球队		平举与发球队同侧的手臂	第一裁判员 第二裁判员	发球队（同时表示该队得分）

续表

名称	图示	动作姿势	出示手势者	表示的性质
球未抛起		手臂慢慢举起，掌心向上	第一裁判员	发球时球未抛起
发球延误		举起八个手指并分开，掌心向前	第一裁判员	发球延误
过网击球		手置于球网上空，掌心向下	第一裁判员	过网击球
换人		两臂屈肘在胸前绕环	第二裁判员 第一裁判员	换人
交换场区		两臂屈肘，在身体前后绕旋	第一裁判员	每局比赛结束后，两队交换场区（决胜局重新抽签）；决胜局某队先到 8 分时，双方交换场区
界内球		手臂和手指向地面	第一裁判员	界内球
界外球		两臂屈肘上举约与肩同宽，前臂垂直地面或稍向后，掌心向身体	第一裁判员	界外球
进攻性击球犯规	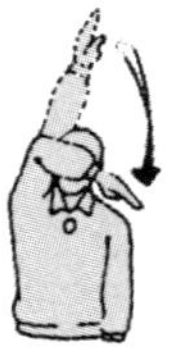	犯规队一侧的手臂上举，前臂向下摆动	第一裁判员 第二裁判员	后排进攻违例 第二裁判员一侧的违例可由二裁判出手势
拦网犯规		两臂上举，掌心向前	第一裁判员	发球掩护或拦网犯规

续表

名称	图示	动作姿势	出示手势者	表示的性质
连击		举起两个手指并分开，掌心向前	第一裁判员	连击
取消比赛资格		一手持黄牌和红牌举起	第一裁判员	取消比赛资格
重新发球		两臂屈肘，竖起拇指。	第一裁判员	双方队员同时犯规
四次		举起四个手指并分开，掌心向前	第一裁判员	四次击球
位置错误		手指在体前水平绕环	第一裁判员 第二裁判员	位置或轮转错误
延误判罚		两臂屈肘举起，一手持黄牌指向另一只手手腕。	第一裁判员	延误比赛
比赛结束		两臂在胸前交叉，手伸开，掌心向内	第一裁判员	一局（场）比赛结束
暂停		请求暂停队的同侧臂屈肘抬起，手指向上；另一手掌放在该手指尖上，然后指明提出请求的队	第二裁判员 第一裁判员	请求暂停
界内		向下示旗	司线员	界内球

续表

名称	图示	动作姿势	出示手势者	表示的性质
界外		向上示旗	司线员	界外球
触手出界		一手举旗，另一手置于旗顶	司线员	触手出界
球触标志杆或发球踩线		一手举旗晃动，另一手指相关线或标志杆等	司线员	发球时脚的犯规或球通过球网时的犯规、球触及场外物体的犯规等
无法判断		两臂胸前交叉	司线员	无法判断（表示自己无法看清）

本章思考题

1. 排球场的长、宽是多少？比赛用球的规格是多少（周长、气压、重量）？男、女成年组的网高分别是多少？

2. 正常的比赛间断有什么？每局各有多少次？

3. 队员在球网附近的犯规有哪些？

4. 不符合规定的请求有哪些？

5. 第二裁判在比赛中应对哪些犯规做出判断，并要鸣哨做出手势？

参考文献

[1]中国排球协会．排球竞赛规则 2013—2016[M]．北京:人民体育出版社,2013.

[2]高子琦．排球裁判法图解[M]．北京:北京体育大学出版社,2002.

[3]全国体育院校教材委员会《排球》教材编写组．排球运动[M]．北京:人民体育出版社,1999.

[4 刘江．排球裁判员手册[M]．北京:北京体育大学出版社,2014.

附件 1

二级室内排球裁判自测题

一、填空（每空 1 分，共 30 分）

1. 排球网的颜色为________，其长度为________米，宽度为________米。排球网柱距离边线为________米，排球柱的高度________米。

2. 网的高度应从网的________丈量，球网两端的高度必须________。

3. 国际排球比赛场地长________米，宽________米。界线宽________，边线距离无障碍区至少________米，端线距离无障碍区至少________米。

4. 队员上衣号码序列为________号，号码必须在身前和身后的________位置，身前号码至少高________厘米，身后号码至少高________厘米，笔画宽度至少________厘米。

5. 国际排联世界性比赛时，在每条进攻线两端各画 5 段长________厘米，间隔________厘米的虚线，虚线总长________米。

6. 某队进行了不合法的换人，并进入比赛，应如下步骤处理：

（1）________________；（2）________________；（3）________________。

7. 在第一次击球时允许身体不同部位在一个动作中连续触球。第一次击球的情况有：

____________、____________、____________、____________。

8. 比赛中，只有第一裁判员有权对____________和____________进行判罚。

9. 在一场比赛中，某队请求第三次暂停应给予____________；如该场中该队又重犯应给予________________。

二、判断（正确的划“+”，错误的划“—”，每空 2 分，共 30 分）

1. 某队教练员请求换人，并示意换两人，但此时只有一名队员到达换人区准备替换，应判该队延误比赛。

2. 后排队员在球网附近与同队前排队员完成集体拦网，虽该后排队员没有触及到球，也应判为后排队员拦网犯规。

3. 后排自由防守队员不允许在前排完成进攻性击球，在后排是可以的。

4. 第三次击球明显不过网，第一裁判员不应立即鸣哨，待球落地时，再鸣哨成死球。

5. 第二裁判员发现某队后排自由防守队员试图拦网时，应立即鸣哨判其犯规。

6. 第二裁判员发现靠他一侧的后排运动员跳起扣球时踏在进攻线上，他可以立即鸣哨，判后排运动员进攻性击球犯规。

7. 第一裁判员鸣哨允许发球后，第二裁判员又鸣哨同意某队教练员的暂停请求，一裁应允许。

8. 比赛成死球时，甲队请求暂停后请求换人，乙队亦请求换人，之后甲再次请求换人，裁判员应加以拒绝。

9. 球网上沿及两根标志杆构成过网区。

10. 甲方击球，球的整体从第二裁判员一端标志杆上空飞入乙方场区或无障碍区以外时，第二裁判员应立即鸣哨，并出示界外手势。

11. 比赛进行中，替补队员在准备区内任意活动。

12. 场上队长有权请示裁判核对本队场上队员的位置也有权核对对方场上队员的位置。

13. 某队教练在比赛正式开始前，发现自己交给记录员的位置表填写有错误，裁判员允许其进行一次更改，不予判罚。

14. 拦网时球触及队员后又顺势下落触及其头、肩应视为拦网后的第一次击球，该队员落地后，再用手击球应判为连击。

15. 甲方第三次击球后，球飞到球网垂直上空时，甲乙双方队员在网上构成同时拦网，第一裁判判甲方队员第四次击球犯规。

三、问答题（每题 10 分，共 40 分）

1. 比赛用球的规格是多少（周长、气压、重量）？男、女成年组的网高分别是多少？

2. 第二裁判员可以对哪些犯规做出判断，鸣哨并做出手势？

3. “持球”和“连击”的定义是什么？

4. 什么是触网犯规？

附件 2

一级室内排球裁判自测题

一、填空（每空 1 分，共 30 分）

1. 国际排联世界性比赛时，在每条进攻线两端各画________段长________厘米，间隔________厘米的虚线，虚线总长________米。

2. 判罚区位于控制区域内________的延长线后，距离球队席至少________米。其长宽各为________米，线宽________厘米，为________色。

3. 球网为黑色，宽________米，长________米，球网上沿的全长缝有________厘米宽的双层帆布带。

4. 每场比赛开始前以及进行决胜局比赛前，都应由第一裁判员主持抽签，抽签的获胜方可选择：________或________，或________。

5. 判罚轮转次序错误的程序是________，________如果错误一方已得分则________。

6. 第二裁判员对以下犯规作出判断，鸣哨并做出手势。

（1）______________________________，
（2）______________________________，
（3）______________________________，
（4）______________________________，
（5）______________________________，
（6）______________________________，
（7）______________________________，

7. 裁判员鸣哨发球的需具备的三个条件为，（1）____________；
（2）____________；（3）____________。

8. 竞技比赛中优秀裁判员的立足点是：（1）________________；
（2）________________。

二、判断题（每题 2 分，共 30 分）

1. 国际排联世界性成年人比赛，队员不允许穿黑色鞋底的球鞋。

2. 比赛中判断场上队员位置错误的依据是队员在场上脚的着地位置。

3. 某队第二次击球时，在前场区高于球网处，后排队员与同队前排队员同时击球，将球击过球网，裁判判其犯规。

4. A 队拦网，球被拦起，B 队拦网队员过网将此球拦死。裁判判 B 队犯规。

5. 比赛中球触及二裁一侧的标志杆，二裁不仅要做出手势，而且要立即鸣哨。

6. 某队助理教练在比赛中请求换人，裁判员应拒绝，并判“延误比赛”。

7. 拦网时，球连续触及拦网队员的手、头、肩，应视为拦网的一次击球，该队员落地后，再用身体其他部位触及球，应被认为合法的一次击球。

8. 一裁鸣哨后，甲队发球次序错误，应判该队纠正错误后重新发球。

9. 某队员发球时，同队另一名队员脚踏出场区外，司线员出旗示意其犯规。

10. 某队换人延误时间，应判该队延误比赛，判罚后允许该队立即进行替换。

11. 发现队员受伤，应由第一次裁判鸣哨中断比赛，并可以允许该队员在场上最多休息三分钟，继续比赛。

12. 第三次击球明显不过网，第一裁判员应立即鸣哨成死球。

13. 后排队员在球网附近与同队前排队员完成集体拦网，虽该后排队员没有触及到球，也应判为后排队员拦网犯规。

14. 赛前和局间的不良行为，都应按规则的判罚等级进行判罚记录在下一局中。

15. 球触二裁左手一侧场区的防守队员手后从底线出界，应由 4 号司线员做出打手出界旗示。

三、问答题：(共 40 分)

1. 裁判员要具备的素质是什么？(6 分)

2. 延误比赛的类型有哪些？(5 分)

3. 简述规则中有关“网下穿越犯规”的内容（8 分）

4. 拦网的概念是什么？拦网犯规都有哪些？(10 分)

5. 完整填写该记分表“比赛结果”一栏：(11 分，每空 0.25 分)

(1) 开始时间：15:00，队名：A（中国），B（美国）

(2) 规定内容：比分、总分、比局、胜/负 、总时间、总暂停－换人

A 队：				B 队：			
SET	P	T	S	P	T	S	TIME
1	25	1	5	23	2	2	21′
2	25	2	4	21	2	6	20′
3	28	2	2	26	2	1	23′

RESULTS								
Team			A		B			Team
T	S	W	P (Points)	SET (Duration)	P (Points)	W	S	T
				1 ( )				
				2 ( )				
				3 ( )				
				4 ( )				
				5 ( )				
				Total Set Duration (mn)				
Match Starting Time .. h .. mn				Match Ending Time .. h .. mn	Total Match Duration .. h .. mn			
WINNER					3 :			

四、翻译－附加题：（每个1分，共10分）

英译汉	汉译英
1. Scoresheet	6. 教练员
2. Substitutes	7. 警告
3. Match	8. 暂停
4. Official	9. 裁判
5. Results	10. 队长

二级室内排球裁判自测题答案

一、填空：1. 黑色，9.5，1，1.5—2，2.55；2. 场地中间，相等并不超过规定 2 厘米，3.18，9，5 厘米，5，8；4. 1—18 号，中间，15，20，2；5. 15，20，1.75；6. 判该队失一球，对不合法的换人给予纠正，取消该队因此错误的得分；7. 接发球，接进攻性击球，接被拦回的球，接触及本方拦网队员身体后的球；8. 延误比赛，不良行为；9. 拒绝、延误警告或延误判罚（该队该场比赛已经有过延误警告时）。

二、判断：1. －、2. ＋、3. －、4. ＋、5. ＋、6. ＋、7. －、8. ＋、9. －、10. ＋、11. －、12. ＋、13. －、14. －、15. ＋

三、问答：

1. 比赛用球周长 65 ~ 67 厘米，重量 260 ~ 280 克，气压 0.3 ~ 0.325 千克/平方厘米；成年男子网高 2.43 米，成年女子网高 2.24 米。

2. 网下穿越进入对方场区和空间；接发球队位置错误；队员触及球网及第二裁判一侧的标志杆；后排队员完成拦网和后排自由防守队员试图拦网犯规，后排队员或后排自由防守队员进攻性击球犯规；球触及场外物体；第一裁判难以观察时，球触及地面；球的整体或部分从过网区以外过网，飞入对方场区，或触及他一侧的标志杆。

3. 持球：球被接住和/或抛出，而不是被弹击出；连击：一名队员连续击球两次，或球连续触及身体的不同部位。

4. 触网：击球过程中触及标志杆以内球网部分为犯规。击球过程包括（但不限于）起跳、击球（或试图击球）、落地。

室内一级裁判自测题答案

一、填空：1. 5，15，20，1.75；2. 各端线，1.5，1，5，红；3. 1，9.5—10，7；4. 发球、接发球、场地；5. 该队失一球，纠正轮转次序，取消该队自错误后的所有得分；6.（1）网下穿越进入对方场区和空间，（2）接发球位置错误，（3）队员触及球网上端和近端标志杆，（4）后排队员完成拦网或后排自由防守队员试图拦网犯规，后排队员和后排自由防守队员进攻性击球犯规。（5）球触及场外物体，（6）球触及地面（一裁难以看到），（7）球的整体或部分从二裁一侧过网区以外，飞入对方场区或触及该侧标志杆；7. 发球队员进入发球区，发球队员已持球在手，双方队员做好比赛准备；8. 对所有参赛者的公平一致，被观众认可的公平一致。

二、判断：1. ＋、2. ＋、3. ＋、4. ＋、5. ＋、6. －、7. ＋、8. －、9. ＋、10. －、11.

+、12. -、13. +、14. +、15. -。

三、问答：1.（1）判断准确。（2）了解规则精神。（3）有效的组织能力。（4）把握比赛流畅进行。（5）行使教育功能。（6）让观众融入比赛，参与互动，让运动员最好的发挥水平，欢娱大众，促进排球运动的发展。

2.（1）延误换人时间。（2）裁判鸣哨后，拖延暂停时间。（3）请求不合法换人。（4）再次请求不符合规定的请求。（5）拖延比赛的继续进行。

3.（1）在不干扰对方比赛的情况下，允许队员在网下穿越进入对方空间；（2）穿越中线进入对方场区；（3）队员的一只（两只）脚部分越过中线触及对方及对方场区的同时，其余部分接触中线或置于中线上空时允许的；（4）队员脚以上的身体任何其他部位，触及对方场区是允许的，但不得干扰对方比赛；（5）比赛成死球后队员可以进入对方场区；（6）在不干扰对方比赛的情况下，队员可以穿越进入对方的无障碍区。

4. 拦网是队员靠近球网在高于球网处阻挡对方来球的行动，与触球点是否高于球网无关，但触球时必须有身体的一部分高于球网上沿。只有前排队员可以完成拦网。

过网拦网；后排队员完成拦网；从标志杆外伸人对方空间拦网；拦对方发球；后排自由防守队员试图进行个人或参加集体拦网；拦网出界。

5. C

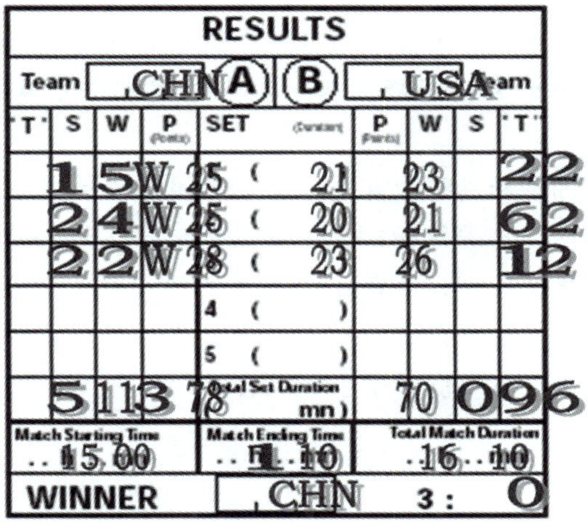

RESULTS

Team CHN (A)					(B) USA Team			
T	S	W	P	SET (Duration)	P	W	S	T
1	5	W	25	1 (21)	23			22
2	4	W	25	2 (20)	21			62
2	2	W	28	3 (23)	26			12
				4 (　)				
				5 (　)				
5	11	3	78	Total Set Duration (mn)	70	0	9	6

Match Starting Time	Match Ending Time	Total Match Duration
15.00	1.10	16.10

WINNER CHN 3 : 0

四、附加翻译题

1. 计分表；2. 换人；3. 比赛；4. 官员；5. 结果；6. Coach；7. Warning；8. Time out；9. Referee；10. Captain

第十一章　排球竞赛

本章概要

本章内容涉及排球竞赛的组织方法、竞赛编排与成绩计算以及竞赛科技信息服务系统等内容。通过理论讲解与实际案例包括世界重大排球竞赛赛制介绍等方面的阐释，帮助学生掌握排球竞赛基本的组织方式和工作流程。

竞赛编排和成绩计算是本章的难点，在基本理论和公式阐述后，均配有实例的图、表进行补充说明，以帮助学生进一步加深理解；排球竞赛科技信息服务这一部分内容是本章的创新点，也是第一次在正式出版的教材中出现，仅作简单介绍，旨在向读者展示科技手段对排球竞赛带来的影响和推动作用，希望能对学生有所启发。

第一节 排球竞赛概述

一、排球竞赛概念

“排球比赛是两队运动员在由球网分开的场地上进行比赛的集体项目；比赛的目的是对抗的两队遵照规则将球击过球网，使其落在对方场区的地面上，而防止球落在本方场区的地面上。

比赛由发球开始，发球队员击球使球从网上飞至对区。比赛由此连续进行，直至球落地、出界或某一队不能合法将球击回。”①

以上是国际排球联合会（简称国际排联，即 FIVB）修订的《排球竞赛规则（2009—2012）》中对排球比赛描述的部分内容。

二、排球竞赛组成要素

排球竞赛主要由以下几个要素组成。

（一）参赛者，即双方运动员；

（二）比赛场所，即由球网分开的场地；

（三）比赛目的，即通过对抗而得分；

（四）比赛限制条件，即遵照规则进行比赛。

第二节 竞赛组织工作

一、竞赛前的准备工作

（一）成立组织机构

即成立组织委员会（竞赛委员会），根据竞赛的组织方案确定其规模与形式。大型正式排球比赛的组织机构如图 11－1。

① 国际排球联合会．排球竞赛规则［M］．北京：人民体育出版社，2009：1.

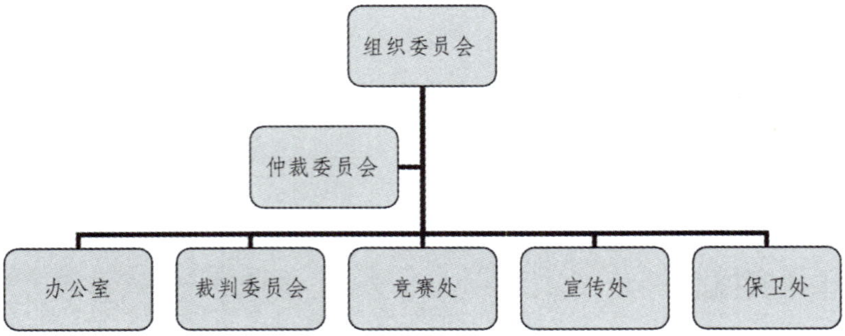

图 11－1　排球比赛组织结构图

采用主客场制组织比赛时，应成立两个层次的组织领导机构。联赛组织委员会可包括竞赛部、新闻部、技术监察委员会和纪律委员会。赛区组织委员会可包括办公室、竞赛组、接待组、安保组、新闻组和财务组。

（二） 制定竞赛相关文件

1. 竞赛规程

竞赛规程是竞赛组织者和参加者的指导性文件，是竞赛工作进行及报名参赛的依据，在竞赛前由主办单位根据竞赛的目的任务制定，并提前发放给有关单位，以便做好赛前的准备。竞赛规程是竞赛工作的依据，有关竞赛的各项规定、要求和办法必须明确写入规程。

竞赛规程主要包括：竞赛名称、竞赛日期和地点、参加单位及资格、竞赛办法、录取名次和奖励办法、报名和报到日期地点、裁判员和仲裁委员会选派方法及注意事项等（本章后附竞赛规程示例）。

2. 适用的规则裁判法

明确本次（届）比赛所采用的规则版本，并就一些重点问题进行详细阐述，形成正式书面文件后分别在技术会议以及赛前裁判培训会议上进行讲解。

3. 工作计划

各处（组）根据职责范围，分头制定工作计划，经组委会审定后，按期落实，并定期检查工作情况。各处（组）间，既要分工明确，又要协调配合。

4. 竞赛秩序册

竞赛处（组）根据竞赛规程规定和报名队的具体情况编排比赛日程，编印竞赛秩序册。竞赛秩序册应包括以下内容：

竞赛组委会主要部门联系人及联系方式；

竞赛管理委员会及其所属的裁判委员会、仲裁委员会成员名单；

各参赛队人员名单，包括领队、主教练、助理教练、队医以及所有的运动员及其号码，队长和自由人需特别标明；

训练日程，即参赛队在赛前和赛中进行单独训练的安排，要做到每一支参赛队在不同场地、不同时间进行训练的机会尽量均等；

比赛日程，包括比赛轮次、日期、组别、时间、场地、参赛队和服装颜色等信息。

（三） 准备工作的组织流程

1. 制定竞赛规程和报名单；
2. 制定经费预算，经过审批，下拨经费；
3. 借用维修比赛场地、器材，借调有关人员；
4. 向当地党政部门领导汇报准备工作情况，组织大会组委会；
5. 接受报名单，审定报名资格；
6. 决定竞赛日程安排；
7. 联系食宿、交通工具；
8. 聘请裁判员、进行裁判员培训；
9. 编制秩序册；
10. 召开新闻发布会及各种社会宣传；
11. 接待运动员报到、安排住宿、用餐、练习场地时间安排；
12. 召开组委会或竞委会首次会议。

二、竞赛期间的工作

竞赛期间的工作按时间节点可以划分为开幕式、比赛和闭幕式三个阶段。

（一） 开幕式

排球比赛应十分重视开幕式和闭幕式的礼仪，尽可能邀请有声望的贵宾参加，以扩大比赛的影响，这不仅可以提高体育比赛的尊严，增强体育在社会生活中的地位，还可以对运动员产生良好的心理影响，使他们感到在一个具有很高伦理水平的环境里参加比赛。因此，开幕式既要开得热烈隆重、庄严而主题明确，又要注意节俭，不铺张浪费。

开幕式的程序可根据比赛的特点和特定的环境自行拟定，一般可包括以下几个步骤：

1. 主持人宣传大会开始；
2. 介绍出席大会的主要领导和贵宾；
3. 裁判员、运动员入场；
4. 升国旗、奏国歌；
5. 领导致开幕词；
6. 裁判员代表宣誓；
7. 运动员代表宣誓；
8. 裁判员、运动员退场；
9. 文体表演开始。

开幕式既要气氛热烈，又要紧凑精练，讲话要简短精练，各种表演也不宜冗长，以免使运动员消耗过多体力。

（二）比赛阶段

这是比赛的主要阶段，各职能部的工作班子要全面进入工作状态，特别是竞赛组的工作极其繁重，其他各组要协调配合，以竞赛为中心，服从并服务于竞赛工作，防止比赛出现脱节、漏洞和差错。比赛主要组织管理人员要严格掌握比赛进度，注意协调各方面的工作，遇到问题及时召集碰头会、办公会或组委会会议。在比赛期间的组织管理上，要以果断、及时、准确为原则，对有些问题要严格保密，防止事态扩大。一般在比赛的第一天、赛程过半和决赛即将结束的当天均要召开有关会议，听取汇报，开幕式和闭幕式前均需召开一次领队会，部署有关工作。

（三）闭幕式

它是将比赛推向高潮的重要仪式，常常和颁奖仪式结合进行，其一般程序是：

1. 运动队入场；
2. 裁判长宣布比赛成绩；
3. 颁奖；
4. 领导致闭幕词；
5. 演出（或其他欢庆形式）。

三、竞赛结束后的工作

1. 核算比赛成绩、排出名次（闭幕式前）；
2. 印发成绩册；
3. 办理各队离开赛区的各种手续；
4. 归还借用的物资和体育器材；
5. 财务决结算；
6. 申报等级运动员；
7. 工作总结，

第三节　竞赛制度、编排与成绩计算方法

竞赛制度是参赛的各队之间如何进行比赛的方法。竞赛制度的选择是根据比赛的目的任务、竞赛的时间长短、参赛队伍的多少及场地设备等情况来决定。排球比赛常采用的竞赛制度有循环制、淘汰制、混合制以及佩奇制。

一、循环制

循环制是参赛的各队，在整个竞赛或同一小组中彼此都有相遇的机会。这种方法能较合理地确定参赛队的名次，也使各队有较全面的相互交流和学习的机会。循环制又分为单循环、双循环和分组循环三种。

（一）单循环

单循环是各参赛队在整个竞赛中彼此相遇一次，一般是在参赛队不多、比赛时间充足的情况下采用。

1. 比赛的轮次数和场数的计算

（1）比赛轮数：在循环赛中，各队都参加完一场比赛即为完成一轮。

比赛轮数 = 比赛队数（参赛队为单数时）

比赛轮数 = 比赛队数 - 1（参赛队为双数时）

例如，8 支球队参赛的比赛为（8 - 1） =7 轮

（2）比赛场数：即循环比赛中，所有比赛场次数的总和。

单循环比赛的场数可用以下公式进行计算：

比赛场数 = 队数 ×（队数 - 1）/2

例如，8 支球队参赛的比赛场数为 8 ×（8 - 1）/2 =28 场

2. 编排方法

1985 年以后，国际上普遍采用贝格尔编排法。目前，国际、国内各级循环制的排球比赛大都采用此方法进行编排。

用贝格尔编排法编排时，如果参赛队为双数，先将参赛队数分为一半（参赛队为单数时，最后以“0”表示以形成双数），前一半由 1 号开始，自上而下写在左边；后一半的号数自下而上写在右边，然后用横线把相对应的号数连接起来，这就是第一轮的比赛对阵。

第二轮将第一轮右上角的编号“0”（或最大的一个代号数）移到左上角，然后把右下角的号数按逆时针方向跳进到第一排与“0”（或最大的一个代号数）同排，其余号数按原顺序依据逆时针方向从左边一列第二排写入相应位置，最后将同排的两个号数用横线连起来；

第三轮将“0”（或最大的一个代号数）移到右上角，上一轮中右下角的号数写到第一排左边，其余号数按原顺序依据逆时针方向从左边一列第二排写入相应位置，最后将同排的两个号数用横线连起来。以后各轮次以此类推。

以上方法可以总结为三句话，即“大数左右摆，右下角号数提上来，其余号数跟上来”。

表 11－1　七支球队参赛的单循环编排示例

第一轮	第二轮	第三轮	第四轮	第五轮	第六轮	第七轮
1—0	0—5	2—0	0—6	3—0	0—7	4—0
2—7	6—4	3—1	7—5	4—2	1—6	5—3
3—6	7—3	4—7	1—4	5—1	2—5	6—2
4—5	1—2	5—6	2—3	6—7	3—4	7—1

3. 比赛日程表

完成运动队代号的编排后，将代号换成相应的队名，按场次顺序相应安排每场比赛的日期、时间和场地等相关信息，完成最终的比赛日程表（表 11－2）。

表 11－2　北京体育大学 2012—2013 年度校排球联赛

比赛日程表（部分）

日期	轮次	场序	时间	组别	服装颜色	比赛队	服装颜色	场地
5.28	一	1	8：00	男	深	竞技体院（1）队——研究生院（2）队	浅	1
星期一		2	10：00	男	深	教育学院（3）队——竞技体院（3）队	浅	2
		3	10：00	女	深	竞技体院（2）队——教育学院（女）队	浅	1
		4	14：00	男	深	教育学院（1）队——教育学院（2）队	浅	2
		5	15：50	男	深	竞技体院（2）队——研究生院（1）队	浅	2
		6	19：50	女	深	竞技体院（1）队——研究生院（女）队	浅	1
5.29	二	7	8：00	男	深	研究生院（2）队——研究生院（1）队	浅	1
星期二		8	8：00	男	深	教育学院（2）队——竞技体院（2）队	浅	2
		9	10：00	男	深	竞技体院（3）队——教育学院（1）队	浅	1
		10	10：00	男	深	竞技体院（1）队——教育学院（3）队	浅	2
		11	14：00	女	深	研究生院（女）队——教育学院（女）队	浅	2
		12	15：50	女	深	竞技体院（1）队——竞技体院（2）队	浅	1
⋮	⋮	⋮	⋮		⋮	⋮	⋮	⋮

编排比赛日程时还需要注意以下几点。

（1）尽量使各队在不同场地比赛的次数、不同时间段比赛的次数、两次比赛之间间隔时间等有可能影响比赛的因素和机会方面均等；

（2）为了吸引观众和有利于排球运动的传播，组委会可以或应主队的要求调整几场比赛或一轮比赛的时间。诸如在奥运会等世界大型比赛中，为吸引主场观众和利于电视直播，一般将有主队参加的比赛调整至当天的“最佳”时间段，或将赛程中的某两个轮次时间互换。

4. 比赛的成绩计算及名次决定方法

（1）每队胜一场得2分，负一场得1分，弃权得0分，最终积分高者名次列前；

（2）如遇两队或两队以上积分相等，则采用下列方法决定名次：

X（总得分数）/Y（总失分数）=Z

Z值高者名次列前；若Z值相等，则采用下列方法决定名次：

A（胜局总数）/B（负局总数）=C

C值高者名次列前；

若两个队C值仍相等，应按他们之间比赛的胜负来决定名次。

5. 比赛成绩表

在比赛开始前，应准备空白的比赛成绩表，将队名按序号分别填写在第一横排和第一竖列中，每完成一场比赛，将比赛结果填入相应空格中；所有比赛结束后，计算每一支参赛队的积分，积分相等的计算Z值或C值，直至排出最终名次，并将以上信息填入相应空格中，完成比赛成绩表（表11－3）。

表11－3　北京体育大学2012—2013年度校排球联赛成绩表（女子组）

队名	竞技体育学院女队(2)	竞技体育学院女队(1)	教育学院女队	研究生院女队	积分	小分						名次
						总得分X	总失分Y	Z值	总胜局A	总负局B	C值	
竞技体育学院女队（2）	＼	3：1	3：0	3：0	6							1
		2	2	2								
竞技体育学院女队（1）	1：3	＼	3：0	2：3	4	265	259	1.02				2
	1		2	1								
教育学院女队	0：3	0：3	＼	3：0	4	195	206	0.95				3
	1	1		2								
研究生院女队	0：3	3：2	0：3	＼	4	207	256	0.78				4
	1	2	1									

（二）双循环

双循环是各参赛队相遇两次的比赛方法，一般在参赛队较少，为了增加各队相互学习和锻炼机会时采用。它比单循环比赛总场数增加一倍。双循环比赛秩序的编排与单循环相同，比赛成绩表的格式也与单循环相同，只是将记录成绩栏一分为二，上部分记第一循环成绩，下部分记第二循环成绩。通常是赛完第一循环后，再赛第二循环，最后计算总分。

（三）分组循环

参加比赛的队较多而竞赛时间较短时，为了比较合理地确定各队名次，可采用分组循环的比赛方法。把参赛的队平均分成若干个小组，先在各小组内进行单循环比赛。然后根据需要和实际情况，将各组的优胜队或同名次队再进行一次单循环比赛，排出名次。

1. 分组办法

根据上届比赛成绩，采用“蛇形编排法”来分组。如16支队可分为4个组（表11－4）。

表11－4　参赛队分组情况表

组别	代号			
一	1	8	9	16
二	2	7	10	15
三	3	6	11	14
四	4	5	12	13

也可以根据过去成绩和现在发展情况，首先确定种子队，数目一般与组数相同。先用抽签的方法将种子队安排在各组内，然后再用抽签的方法确定各队所在组的位置，最后将代号替换为参赛队队名即可。

2. 决赛阶段的比赛方法

以16支参赛队为例，小组赛决出名次后，决赛阶段可以采用以下几种方法进行。

将小组赛各小组同名次的队编为一组，进行决赛，小组赛中各小组的第一名决1～4名；小组赛各小组的第二名决5～8名；小组赛各小组的第三名决9～12名；小组赛各小组的第四名决13～16名。

或将小组赛各小组一、二名分为一组，决1～8名；将小组赛各小组第三、四名分为一组，决9～16名。

或只将小组赛中各小组第一名或前两名分为一组参加决赛，决出前四名或前八名，其余球队不再比赛，并可升为并列名次。

也可决定在小组赛中已经相遇的球队在决赛阶段不再比赛，将两队在预赛阶段的比赛成绩带入决赛。

二、淘汰制

（一）单淘汰

如果参赛队数目比较多，而比赛时间较短时，可采用单败淘汰制的方法，即参赛队在比赛中输一场就退出比赛，获胜者继续比赛，直到最后决出冠亚军为止。

1. 单淘汰制的比赛轮数

如果参加的队数是 2 的乘方数时，则比赛轮数是以 2 为底的幂的指数。例如，8 支队参赛，比赛轮数为 3 轮；16 支队参赛，比赛轮数为 4 轮。

如果参加的队数不是 2 的乘方数，也就是说参加队数介于两个 2 的乘方数之间，则轮数是较大的一个以 2 为底的幂的指数。例如，14 支队参加比赛，则按 16 支队的轮数来计算为 4 轮。

2. 单淘汰制的比赛场数

单淘汰制比赛总场数等于参加队数减一。如，8 支队参加比赛，共有 7 场比赛。

3. 单淘汰制比赛对阵表的编排

如果参赛队的队数是 2 的乘方数，开始比赛的第一天所有队都进行比赛，没有轮空队。只要按照参加比赛的队数，每两队编排一组逐步进行淘汰即可。例如，8 支队参加比赛，则共有 3 轮 7 场比赛。抽签后，将队名填入比赛对阵表中（图 11 -2）

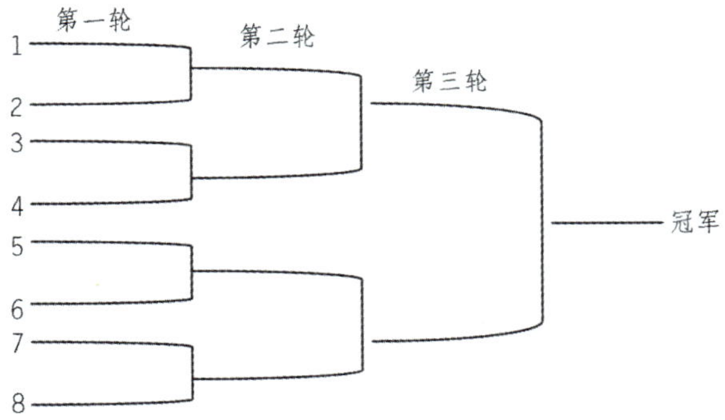

图 11 -2　单淘汰比赛对阵表（一）

如果参赛队的队数不是 2 的乘方数时，要根据参赛队数，选择接近的、较大的以 2 为底的幂的指数为号码位置数，号码位置数减去参赛队数即为轮空数，例如 13 支队参加比赛，应选 16 个号码位置数，有 3 个轮空数，可以设定 2、10、15 号位为轮空位置号码。第一轮比赛凡与 2、10、15 号队比赛的队即为轮空队。轮空队只能在第一轮比赛中出现，不能在其他比赛轮次中出现。一般应安排强队首先轮空。

为了避免技术较好的两队首先相遇而被淘汰，可采用设“种子队”的方法。编排比赛秩序时，根据运动队的技术水平和最近参加的主要比赛所取得的成绩确定“种子队”。“种子队”的数量主要依据参赛队的多少，一般 4 个队设一名“种子”为宜。单淘汰的“种子队”应平均分布在各个区内。例如，16 支队参加的比赛，把 3、4 号“种子队”安排在中间 8、9 号位置上（图 11 -3）

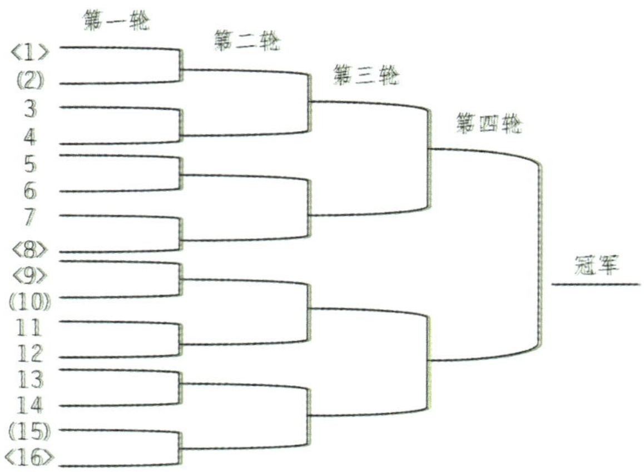

图 11－3　单淘汰比赛对阵表（二）

< >为种子队位置号码，( ) 为轮空位置号码

完成运动队代号的编排后，将代号换成相应的队名，按场次顺序相应安排每场比赛的日期、时间、场地等相关信息，完成最终的比赛日程表（图 11－4）。

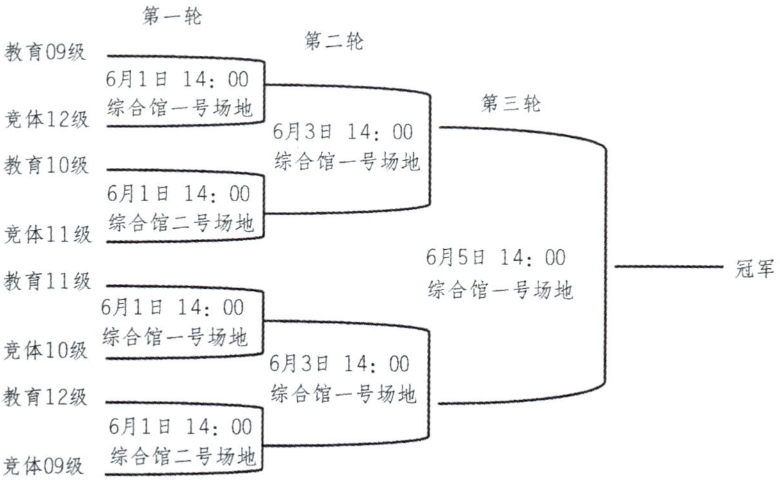

图 11－4　单淘汰制比赛日程表

（二） 双败淘汰制

双败淘汰制是一种竞赛形式，与普通的淘汰制输掉一场即被淘汰不同，参赛者只有在输掉两场比赛后才丧失争夺冠军的可能。

双败淘汰制的比赛一般分两个组进行，胜者组与负者组。在第一轮比赛后，获胜者编入胜者组，失败者编入负者组继续比赛。之后的每一轮，在负者组中的失败者将被淘汰；胜者组的情况也类似，只是失败者仅被淘汰出胜者组降入负者组，只有在负者组中再次失败（即共有两次失败）后才会被淘汰出整个比赛。

与普通单败淘汰制类似，一般双败淘汰制也有 2 的次方数（如 4、8、16）参赛者，以保证每一轮都有偶数名参赛者。

三、混合制

一次竞赛中同时采用循环制和淘汰制称为混合制。采用混合制时，将竞赛分为两个阶段进行。前一阶段采用分组单循环，后一阶段采用淘汰制进行决赛。

采用先分组循环后淘汰制的混合制比赛时，最好分成 2 组、4 组、8 组、16 组进行分组循环，以便于第二阶段淘汰制比赛的编排。

奥运会排球比赛的赛制一般采用混合制，其具体编排方法将在下一节当中详细讲解。

四、佩奇制

佩奇制是介于淘汰制和双败淘汰制之间的赛制。该赛制于 1931 年首次被使用于澳大利亚维多利亚州足球联赛的决赛中，由该联赛专员“珀西·佩奇”首先倡导使用，因而得名“佩奇制”。

佩奇制首先要求将参赛队按照循环赛的方式决出 1、2、3、4 名，然后在 1、2 名之间和 3、4 名之间分别进行比赛。3、4 名比赛的负方获得第四名。1、2 名比赛的负者与 3、4 名比赛的胜者之间再进行一次比赛，胜者与 1、2 名比赛的胜者再进行决赛，负者获得第三名。决赛胜方为冠军，负方为亚军，如图 11－5（图中，实线为胜队行进方向，虚线为负队行进方向）。

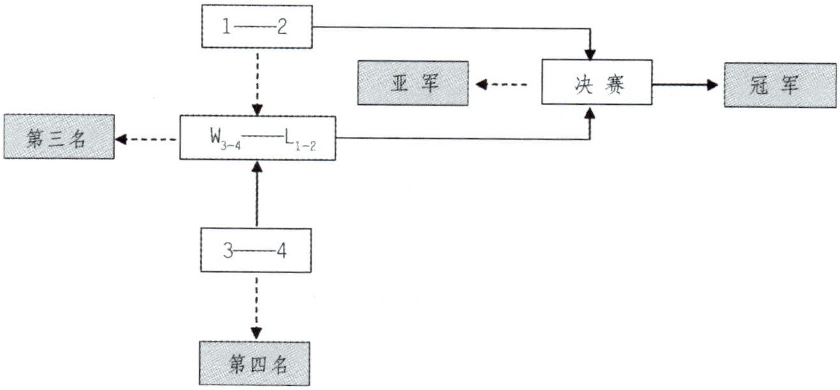

图 11－5　佩奇制比赛对阵图

第四节　现行大赛的竞赛制度

排球“世界三大赛”中只有世界杯采用单循环赛制，奥运会排球比赛和排球世界锦标赛都采用混合赛制。

一、奥运会排球比赛

奥运会排球比赛男女各有12支参赛队，先抽签分为A、B两个组，每组6支球队进行单循环比赛，前四名晋级，第五、六名淘汰不再进行比赛，最终名次列为并列第九。

两个组晋级的前四名进行交叉比赛，分别为A1对B4、A2对B3、A3对B2和A4对B1；为了减少人为控制比赛的因素，最终将两组第二、三名之间的比赛也用抽签的形式决定对阵，即A2对B3（或A2对B2）、A3对B2（A3对B3）。

交叉赛负队不再进行比赛，最终名次列为并列第五名。

交叉赛获胜的队继续进行比赛，胜队最终进入冠亚军决赛，决出第一名和第二名，负队进入铜牌争夺战，决出第三名和第四名。交叉赛阶段的对阵表如下（图11-6）。

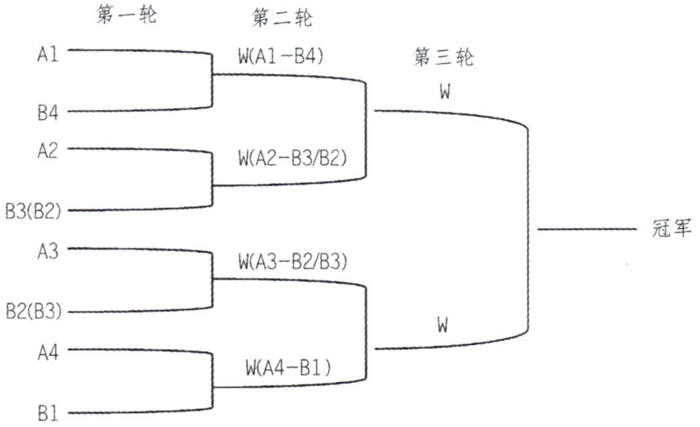

图11-6　复赛阶段对阵表

二、世界排球锦标赛

根据世锦赛比赛规则，24支队伍进入决赛圈，这24支队伍的名额分配如下：东道主和卫冕冠军自动获得参赛资格，其他各大洲赛区的名额分配为：8支欧洲球队、6支中北美球队、4支亚洲球队、2支南美洲球队和2支非洲球队。

女排世锦赛比赛分三个阶段进行。

第一阶段：24 支球队被分为四个小组 A、B、C、D，每个小组 6 支队伍，组内单循环后确定小组排名，小组前四位晋级第二阶段，第五、六名被淘汰出局；这一阶段每支球队要进行五场比赛。

第二阶段：小组赛中晋级的 16 支球队被分为 E、F 两个小组，E 组为 A、D 组的前四名，F 组为 B、C 组的前四名，每个小组为 8 支球队，仍然采用单循环赛。同时，第一阶段里同组的球队相互交手的成绩要带入第二阶段，即第一阶段小组赛时交过手的队伍在第二阶段不再交手，这样在第二阶段每支球队只进行四场比赛；每小组前两位直接进入四强。

第三阶段：E、F 组前两名进行交叉半决赛，E1 对 F2、F1 对 E2，胜者进行冠亚军决赛。

三、"全运会"排球赛

中华人民共和国全国运动会简称"全运会"，是中国国内水平最高、规模最大的综合性运动会。全运会每四年举办一次，一般在奥运会结束后一年举行。每一届全运会排球比赛的赛制都不尽相同。

2013 年第十二届"全运会"的排球项目分为预赛、附加赛和决赛三个阶段。预赛、附加赛阶段的竞赛办法如下。

包括东道主共十五支球队通过抽签的形式分为 A、B 两个组，按照"贝格尔编排"分别进行单循环比赛，并排出名次；预赛小组第 1 ~4 名（"东道主"所在的组第 1 ~3 名）进入决赛；预赛小组第 5 ~6 名（"东道主"所在的组第 4 ~5 名）进入附加赛。其他队不再比赛，成绩并列为全运会第 13 名。

进入附加赛的四支球队进行单循环比赛，最终排出比赛的 9 ~12 名。

进入决赛阶段的八支参赛队抽签分为两组，每组的四队按单循环制进行比赛，排出名次后两组进行交叉淘汰，按 A1 – B4、A2 – B3、A3 – B2、A4 – B1 对阵，直至最终名次产生。

四、全国排球联赛

（一）赛　制

第一阶段：采用分组主客场双循环赛制，按照上届联赛成绩排名蛇形排列分为 Ⅰ 组、Ⅱ 组各 6 支队，进行五主五客共十轮比赛，成绩带入第二阶段。

第二阶段：Ⅰ 组 1 ~4 名对 Ⅱ 组 1 ~4 名，进行四主四客共八轮比赛，决定第 5 至第 8 最终名次；Ⅰ 组 5 ~6 名对 Ⅱ 组 5 ~6 名，进行两主两客共四轮比赛，决定第 9 至第 12 最终名次。

第三阶段：第二阶段结束后积分排名第1至第4名的队按1对4、2对3名次进入半决赛，进行一主一客共两轮比赛；半决赛负者进行三、四名决赛，进行一主一客共两场比赛；半决赛胜者进入冠亚军决赛，决赛采用三场两胜制，第二阶段结束后的积分排名在后者先进行一个主场，在前者进行两个主场。

（二）升降组办法

全国排球联赛（2012—2013赛季）升降组将采用挑战赛方式。联赛举行2012—2013年度联赛资格赛，获得资格赛第1、2名的队有权利向联赛第11、12名的队伍进行挑战，实施省市专业队优先原则。原则上，资格赛第1名对联赛第12名，资格赛第2名对联赛第11名，资格赛第1名可优先选择联赛第11或12名进行挑战；比赛在联赛第11、12名俱乐部的主场进行两场比赛，计分办法与联赛相同，积分高者升入中国排球联赛（2013—2014赛季），列为第11－12序号。

（三）计分和排名

1. 计分方式：比赛结果为3:0、3:1时，胜队积3分，负队积0分；比赛结果为3:2时，胜队积2分，负队积1分，积分高者排名在前；

2. 当积分相等时，决定名次顺序为：（1）胜场多者；（2）C值；（3）Z值；

3. 当两队Z值仍相等时，两队间最后一场比赛胜者排名在前；当三队或三队以上Z值仍相等时，则仅在该几队之间依次按照上述第2条办法决定名次。

第五节　排球竞赛的科技信息服务

一、概　述

利用高科技手段提升体育竞赛的信息化，已经成为提高竞技运动水平、推动竞技体育发展的主要手段之一。在排球领域中，围绕竞赛、服务竞赛的科技手段也有了较快发展，并形成了较为成熟的系统。本节将仅简单介绍其中的两种排球竞赛科技信息系统。

根据信息需求客户的不同可以分为：为比赛组委会提供服务的信息系统和为运动队提供信息的服务系统，前者可以称为“组委会系统”，后者可以称之为“运动队系统”。

二、组委会系统

为比赛组委会提供服务的系统，通过组委会的官方发布，为媒体、大众、单项组织以及运动队提供基本的比赛信息，通常情况下为可公开信息，诸如训练日程、比赛日程、场馆信息、比赛成绩以及基本的技术统计数据等。

目前，国际排联主办的世界性排球比赛均采用排球信息系统（简称 VIS，即 Volleyball Information System）。

（一） VIS 系统

1. VIS 系统基本功能

排球信息系统是国际排联委托专业软件公司制作的排球比赛统计软件。此软件用于为国际排联主办的所有世界性排球比赛生成统计数据（包括沙滩排球比赛）。

VIS 系统在比赛期间可以向国际排联官方网站传送即时比赛数据，包括比分以及技术统计等内容，即“网络比分实时播报”；VIS 还可以与电视转播系统连接，向其输送即时比赛分数和统计数据等信息。

在比赛结束后，VIS 向国际排联技术代表、竞赛组委会以及新闻媒体提供有关比赛结果和统计数据的纸质报告；并将比赛结果及相关统计数据上传到国际排联数据库中备份。

2. VIS 系统运转流程

VIS 系统的运转至少需要三台笔记本电脑或台式电脑，其中两台放置于场地两端的官方统计席上作为“客机”，一台置于记录台对面、第一裁判员的身后（也可根据实际情况和需要调整位置）作为“主机”。三台电脑均需要安装 VIS 系统软件。“主机”必须具备互联网连接，同时连接打印机（最好具备彩色打印功能）。

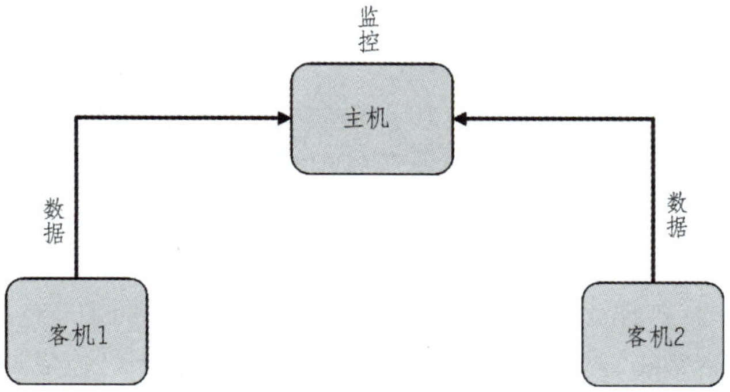

图 11－7　VIS 系统构建及赛时数据流向

每场排球比赛的 VIS 工作人员最少需要七人，一名 VIS 主管，其他六人作为统计员分成两组，每组三人分别坐在比赛场地两端的专用官方统计席。三人作如下分工：一人负责“读比赛”，即将比赛的过程解读为“技术种类、运用技术的运动员号码以及技术运用的效果”三个环节；一人负责及时将以上内容输入系统；第三个人负责在专用统计表中用笔记录“读比赛”的内容，一旦软、硬件出现任何问题，将作为备份数据资料。

VIS 主管负责“主机”的操作，对两边统计员的输入错误进行纠正，确保比赛的信息服务工作顺利进行，同时负责在赛后打印相关报告并递交技术代表。

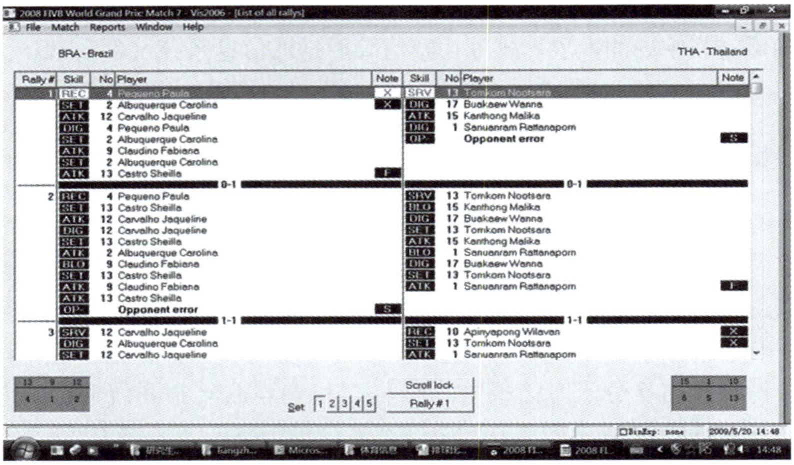

图 11－8　VIS 系统主机数据监控界面

（二）奥运会成绩系统

1. 成绩系统简介

RS（Results System）即成绩系统是奥运会技术工作的核心部分，其工作的指导性文件为 ORIS（Olympic Results Information Service）即奥运会成绩信息服务的英文简称，严格来说，ORIS 不是特指某一系统，而是一篇文档，由 IOC 和 FIVB 专门的项目专员编写，具有指导性、全面性、严谨性和逻辑性等特点。

北京奥运会的成绩系统是奥运会信息系统的一部分，是完成奥运会中对比赛成绩的记录、采集、储存、展示和分发，以及负责赛事相关事宜的发布和处理的系统，按照输入、处理、输出的基本模式，由计时记分系统（T & S，Timing & Scoring）、现场成绩处理系统（OVR On－Venue Results System）和信息发布系统（IDS，Info Diffusion System）三部分组成；同时运动会管理系统（GMS，Games Management Systems）、互联网应用程序系统（WWW，World Wide Web）和组委会内部信息系统（ADMIN）为成绩系统提供内部及外围的技术保障。

2. 成绩系统的构建和基本功能

成绩系统的构建和运行涉及 OMEGA（欧米茄）、ATOS（源讯）、NEWAUTO（新奥特）和 LENOVO（联想）等多家专业公司的共同参与和合作。

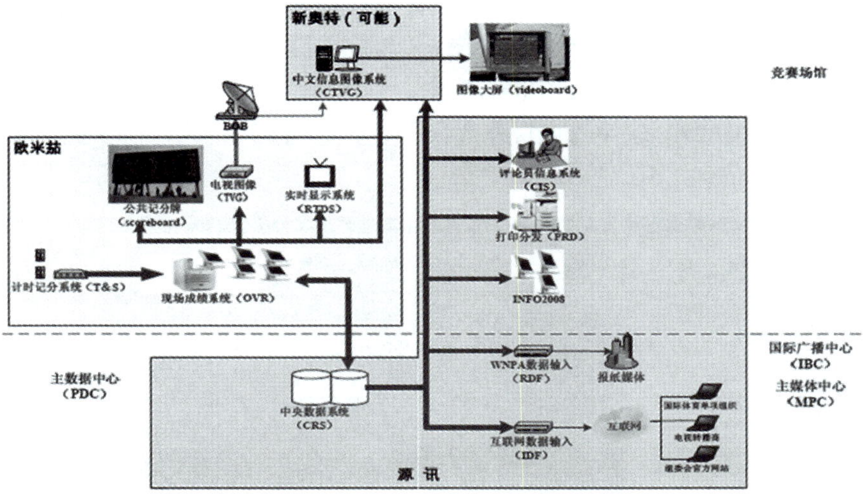

图 11－9 成绩系统组成示意图

排球项目的成绩系统其核心程序也是在 VIS 系统的基础上开发的，具体的构架和操作也基本相似。但与 VIS 不同的是，奥运会排球项目的成绩系统信息输出端的客户种类和人数都较 VIS 有很大的增加，同时还要具备与整个奥运会以及其他所有项目成绩系统的兼容性和集成性。奥运会排球项目成绩系统服务的客户群包括：奥林匹克大家庭成员（Olympic Family）、世界新闻结构（WNPA agency）、奥林匹克转播商（BOB）及下属的现场评论、电视、互联网客户和现场观众等。

奥运会排球项目成绩系统生成的信息其发布渠道主要包括：图像大屏的中文成绩显示、公共记分牌、INFO2008 系统、无线 INFO 系统、成绩公报的打印分发、评论员信息系统、远程评论员信息系统、电视图像数据、互联网成绩数据输入、WNPA 成绩数据输入以及赛后的成绩册（Results Book CD）制作等十余种发布方式。按照客户所处位置的区别，成绩信息系统还可以通过一种或几种发布方式的组合为不同的客户提供成绩信息服务。

三、运动队服务系统

（一）运动队服务系统简介

目前，高水平排球队一般都配备有专业的技战术统计软件，用以服务日常训练及比赛。数据排球（DATAVOLLEY）就是由意大利专业软件公司专为排球项目开发的统计软件。

该软件只需要一名熟练的操作员，即可实现对比赛双方两支球队技战术信息的录入；按照操作员或教练员的要求，可以根据不同条件组合，以图、表等形式提供数量、百分比、线路和落点等数据；可以将视频信息与统计数据相关联，实现根据统计数据自动筛选整合视频的强大功能。

DATAVOLLEY 生成的数据兼具即时性和存储性两个特点，既可以在比赛中即时生成比赛同步数据，为教练员指导比赛提供参考；同时也可以作为“数据库”，将以往比赛视频、数据保存下来，为后续比赛提供准备资料。

下图为 DATAVOLLEY 软件的主操作界面，包括“代码录入”“代码显示”“视频播放”和“场上基本信息”几个窗口。

图 11－10　DATAVOLLEY 软件主操作界面

（二） DATAVOLLEY 应用

中国男排于 2003 年引入 DATAVOLLEY 软件，通过专业人员的操作为队伍的训练提供了更为科学的指导，为比赛提供了更客观、及时的参考，在 2008 年北京奥运会的比赛中发挥了关键作用，帮助中国男排闯进前八、获得第五名的好成绩。

DATAVOLLEY 软件在世界范围已得到广泛认可，很多国家的排球队已在训练和比赛中运用，比如美国、意大利、日本、德国和法国等，甚至在美国和英国等国家的中学和大学排球队中应用也很普遍。

目前，我国相关专业人员也在积极开发国产的统计软件，沙滩排球项目已拥有成型的产品；针对室内 6 人制排球的统计软件也已具雏形，正处于试用和调试阶段。相信在不久的将来，拥有自主产权的“中国制造”将为中国排球事业再创辉煌提供科技和技术的保障。

附一：排球比赛竞赛规程

2012年361°全国女子排球锦标赛竞赛规程

一、比赛时间和地点

2012年7月19日至25日在河南漯河举行。

二、参赛单位

在排球运动管理中心注册的16支甲级球队。

三、报名和报到

（一）报名人数

每队可报领队1名、主教练1名、教练1名、助理教练1名、医生1名，运动员18名。各队须打印填写由中国排球协会统一制定的报名表（B1表），一式两份，加盖公章和医务章后传真并寄交组委会和赛区。

报名截止日期：女子2012年6月28日；男子2012年7月16日。

（二）报到

各参赛队于赛前两天到赛区报到。

四、参赛资格

（一）参加比赛运动员资格的最后确认，须在比赛开始的24小时前，从第一次报名的18名运动员中最后确认12名运动员为参赛运动员，资格一经确认不得更改；各队须填写中国排球协会统一制定的参赛确认名单表（B2表）在赛前的资格审查时进行确认。

（二）参加比赛的教练员、运动员必须是在中国排球协会注册的教练员、运动员，注册资格按中国排球协会注册有关规定执行。

（三）运动员必须经医务部门检查，证明身体健康者方可报名参加比赛。报名表必须加盖医务章。

（四）参赛教练员、运动员必须由代表单位为其办理医疗、意外伤病等保险事宜。赛区管理委员会必须在资格审查时，审核健康证明和保险证明。不能提供健康证明和保险证明的参赛者，必须由其所代表的单位出具责任担保书。

（五）医生应是持有合法证件的专业医务人员，具有处理紧急内、外伤病的知识和能力。

五、竞赛办法

（一）第一阶段

16支参赛队按照在361°中国排球联赛（2011—2012）和资格赛名次蛇形编排分为四组，进行组内单循环赛。

天数：3天　　　轮次：3轮　　　场次：4组×3轮×2场/组=24场

（二）第二阶段

E 组：A1、D1、A2、D2

F 组：B1、C1、B2、C2

G 组：A3、D3、A4、D4

H 组：B3、C3、B4、C4

各组带第一阶段成绩进行单循环比赛。

天数：2 天　　　轮次：2 轮　　　场次：4 组 ×2 轮 ×2 场/组 =16 场

（三）交叉赛

E1—F2　E2—F1

E3—F4　E4—F3

G1—H2　G2—H1

G3—H4　G4—H3

天数：1 天　　　轮次：1 轮　　　场次：1 轮 ×8 场 =8 场

（四）决赛

E1F2 胜 - E2F1 胜 争夺第 1、2 名

E1F2 负 - E2F1 负 争夺第 3、4 名

E3F4 胜 - E4F3 胜 争夺第 5、6 名

E3F4 负 - E4F3 负 争夺第 7、8 名

G1H2 胜 - G2H1 胜 争夺第 9、10 名

G1H2 负 - G2H1 负 争夺第 11、12 名

G3H4 胜 - G4H3 胜 争夺第 13、14 名

G3H4 负 - G4H3 负 争夺第 15、16 名

天数：1 天　　　轮次：1 轮　　　场次：1 轮 ×8 场 =8 场

（五）决定名次计算办法

1. 计分方式：比赛结果为 3∶0、3∶1 时，胜队积 3 分，负队积 0 分；比赛结果为 3∶2 时，胜队积 2 分，负队积 1 分。积分高者排名在前。

2. 当积分相等时，决定名次顺序为：（1）胜场多者；（2）C 值；（3）Z 值。

3. 当两队 Z 值相等时，两队间最后一场比赛胜者排名在前；当三队或三队以上 Z 值相等时，则仅在该几队之间依次按照上述第 2 条决定名次办法中的（1）、（2）和（3）决定。

（六）规则、比赛球、服装

1. 竞赛规则：执行中国排球协会审定的《国际排联排球竞赛规则 2009—2012》。

2. 比赛用球：MIKASA MVA200。

3. 比赛服装：361°全国排球锦标赛指定服装及有关装备。

六、录取名次与奖励

（一）为获得总成绩前三名的运动队颁发奖牌。

（二）为获得总成绩前十二名的运动队颁发奖励证书。

（三）设“体育道德风尚奖”。

七、管理委员会

管理委员会成员由国家体育总局排球运动管理中心选派。

八、裁判员

国家 B 级以上裁判员由国家体育总局排球运动管理中心选派。裁判员和辅助裁判员不

足名额由赛区选派。

九、通讯联络

（一）361°全国排球锦标赛组委会竞赛部

联系人：×××

电话：××××××××

传真：××××××××

地址：××××××××

邮编：××××××

十、未尽事宜详见赛区下发的补充通知。

十一、本规程解释权属国家体育总局排球运动管理中心。

本章思考题

1. 排球比赛的竞赛规程主要包括哪些内容?
2. 以5支球队为例，用“贝格尔”编排法编排单循环比赛的日程表。
3. 简述单循环比赛成绩计算和名次决定方法。
4. 以6支球队为例，编排“单淘汰制”的比赛日程表。

参考文献

[1]国际排球联合会. 排球竞赛规则[M]. 北京:人民体育出版社,2009.
[2]陆卫平. 排球运动与竞赛方法[M]. 北京:北京航空航天大学出版社,2009.
[3]全国体育院校教材委员会《排球》教材编写组. 排球运动[M]. 北京:人民体育出版社,1999.
[4]高校公共体育选项课教材编写组. 排球[M]. 北京:北京体育大学出版社,2007.
[5]排球精品课程团队. 排球(国家级精品课程教材)[M]. 北京:北京体育大学出版社,2009(第1版).

第十二章　排球运动科学研究方法

本章概要

排球运动科研的发展和水平的不断提高，是与科研的方法和技术手段的不断进步、丰富和发展分不开的。现代科技研究的成果越来越多地被引入排球运动领域，20 世纪 70 年代末，美国女排将计算机技术引入临场指挥和技术分析，日本队采用三维摄影分析扣球技术等。80 年代以来，便携式计算机、录像和无线电通讯等高科技设施进一步渗透到排球教学、训练和比赛中，使排球教学和训练更加科学化。随着相关学科科研成果向排球科研领域的不断渗透和现代科技的应用，排球运动科研的方法和技术也有了长足发展。主要表现在：重视有效吸收和移植其他学科的研究方法，在具体运用多种研究方法时，则表现出极强的综合性，综合运用多种研究方法是排球运动科学研究发展的重要趋势。

第一节 科学研究的范围与内容

排球运动科学研究的范围非常广泛，研究的内容也十分丰富。依据体育科学研究方法，根据排球运动的研究方向和研究性质等实际情况，排球运动科学研究主要包括如下内容。

一、排球运动的发展趋势研究

主要是追溯排球运动的发展进程，揭示研究对象的特征、发展规律及其成因，阐述其今后发展的走势，如“论竞技排球发展的动力机制”“我国排球运动发展特征、影响因素及发展规律的研究”“排球技术、战术的演变规律及发展趋势研究”“优秀男子排球比赛得失分规律的研究”“排球核心竞技能力研究”和“从排球规则的演变看排球运动的发展趋势”等。

二、排球训练理论与方法的研究

主要是通过对排球运动训练的状态和规律的探索，对排球训练的主体、训练方法和组织、影响训练的因素、训练效果的评定及竞赛等进行的研究，如“排球技术生物力学分析的方法学研究”“高水平排球运动员速度力量及耐力训练方法研究”“对运用前臂负重法提高排球运动员上肢机能的研究”“我国女子沙滩排球运动员弹跳的运动学特征”和“中国女子排球甲级联赛主客场制下多周期的小周期安排及竞技状态调控的研究”等。

三、排球教学理论与方法的研究

主要是通过对教学理论在排球教学中的运用，探索排球教学的特殊规律，借以对排球教学过程、教学目的、教学原则、教学大纲、教学进度、课程内容、教学方法、练习手段、课的组织及考核等进行研究，如“双分教学模式在排球普修课技术教学中的实验研究”“体育教育专业排球课程考核的现状调查与分析”“排球教学原则重构原理与方法的研究”“排球分段教学进度的研究”“竞赛评比教学法在排球教学中的作用”“基于构建主义的排球正面传球教学设计的实验研究”“排球正面垫球自主学习模式构建的实验研究”“排球教学中非指导性教学模式的理论探讨和实验研究”和“课内外一体化教学在排球教学中实施的可行性研究”等。

四、排球技术的研究

主要是通过对优秀运动员动作技术的生物力学分析，揭示其动作特征及机理，如“对我国甲 A 女排主攻手强攻扣球挥臂速度的分析与研究”“现代排球比赛中运用脚击球的现状分析与实验研究”“备战 29 届奥运会中国男排及主要对手技战术打法特点的分析与研究”“备战 29 届奥运会中国女排及主要对手技战术打法特点的分析与研究”“排球比赛技战术监控与评价的研究”“国家男排队员的训练监控与营养恢复研究”和“97—98 年度我国甲 A 女排联赛技术负荷的定量研究”等。

五、排球战术的研究

主要是通过对世界排球强队在重大国际比赛中战术运动效果的统计分析，揭示其运用的特点、适用范围以及据此设计新的战术形式及打法，如“中国男子排球队与世界强队进攻时间特征的比较分析”“排球运动员技战术训练方法与手段的收集、改进与创新”和“中国男排攻防体系关键环节分析及相关体能训练方法的更新”等。

六、排球运动员体能的研究

主要是通过先进的训练手段来分析排球运动员体能、提高专项体能的训练方法、评价体系、诊断以及在比赛中的体能分配，如“排球运动员体能训练方法与手段的收集、改进与创新”“对我国高大运动员专项体能训练方法学体系的研究”“U16 女子排球运动员运动素质结构模型与评价标准研究”“中国优秀沙滩排球运动员体能特征研究”“中国竞技排球技战术发展特征及体能训练理论体系与实证研究”“我国优秀排球运动员专项体能评价体系与诊断方法的研究”“实际比赛中田佳/王菲与阿德里安娜/谢尔达的体能分配比较”“高原训练对提高青年女排运动员体能测试水平的分析”“我国不同位置优秀排球运动员比赛负荷及专位素质特征的研究”和“排球专项爆发力的研究”等。

七、排球运动员智能特征的研究

主要是通过探讨排球运动员的智力特征、智能，来了解和分析排球运动员应具备的智能特征，如“排球运动智力特征的内隐观”和“我国少年排球运动员智能特征的研究”等。

八、排球运动员心理特征和心理训练方法的研究

主要是通过运动心理学的理论，运用运动心理实验和测试方法以及心理训练的具体方

法，对排球运动员训练与竞赛过程中的心理过程、心理状态以及个性及心理特征等方面进行的研究，如“排球运动员心理训练方法与手段的收集、改进与创新”“我国青年女排运动员操作反应时与运动成绩关系的研究”和“高水平排球运动员比赛失常的心理因素及自我调节的研究”等。

九、排球运动员专项认知能力的研究

主要是通过排球专项认知的研究，借助先进的仪器与设备，对运动员的专项认知能力进行探索性分析，如“不同水平排球运动员对视野中央和外周信息加工的眼动规律”“高水平排球运动员运动情境中决策行为的脑神经机制研究”“基于磁共振成像的优秀排球运动员大脑结构可塑性研究”“排球运动员观察运动情境图片的眼动分析”和“排球运动员运动情境任务中眼动特征的研究”等。

十、排球运动员选材的研究

主要是通过遗传学的理论，借助人体测量与评价，结合排球运动的专项特征，选取在排球运动方面具有杰出才能和发展潜力的“专门人才”的研究，如“排球运动员选材指标体系的研究”和“少儿排球运动员选材标准及评价方法的研究”等。

十一、排球运动员损伤与恢复的研究

主要通过运动生理学的理论，借助先进的仪器和设备，结合排球运动的特点，分析排球运动员的损伤及合理进行恢复的原理与研究，如“中国优秀沙滩排球运动员运动损伤流行病学的研究”和“国家男排队员的伤病分析与康复研究”等。

十二、排球竞赛和规则的研究

主要是通过运动竞赛学与裁判法的理论与方法，对排球竞赛规则发展和完善、规则的修改对排球技战术的影响，竞赛制度与编排以及裁判员及其工作等进行的研究，如“排球规则的修改与研究”和“竞赛规则的沿革与亚洲排球技战术走向”等。

第二节　科学研究的基本程序

科学研究的基本程序由以下七部分组成。

一、选　题

选题是在确定研究方向的基础上，选择与决定研究课题。其中，研究方向是指研究课题所归属的学科领域和研究范围。选择科研课题是科研工作的第一步，同时也是科研准备阶段所必须进行的重要步骤与重要任务。研究者应根据自身感兴趣的问题和研究条件确定研究方向。

二、资料收集整理

资料整理是指对调查资料所作的归纳与分类处理，主要目的是使资料实现条理化与系统化。资料整理的结果有定性和定量两种表现形式，前者主要是对调查资料的概括与总结，后者则是对数据资料的分类与提示，即根据课题研究的需要，对调查资料进行审核、检验、分类和汇总等工作，为下一阶段的资料的定性与定量研究提供保障。

三、研究设计

研究设计是指对课题研究从开始到结束的全过程进行基本步骤的设计，主要分为选题、假设、调查、论证、论文、答辩或发表等六大环节。通过已经获取的与研究课题相关的文献资料，为论证课题研究的论点提供理论与事实依据；运用观察与设计、调查与实验性科学研究方法获取经验材料与科学事实。

四、研究方法

通常有文献资料法、实验调查法、问卷调查法、比较、类比、归纳演绎、分析与综合、证明与反驳等方法。

五、理论分析

通过对资料的整理和分析，得到科学研究的成果——科学假说或科学理论。如果研究任务是验证一个假设，通过观察或实验之后，发现事实与假设相符，那么，假设就可以上升为假说；如果研究任务是验证一个假说，通过观察或实验之后，发现事实与假说相符，那么，假说就可以上升为理论。这一环节主要使用科学抽象、假说、演绎等理论性方法及逻辑思维方法。

六、数理分析

通常采用 EXCELL、SPSS 软件，进行参数估计、假设检验、方差分析和回归分析等数理分析方法，对研究所得数据进行分析。

七、论文撰写

科学研究成果应通过学术论文、研究报告等形式表现出来，这一环节主要使用逻辑论证的方法和理论思维方法。

第三节　科学研究的选题

科学研究有许多不同的类型，基础研究与应用研究；调查研究与实验研究；实证研究与综述研究等，研究者应当根据自己的研究兴趣和现有的条件进行选题，开展科学研究。选题是指在科学研究活动中选择排球运动中尚未被认识和解决的或认识和解决得不完善的研究课题的途径及程序。

一、课题的来源

课题的来源大致有以下几方面。

（一）排球运动与其他相关学科，两门或几门学科交叉的边缘区

随着科学研究的飞速发展，局限于某一学科领域进行研究已不能满足需要，进行相关学科中两门或者几门学科的交叉学科研究，是现代科学研究的新的发展方向。

（二）排球运动中的已有理论与事实之间的矛盾和冲突

在已有的理论与事实之间的矛盾和冲突中进行相关研究，发现排球运动理论与实践之间的关系。

（三）对排球运动科学研究中已有的科学假说进行实践检验

对排球运动科学研究中已经存在的科学假说进行进一步的实践检验，验证科学假说，

提出新的研究思路与方法。

（四）其他领域新的实验技术或新的发明在排球运动中运用、推广、移植、改进和创新

将其他领域新的实验技术的方法运用到排球运动中，并在此基础上进行移植、改进和创新研究。

（五）在已取得的研究成果的基础上进行追踪调查的研究

将排球运动中已经取得成功的研究成果作为基础，进行追踪调查研究，从中发现新的问题。

（六）抓住研究中意外出现的新问题和新线索，调整研究课题

在排球运动训练与实践中，要有敏锐的感觉，善于发现问题，从意外出现的新问题和新线索入手，进行科学研究。

（七）以失败的线索为借鉴，从反面提出新的研究课题

借鉴排球运动中失败的教训，从另一方面总结、归纳，提出新的研究课题。

（八）从排球运动教学训练的实践中提出新的研究课题

在排球教学训练的实践中，根据实践中出现的问题，提出新的研究课题。

二、选题的原则

（一）根据个人兴趣选择课题

选择课题时，研究者首先需要明确或者追随自己对排球运动科学研究的兴趣所在。按照自己的兴趣进行科学研究是科学工作者体验满足和感受幸福的源泉。

（二）根据理论需要选择课题

解释和理解排球运动的客观规律，建立和发展科学研究的理论体系，使其对排球运动的实践产生具有普遍意义的指导作用，是体育科学研究的重要目的。在理论方面寻找科学研究的切入点，可以从检验理论、质疑理论和评判理论等几个方面入手。

（三）根据实践需要选择课题

排球运动科学研究的重要目的之一是解决实践中的问题，为排球运动发展的当前和未来需要服务。通常，来自排球运动实践中的课题大多属于应用研究，其研究结果具有直接的应用价值，能直接为排球运动的实践服务。

（四）根据创新发展选择课题

体育科学研究要解决理论和实践中尚未解决的课题，为科学事业的发展和体育事业的发展作出贡献，必然要求创新。新颖性、独特性和先进性是科学研究或科学探索的本质，也是选题时应遵循的基本原则。

（五）根据科学理论选择课题

科学选题必须在科学理论的指导下进行，必须以事实依据和科学依据为前提。如果选题违背了科学理论或缺乏事实依据和科学依据，研究就难以达到预期效果，也难以得出正确的理论。

（六）根据现有条件选择课题

根据研究者具备的主观条件和客观条件选择科研课题，即通常说的可行性原则。主观条件是指研究者完成课题所必须具备的科学知识、研究能力和工作经验以及对于科学研究方法掌握的深入程度和运用的熟练程度。客观条件是指完成课题所必备的信息系统、测量工具、仪器设备、主试和被试的人力资源、研究小组的人力资源、社会保障和社会支持系统以及可以支配的经费、时间等。

（七）根据项目特征选择课题

根据排球运动的项目特征，从项目的本质特征中寻找和选择课题，才有可能产生更有影响力的研究成果。

三、选题的程序

（一）确定研究方向

研究方向是选题的基础，确定研究课题必须确定研究方向。研究课题展示研究方向，研究方向又限定研究课题。一般情况下，研究者应根据自身感兴趣的问题、熟悉的项目和现有的研究条件，来确定研究方向。

（二）查阅文献资料

查阅文献资料是进行科学研究的重要步骤之一，通过查找与研究方向相关的国内外的文献资料，进行文献资料的整理和分析，为研究设计提供定量和定性的资料支撑。

（三）课题论证

课题论证是科学研究的核心内容，论证所引用的调查资料必须真实，只有真实的证据才能导出正确的结论；论证必须准确，只有准确的推证才能保证可靠的证明。

（四）撰写论文或研究报告

撰写论文或研究报告是研究过程的最后一步，是进行研究成果交流的主要形式，是研究者研究质量和作者水平的综合体现。高水平的论文或研究报告可以让读者获得最新的研究信息，感受科学研究中探索的激情、大胆的设想、巧妙的构思和严谨求实的作风。

第四节　科学研究的方法

一、体育科学研究的调查方法

进行排球运动的科学研究调查，一个很重要的任务就是有目的、有计划地收集相关的文献资料和事实资料。其主要方法主要有文献法、调查法、观察法和实验法。

（一）文献法

文献法是指通过查阅文字、音像及网络等查找文献，收集研究课题所需要的有价值的资料，为选择、确定、论证和解决研究课题提供理论依据的一种研究方法。

1. 文献资料查找、阅读、积累和引用的方法

（1）查找文献资料

文献资料查找可分为追溯法和索引法两种。追溯法是通过学术书刊后面所附的参考文献，逐步追踪查找其他相关文献。索引法是利用检索工具直接查找文献。索引法又分为两种：一种是分段法，即根据课题需要划分出一段时间范围查找文献；另一种是顺查－倒查法，即从课题的原始研究年代起，一直查到现在，称为顺查；从近期逆时间查找，称为倒查。

（2）阅读文献资料

文献资料阅读多采用泛读和精读两种方法。泛读就是通过摘要、引言、小标题和结论等的浏览，对文献的概要有大致的了解。精读就是在泛读的基础上，熟悉其重点内容，掌握主要论点、论据和结论等。

（3）积累文献资料

文献资料的积累，其主要内容应该包括：文献资料发表的出处、时间及作者姓名；研究主题；研究对象；试验程序与方法；论证论题的事实依据；研究结论；尚未解决的问题等。

（4）引用文献资料

引用的文献资料必须是作者阅读过的，并与论文主题密切相关的，其出处必须准确无误，而且是可以查到的。引用的文献资料必须是原文中的原文，其中包括标点符号。

2. 文献综述

文献综述是在全面收集与课题有关资料的基础上，通过归纳、整理和分析，对一定时期某一学科或专题的研究结果进行系统的、全面的综合叙述和评论。

（1）文献综述的功能

寻找选题的切入口。文献综述是对大量的原始文献中的大量数据、资料和主要观点进行归纳、分析和整理而撰写的研究成果。文献综述要全面、完整、系统地反映国内外某一学科、某一专题、在某一特定时期的发展状况和趋势，并确切地反映其最新的动态、进展、原理、技术和方法等。通过文献综述，可以帮助研究者及时而准确地捕获科学研究的前沿课题。

阐述选题依据。就是阐述该课题研究的价值，需要通过国内外相关研究的结果的分析，阐明这个研究课题前人做了哪些工作，做到什么程度，有什么理论上和方法上的失误；本研究应该如何做。

支持研究结果论证。通过高质量的文献综述，可以使研究者获得大量的可以利用的论证素材。这些论证素材可以帮助研究者在撰写论文的结果与讨论部分时，作为论据加以使用，从而增强论文研究结果的说服力。

（2）文献综述的结构

文献综述一般由前言、主体部分、小结和参考文献四个部分。

（二）调查法

调查法是根据课题研究的需要，通过问卷、通信、个别谈话、座谈和观察等手段，获取事实材料的一种科学研究方法。

1. 调查方法

在排球运动科学研究中最常用的调查方法有问卷法、特尔斐法（专家调查法）、现场调查法和追踪调查法。

（1）问卷法

问卷法是指利用问卷这种控制式的测量对所研究的问题进行度量，从而收集事实材料进行研究分析的方法。一份完整的问卷一般包括简短的说明词和问卷正文两部分。

（2）特尔斐法

特尔斐法是指以信函的方式，征询有关专家对某个重大问题的意见，并根据意见进行直观预测的方法。基本程序是：将要预测的内容写成明确的问题，连同有关的资料、信息和情报函寄给经过选择的专家；专家在互相不通信的情况下回答问题；集中专家的意见，总结归纳出一个结果；将归纳的结果再反馈给专家，专家根据归纳结果再次综合分析，提出新的论证意见寄回。这样反复多次，使意见趋于集中，最后得出预测结果。

（3）现场调查法

现场调查法是指对现场当时正在发生的情况进行调查。这种调查通常在较短时间内，对某一特定的“时点”进行观察。

（4）追踪调查法

追踪调查法是指对调查对象作有间隔的、较长时间的观察，几年至十几年不等。

2. 调查研究的步骤

调查研究的步骤一般分为准备、实施和总结三个环节。

（1）调查前的准备。明确调查目的；熟悉调查对象；学习相关知识；制定调查计划；拟订调查提纲；做好必要的物质准备。

（2）调查的实施。按调查计划、提纲收集、记录材料和事实，并对所收集的材料和事实进行核实和初步处理。

（3）调查工作的总结。对调查材料与事实进行分析和归纳，并撰写调查报告或学术论文。

（三）观察法

观察法是研究者通过感觉器官或借助于科学仪器，有目的、有计划地感知处于自然状态下的研究对象，从而获得科学事实的研究方法。

1. 观察法的类型

观察法根据不同的研究需要，有多种类型，感官观察、仪器观察、定性观察和定量观察、随机观察和系统观察等。

2. 观察的步骤

（1）制定观察计划。观察计划包括观察的目的和任务、观察对象的选择、观察地点与时间、观察指标的选择、观察仪器设备的选择及具体要求等方面的内容。

（2）观察前的准备。与观察工作有关的单位取得联系和配合；了解和熟悉观察对象的一般情况；备齐观察所使用的仪器设备，掌握仪器设备的操作性能，并对仪器设备进行校准和调试。

（3）观察的实施。在观察实施过程中应注意的基本要求：操作程序应有具体的规定；观察时要遵循全面性原则和典型性原则，切忌主观片面；尽量按照原观察计划进行观察；一次观察的内容不宜过多；观察人员要保持注意力高度集中；多人合作观察时，职责和分工必须明确；要防止人体感官感觉和仪器的误差；观察工作结束后，应及时整理获得的事实材料。

（四）实验法

实验法是指研究者根据课题研究的目的和任务，通过科学仪器和设备，有目的地干预、控制或模拟所研究的事物，以便在最有利的条件下对其进行观察，从而获得科学事实的研究方法。

1. 实验法的类型

按照不同的分类标准，实验法有不同的类型，如定量试验、定性实验、对照试验、模拟实验、析因实验等。在排球运动科学研究中，常用的实验方法有以下三种。

（1）定量试验。用来深入了解事物和现象的性质，揭示各因素之间的数量关系，确定某些因素数值的实验方法。

（2）定性试验。是指判定研究对象具有哪些性质，或鉴别某些因素是否存在、某些因素之间是否有联系以及某个因素是否起作用，或者探索研究对象具有何结构性内耗的手段与方法的优化研究。

（3）对照试验。是指对两个以上有个别变量不同的实验组获得的结果进行比较研究的实验方法。

2. 实验方案

实验方案是指对所要进行的实验过程预先作出的理论设计，其内容主要包括题目、目的、方法、试验时间、被试、施加因素、观察指标、实验步骤、实验记录、数据处理方法和仪器设备等。

3. 实验设计

实验设计是指根据实验对象的特点，合理安排实验样本、程序和次数，以提高实验效率，缩小随机误差，获得最佳实验效果，并使之能有效地进行统计分析的理论与方法。

4. 实验步骤

使用实验方法收集科学事实，一般要经过制定实验方案、实验前的准备、实施实验和整理分析实验数据得出实验结果四个环节。

二、体育科学研究的理论分析

在体育与科学研究中，对文字资料的分析主要采用逻辑的方法，称之为理论分析。科学研究的理论分析方法很多，如比较、分类、类比、分析、综合、概括、归纳、演绎、证明和反驳等。

（一）比较法

在排球运动科学研究中，经常要用到比较法，这是一种应用较广泛的方法。如，通过中国女排运动员和国外优秀女排运动员扣球挥臂速度的比较研究，揭示两者在手掌击球瞬间速度、击球点高度、击球瞬间手臂与躯干夹角等运动学参数。

（二）分类法

分类法是指将具有共同特点的个体研究对象归纳为一类或将具有共同特征的子类集合成类的逻辑方法。分类法在排球运动科学研究中经常使用，可将大量庞杂的事实材料进行系统整理，揭示研究对象之间的内在联系，以做出科学预言以及揭示研究对象的历史发展规律。

（三）分析法

分析法是指将复杂的研究事物分解成各个部分逐一加以考察研究，从而认识研究事物构成或本质的一种思维方法。在分析动作时，为了保证分析的合理性和有效性，必须分析最基本的成分（基本成分要相对独立），寻找各部分之间的本质联系，并结合综合法和实验法等的运用。

（四）综合法

综合法是指将研究事物的各个部分、各个方面结合起来加以研究，从而在整体上把握事物的本质和规律的一种抽象思维方法。在排球运动科学研究中，将某一动作的各阶段都加以研究以后，把各阶段联系起来，考察它们之间的相互关系以及各阶段动作与整体动作的内在联系，借以把握其本质及规律。

（五）归纳法

归纳法是指对大量的经验材料进行分析和整理，将其上升为理性认识，再从若干特殊的理性认识推演为一般的理性认识，即由经验阶段跨入理论阶段的逻辑方法。在排球运动科学研究中，归纳法就是根据一类事物部分对象与某种属性之间的因果关系，推出该类研究事物中所有对象都具有这种属性的研究方法。

（六）演绎法

演绎法是指按照一定的逻辑规则从若干命题直接引出一个命题的逻辑推理方法。演绎法是构造科学理论体系最基本的方法，也是验证理论所不可缺少的手段。

（七）论证法

论证法是指根据某个或某些判断的真实性，来证明另一个判断的真实性的逻辑方法。论证由论题、论据和论证方式组成。在运用论证法时，论题必须明确，论据必须真实与充足，论证要合乎逻辑规律，才可以得出正确的结论。

三、体育科学研究的数理分析

在排球运动科学研究中，为了要对研究对象的质获得比较深刻的认识，需要对量作出刻画，这就需要借助数理统计的方法。

（一）描述性统计方法

在排球运动科学研究中，当研究者实施实验后，收集到大量的研究结果，首先需要对数据进行初步整理，如统计分类和制作统计图表等；随后就要对数据的特征进行描述性分析，这就是描述性统计。对数据的特征进行描述性统计的方法主要有：平均数、标准差、变异系数、相关系数等。

（二）推断性统计方法

在排球运动科学研究中，研究者为了判断观察实验的样本材料对总体的性质，如，判定实验组和对照组两个样本统计值出现的差异是否真正存在于两个总体之间，也就是统计判断差异是由于抽样误差所致还是实验施加因素所致，就需要用到推断性统计方法。假设检验不仅是推断统计中最重要的统计方法，也是排球运动科学研究中应用最广泛的统计方法。其主要方法有；独立样本 t 检验、配对 t 检验、单因素方差分析、两个独立样本非参数检验等。

（三） 多元统计分析方法

多元统计方法是解决实验数据中多个指标或因素之间关系的一种数理统计方法。其常用的方法主要有：多元方差分析、多元回归分析等。多元方差分析是方差分析的扩展形式。方差分析中，只有一个因变量；而多元方差分析中则有多个因变量。多元方差分析中，研究者检验的是各组在多个因变量的组合上的均数差异是否由于机遇造成。例如，影响排球运动员赛前情绪的因素是什么。赛前情绪是因变量，共四个，包括自信心、躯体焦虑、个人失败焦虑和社会期待焦虑；焦虑控制训练是自变量，包括三个水平，放松训练组、表象训练组和控制组。多元回归分析是一组统计技术，可用来评价一个因变量和多个自变量的关系。在排球运动科学研究中应用的多元回归分析有：通过应用多元回归分析，建立排球运动员运动素质的回归方程，并对回归方程的线性关系进行检验，最后制定排球运动员运动素质的模型，为运动素质训练提供一个量化标准。

第五节　科学研究论文的撰写

一篇完整的科学研究论文，通常包括标题、作者姓名及单位、脚注、摘要、引言、研究对象与方法、研究结果与分析、结论、参考文献共九部分内容。

一、标　题

标题是读者首先见到的部分，也是文献检索的最重要部分，文字虽少，信息量大。标题要用最简洁的词语把研究的最重要特点表达清楚，应体现研究对象、处理手段和实验效应三因素之间的关系，一般不超过 20 个字。

二、作者姓名和单位

作者姓名和单位均是文献检索的重要线索。作者姓名应包括对研究做出实质性贡献的人，按照贡献的大小排序。作者单位应采用全称和正式名称。作者属于不同单位时，应分别列出。

三、脚　注

脚注可以包括本课题的课题来源、作者基本信息、联系地址、工作单位和联系方法等。

四、摘　要

摘要是对研究报告的总结，应对研究目的、研究方法、研究结果和研究意义进行简要叙述。摘要的字数以 200 ~ 300 字为宜。摘要后应有关键词。关键词是指从论文的题目中提取的主题词以及未经规范处理的自然语言词汇。关键词一般选取 3 ~ 8 个。

五、引　言

引言（或前言）主要说明研究选题的理由，一般包括：研究的背景、目的；研究所涉及的问题；分析、研究边界；前人研究工作的简要回顾；研究遵循的基本理论及原则；研究方法；预期结果等内容。前言的字数一般为论文字数的 5% 左右。

六、研究对象与方法

研究对象是事物的现象或具体的人。研究对象部分一般应包括：研究对象的基本资料，如，是具体的人则应注明年龄、性别等；研究对象的来源、数量及抽样方法等内容。研究方法部分一般应包括：观察、实验的技术；观察、实验的过程；数据处理方法等内容。

七、研究结果与讨论

研究结果是观察实验过程中获得的想象和数据。观察、实验结果是全篇论文的基石，所有的推理由此导出，所有的讨论由此展开，所有的结论由此获得。鉴于其重要性，在研究结果叙述时应做到：数据要准确和充足，并具有必要性和代表性，研究结果尽可能用统计图表加以直观展示；对研究结果的描述层次清楚，抓住本质。讨论是对研究结果从感性到理性的逻辑思维及推理的过程，也是通过科学抽象建立科学理论的过程，因此，应准确应用各种理论的方法，客观、严谨、清晰、透彻地对所研究的结果作出解释和说明。

八、结　论

结论是以研究结果与讨论为前提，经过严密的逻辑推理做出的最后判断。结论一般包括：作者对研究结果进行分析与讨论后形成的见解；从论文总体观点中引申出来的推论、预测；作者对今后进一步深化研究的具体意见或设想等内容。

九、参考文献

参考文献部分应将正文引用过的所有文献一一对应列出，即在文后将正文中提到的他人观点和成果用序号标出。

本章思考题

1. 排球运动科学研究的范围与内容都有哪些?
2. 排球运动科学研究的基本程序是由哪几部分组成?
3. 排球运动科学研究的选题是由哪几部分组成?
4. 排球运动科学研究的方法都有哪些?
5. 排球运动科学研究论文的撰写需包含哪些部分?

参考文献

[1]张力为．体育科学研究方法[M]．北京:高等教育出版社,2002.
[2]陈小蓉．体育科学研究原理与方法[M]．北京:北京体育大学出版社,2001.
[3]虞重干．排球运动教程[M]．北京:人民体育出版社,2009.
[4]全国体育院校教材委员会《排球》教材编写组．排球运动[M]．北京:人民体育出版社,1999.
[5]葛春林．我国少年排球运动员智能特征的研究[M]．北京:北京体育大学出版社,2003.
[6]廖彦罡．排球运动员专项认知眼动特征研究[M]．北京:北京体育大学出版社,2011.
[7]孟国正．高水平排球运动员运动情境中决策行为的脑神经机制研究[D]．北京体育大学,2011.